O Evangelho Gnóstico de Tomé

Herminio C. Miranda

O Evangelho gnóstico de Tomé

Lachâtre

© 1995 *by* Herminio Correa de Miranda

Direitos de publicação cedidos pelo autor ao
INSTITUTO LACHÂTRE
Rua Dom Bosco, 44, Mooca – CEP 03105-020
São Paulo – SP
Telefone: 11 2277-1747
Site: www.lachatre.org.br
E-mail: editora@lachatre.org.br

PRODUÇÃO GRÁFICA DA CAPA
ANDREI POLESSI

DIAGRAMAÇÃO DO MIOLO
FERNANDO LUIZ FABRIS

6ª edição – 2ª reimpressão – Fevereiro de 2022
Do 22.001º ao 24.000º exemplar

Impressão
Assahi Gráfica e Editora Ltda.

A reprodução parcial ou total desta obra, por qualquer meio,
somente será permitida com a autorização por escrito da Editora.
(Lei nº 9.610 de 19.02.1998)

Impresso no Brasil
Presita en Brazilo

CIP-Brasil. Catalogação na fonte

M642m Miranda, Herminio Correia de, 1920-   .
　　　　O Evangelho Gnóstico de Tomé / Herminio C Miranda. – Bragança Paulista, SP
: Instituto Lachâtre, 2022, 6.ª edição, 2.ª reimpressão.
　　　　256 p.

Bibliografia

1.Gnosticismo. 2.Tomé (O evangelista). 3.Cristianismo primitivo. 4. História do Cristianismo. 5.Espiritismo. I.Título. II. Bibliografia

　　　CDD 121　　　　　　　　　　　　CDU 13
　　　　　　133.913　　　　　　　　　　　　　133.7

Sumário

Introdução, 9

Parte I – O gnosticismo e a realidade espiritual

I – Descobertas sincrônicas, 15
II – O problema da abordagem, 21
III – Gnose e Gnosticismo, 35
IV – Interação gnosticismo/cristianismo, 45
V – O diálogo com os 'mortos', 51
VI – Conhecimento e amor, 59
VII – Dicotomias conflitantes, 65
VIII – Polaridade sexual, 71
IX – Os três patamares da evolução, 79
X – Quem inventou o mal?, 103
XI – Docetismo, antigo e inútil debate, 117

Parte II – O Evangelho de Tomé

I – Quem é Tomé?, 125
II – O difícil acesso ao texto, 137
III – Uma releitura dos *logia*, 145
IV – O documento, 231

Notas, 245
Bibliografia, 253

Introdução

Ao contrário do que se poderia pensar, o movimento cristão primitivo não constituiu um bloco monolítico de crenças e ritos administrados por uma única e incontestada instituição. Durant[1] estima em uma centena as seitas dissidentes suscitadas no decorrer dos três primeiros séculos da era cristã.

Nenhuma das heresias desse período representou maior risco para a estabilidade da Igreja primitiva do que a dos gnósticos. Surgido no início do segundo século, o gnosticismo alcançou o mais alto ponto de sua trajetória durante as duas décadas finais desse mesmo século para extinguir-se na segunda metade do século seguinte, o terceiro, cedendo seu espaço a novas heresias, como a dos maniqueus que, aliás, adotou conceitos gnósticos na formulação de sua doutrina.

Foi considerável o atrito ideológico entre as diversas correntes que disputavam a hegemonia do movimento cristão, como ainda hoje se pode observar dos veementes textos sobreviventes, de autoria dos heresiólogos de então, na defesa do que entendiam como princípios inegociáveis da única e verdadeira fé. O resultado de tais contendas ideológicas é que definiu para a posteridade o perfil do cristianismo.

A temática deste livro desenvolve-se, portanto, em zona de turbulência, em território contestado, sobre o qual tendências divergentes lutam por expandir-se e consolidar-se com o reconhecido vigor que costuma ser posto em discussões políticas ou religiosas e que parece redobrar quando o debate combina as duas situações como é o caso que temos para exame.

Em assuntos de tal natureza, a abordagem deve ser cautelosa e balanceada, mas não tímida a ponto de inibir, no expositor, uma tomada de posição. O dever de informar não exclui o direito de opinar, desde que as atitudes e intenções do autor fiquem claramente identificadas para o leitor.

Nada tenho a objetar aos autores que, no tratamento deste ou de outros assuntos potencialmente controvertidos, prefiram resguardar-se na discrição, tão imparcial quanto possível. Com uma importante ressalva: os antigos critérios de aferição de objetividade e subjetividade estão sendo rudemente questionados pela física moderna, para a qual até o simples ato de observar um fenômeno produz nele uma interferência que o modifica. Do que se depreende que a observação e a consequente informação não se livram de um colorido de participação, segundo nos diz Heinseberg, citado por Capra:[2] "o que observamos não é a natureza propriamente dita, mas a natureza exposta ao nosso método de questionamento".

Os autores que optam por um mínimo de envolvimento pessoal merecem respeito; sejam suas razões acadêmicas, sociais, religiosas ou de mera preservação de *status*. Neste livro, porém, assumimos uma postura opinativa, amadurecida na meticulosa análise crítica do material estudado. Claro que prevalece intacto para o leitor o direito às suas próprias conclusões, destiladas do exame das informações que lhe são passadas nesta e em outras obras. Entendo, porém, ser meu dever expor-lhe com lealdade o meu posicionamento na questão, ao mesmo tempo em que acrescento uma declaração de princípio: sou cristão naquilo que a doutrina de Jesus preservou de sua essência intemporal, – o amor ao próximo como instrumento para realização do reino de Deus em cada um de nós.

Devo admitir, contudo, que sou um cristão que não se acomoda ao perfil, ou melhor, aos perfis traçados pelas diversas correntes ortodoxas. Mas, que é, realmente, um cristão? Não é tão fácil, como parece, caracterizá-lo, ou Hans Kung[3] não teria escrito um volumoso tratado apenas para expor suas cogitações a respeito do problema. É que rejeito aspectos que o cristianismo oficial considera inalienáveis, como trindade, divindade de Jesus, pecado original, céu, inferno, juízo final, demônio, ao passo que outros aspectos, embora contidos na mensagem de Jesus, não conseguiram espaço nas estruturas teológicas, como a preexistência do espírito, a doutrina das vidas sucessivas e viabilidade de um intercâmbio entre vivos e mortos. Consequentemente, sobram-me no cristianismo oficial, nas suas várias denominações, conceitos com os quais nada tenho a fazer e faltam-me outros – que encontro nos ensinamentos de Jesus, mas não na doutrina ortodoxa – sem os quais o quadro geral da vida não faz, para mim, nenhum sentido.

Lê-se no *Evangelho de Tomé* que precisamente a pedra rejeitada pelos construtores é a mais importante, por ser a que irá fechar o arco da abóbada.

O Cristo parece falar nesse *logion* em tom profético numa antecipação do futuro. A observação aplica-se sem retoques à situação criada pelos formuladores da doutrina eclesiástica que rejeitaram praticamente em bloco a realocação espiritual, que teria garantido um acabamento elegante e seguro às construções teóricas, em favor de cristalizações dogmáticas que não resistiram à passagem do tempo.

Aí está o resultado desse irreparável equívoco: estamos diante de uma estrutura doutrinária danificada por inúmeras infiltrações e irrecuperáveis fraturas e que nada tem a dizer a uma humanidade aturdida que, à falta de conhecimento confiável, vaga sem rumo, em busca de mecanismos de fuga, em esforço inútil para escapar a uma realidade incompreensível e perversa.

Precisamente nessa hora de perplexidades, um obscuro trabalhador rural árabe resgata, no Alto Egito, um conjunto de documentos, sobre os quais pousavam mil e seiscentos anos de silêncio e reclusão. Para surpresa de muitos, encontram-se nesses textos algumas das mais importantes pedras angulares rejeitadas no período formador das arquiteturas teológicas. Não é de se esperar que esse impactante achado promova mudanças de vulto no contexto doutrinário ortodoxo, mas é certo que os documentos coptas nos proporcionam meios para uma realista reavaliação do modelo de cristianismo que chegou até nós.

O quadro teológico ortodoxo resulta de opções feitas nos séculos iniciais – por pessoas certamente bem intencionadas, mas falíveis –, à vista de um amplo conjunto de alternativas. Dentre as alternativas rejeitadas estavam conceitos perfeitamente válidos e inteligentes que, antes de serem gnósticos e, consequentemente, suspeitos de contaminação herética, teriam proporcionado ao cristianismo uma estrutura doutrinária racional e aberta para o futuro, pronta para receber e acomodar, sem abalos ou temores, irrecusáveis revelações e conquistas científicas. Em vez disso, ficamos com uma teologia fechada em si mesma, como uma pesada construção medieval, tão obsoleta hoje quanto os conceitos adotados no projeto.

Por isso, vai ficando cada vez mais difícil e mais desastroso recuar e recompor. A reabilitação de Galileu foi o primeiro recuo envergonhado, após séculos de obstinada resistência. E quando conceitos mais dramáticos como o da preexistência do ser espiritual adquirirem *status* de verdade cientificamente demonstrada (o que para muitos já aconteceu)?

Preexistência pressupõe sobrevivência e renascimento. Sendo isso verdadeiro, então o que fazer de céu, inferno, juízo final, salvação coletiva, pecado original e coisas desse gênero?

Não há dúvida, pois, de que a redescoberta do gnosticismo vem proporcionar uma oportunidade singular de se promover uma releitura no cristianismo em si. É uma situação curiosa, dado que, dessa vez, não é a ortodoxia que contesta a heresia, mas esta é que se põe a questionar aquela.

Poderíamos simular um jogo especulativo, segundo o qual seriam testadas as diversas hipóteses imaginadas para a fisionomia atual do cristianismo se tivessem seus formuladores ideológicos adotado certos conceitos tido por gnósticos. Mas, como dizem os ingleses, de nada adianta chorar sobre o leite derramado. Perdeu-se a oportunidade de uma construção, na qual cada arco ou abóbada teria no lugar certo a sua pedra angular. É preciso lembrar também que não se faz uma arcada somente com pedras angulares. É até provável que a hegemonia do grupo gnóstico sobre a massa maior, que Pagels[4] considera um cristianismo quantitativo, tivesse sido igualmente indesejável, mas não há dúvida de que a rejeição do material gnóstico foi fatal à estabilidade das construções teológicas do cristianismo ortodoxo.

A tese que este livro propõe pode ser expressa em poucas palavras: foi um equívoco a opção pelo formato de cristianismo que hoje conhecemos, que excluiu a contribuição do gnosticismo.

Tanto quanto as indefinições de autores exageradamente preocupados com a imparcialidade, impacientam-me as longas introduções, quando estou do outro lado do livro, ou seja, como leitor. É hora, pois, de colocar aqui um ponto final e passarmos logo ao livro em si.

PARTE I

O GNOSTICISMO
E A
REALIDADE ESPIRITUAL

I – Descobertas Sincrônicas

Por inexplicável sincronismo, duas das mais importantes descobertas arqueológicas de textos bíblicos ocorreram ao encerrar-se a primeira metade do século XX. Ambas devidas ao mero acaso, ou melhor, não resultantes de pesquisa sistemática e dirigida, ambas por beduínos árabes incapazes de avaliar a importância dos textos e o impacto que produziriam como disparadores de intenso e extenso trabalho de reexame do cristianismo tal como hoje o conhecemos.

A primeira descoberta ocorreu em 1945, nas imediações de Nag-Hammadi, no Alto Egito, por um camponês em busca de fertilizantes naturais para as suas plantações. Chamava-se ele Mohammed Ali-al-Samman e estava a escavar a terra quando deu com aquela urna de barro que continha enigmáticos rolos de papiros, protegidos por tiras de couro, e recobertos de uma escrita misteriosa.

Na segunda, em 1947, outro Mohammed (ad Dhib, o Chacal) encontrou rolos semelhantes numa caverna nas imediações do Mar Morto, na Judéia. Conhecidos estes como *os Manuscritos do Mar Morto,* pertenceram, segundo se apurou mais tarde, a uma comunidade essênia estabelecida na região, ou mais especificamente, no local denominado *Qumram.* Por meio desses documentos foi possível reconstituir, com relativa segurança, crenças, rituais, hábitos e costumes da comunidade essênia ali existente cerca de um século antes do nascimento de Jesus.

A despeito das complexidades criadas em torno de um achado desse vulto histórico, desde a aquisição dos manuscritos até sua devida classificação, tradução e interpretação, já em 1955, oito anos, portanto, após a descoberta, Millar Burrows[1] publicava seu importante livro, logo traduzido em português e editado, infelizmente sem data, pela Porto Editora, Porto, Portugal. Desde 1948, contudo, vinha Burrows escrevendo sobre o assunto em revistas especializadas. Artigos de Dupont-Sommer, erudito francês de *status* internacional, começaram a surgir em 1950. Encontramos em Charles Francis Potter[2] a informação de que foi uma entrevista de Edmund Wilson para a publicação americana *The New Yorker* com o Prof. Dupont--Sommer que "despertou os americanos" para a surpreendente descoberta.

Por essa época, artigos acerca dos documentos do Mar Morto começaram a surgir às dezenas pelo mundo afora, bem como livros de vários autores interessados em comunicar-se com o grande público, fora dos círculos mais ou menos iniciáticos da erudição internacional.

A mensagem de Nag-Hammadi levou muito mais tempo para alcançar o público leigo e mesmo os círculos eruditos mais afastados do núcleo central, que se empenhava na classificação e exame dos papiros, uma vez concluída vitoriosamente o que Charles F. Pfeiffer[3] denomina *"the battle of the scrolls"* – a batalha dos rolos (manuscritos).

Só em 1955, dez anos após o achado de Nag-Hammadi, o Prof. Gilles Quispel, eminente especialista em história da religião, de Utrecht, Países Baixos, leu, num hotel do Cairo, a primeira linha de um dos manuscritos. Dizia assim: "Estas são as palavras secretas que o Jesus Vivo pronunciou e que o gêmeo, Judas Tomé, escreveu". Se aquilo era mesmo verdade, então o documento seria o famoso e perdido *Evangelho de Tomé,* do qual se conheciam alguns fragmentos em grego, descobertos em 1890.

Mas havia outros manuscritos na histórica urna de barro de Nag-Hammadi, talvez não tão importantes quanto o livro de Tomé, mas de considerável valor no reexame crítico do cristianismo primitivo.

O Prof. Quispel, o Prof. Henri-Charles Puech e outros constituíram o grupo central primitivo, ao qual foi confiada a tarefa de decifrar o conteúdo dos papiros egípcios. Em 14 de maio de 1957, Puech leu perante o Institut de France, em Paris, seu primeiro papel sobre os textos de Nag-Hammadi, mais especificamente, acerca do *Evangelho de Tomé*. Estudos assim, menos herméticos e mais amplos, destinados ao leitor comum, somente começaram a surgir aí pela década de 70. O de Puech,[4] por exemplo, é de 1978; ainda que reproduzindo antigas conferências que recuam a 1956; o de MacGregor,[5] de 1979, com também o da Dra. Elaine Pagels.[6]

O Rev. Potter[7] queixa-se desse retardo em dar conhecimento ao mundo de assuntos dessa importância, atribuindo-o ao "arrogante profissionalismo" de certos eruditos tipo torre-de-marfim, segundo os quais o "populacho ignorante" poderia usar indevidamente a informação que lhe fosse transmitida. Este aspecto é particularmente agudo, no entender de Potter, quando as descobertas provocam desarrumações mais ou menos sérias nas estruturas ideológicas das igrejas, que os entendidos evitam perturbar.

Convém lembrar que Potter se refere, nesses comentários, aos *Manuscritos do Mar Morto,* cujo impacto sobre a ortodoxia cristã pode ter tomado muita gente de surpresa, mas não atingiu níveis perturbadores. Já os documentos de Nag-Hammadi são potencialmente mais devastadores, naquilo em que contestam, e questionam aspectos vitais ao pensamento cristão ortodoxo. As igrejas tradicionais, inclusive as reformadas, poderão ignorar por algum tempo, ou até permanentemente, as dificuldades criadas por esses documentos, mas não sei se, com isso, estariam agindo de maneira inteligente. É que os *Manuscritos do Mar Morto* têm muito a ver com idéias e conceitos incorporados à doutrina cristã, por via dos ensinamentos atribuídos a Jesus, mas são *anteriores* ao seu nascimento e, portanto, ao cristianismo. Já os textos de Nag-Hammadi, não: eles são contemporâneos à fase formadora das doutrinas cristãs, ao tempo em que estas se cristalizaram em sacramentos, ritos, dogmas e estruturas administrativas.

A urna de barro encontrada em Nag-Hammadi continha toda uma 'biblioteca' em língua copta composta de cinquenta e dois textos, pertencentes a uma desaparecida comunidade gnóstica. Supõem os estudiosos (Puech, Pagels e outros) que esses textos resultem de traduções de documentos ainda mais antigos, em grego, mas Gillabert[8] imagina para eles um "substrato hebreu, aramaico do copta correspondente".

Os papiros situam-se entre os anos 350 e 400, segundo os testes usuais de laboratório. Para os documentos originais, contudo, dos quais teriam sido feitas as traduções, as datas são especulativas. Supõe-se que originais devam reportar-se, na opinião de Pagels, ao período de 120 a 150, à vista de referências encontradas a respeito de Irineu, escritas em 180. Puech[9] acha que a redação primitiva do *Evangelho de Tomé* "poderia situar-se no meado, ou, o mais tardar, na segunda metade do segundo século". Quispel[10] sugere as imediações do ano 140 para elaboração do original, que, tanto ele como Puech, supõem ter sido em grego, como vimos há pouco. Acham outros que, por terem sido considerados heréticos, os documentos gnósticos seriam, necessariamente, posteriores à redação dos canônicos, produzidos na versão primitiva, entre os anos 60 e 110.

A Dra. Pagels[11] informa, contudo, que, na opinião mais recente do Prof. Helmut Koester, da Harvard, embora coligidos por volta do ano 140, os ditos que compõem o *Evangelho de Tomé* podem conter material mais antigo que os evangelhos canônicos, o que recuaria a data original desse material até à segunda metade do primeiro século, ou seja, entre os anos 50 e 100. Opinião semelhante vamos encontrar em Gillabert,[12] que chama a atenção para o fato de que a técnica da comunicação naqueles tempos era predominantemente oral e precedia em muito a elaboração dos textos, que apenas documentavam os temas da pregação com o objetivo de preservar as tradições orais. Sem me atrever a entrar na disputa com os luminares da erudição internacional, parece-me aceitável essa observação, mesmo porque há um forte colorido iniciático e secreto na coletânea de ditos recolhidos que seriam, portanto, meros lembretes a serem desenvolvidos em maior amplitude em palestras, sermões e debates com grupos que indicassem melhor receptividade e preparo perante ensinamentos mais profundos, que os *logia* apenas sugeriam. A redação sumária, enigmática de tais lembretes exige desdobramentos e aprofundamentos orais, mesmo assim a partir de chaves apropriadas, às quais apenas alguns expositores teriam acesso e competência para usar corretamente.

Gillabert vai mais longe ainda, ao criticar com característica veemência a postura-padrão das principais autoridades acadêmicas que consideram praticamente indiscutível a conclusão de que o texto copta encontrado em Nag-Hammadi seja tradução de original grego. Discutiremos esse aspecto alhures, neste livro.

Em verdade, lamenta Gillabert[13] que após longa fase de preservação, os textos coptas já se apresentem, ao cabo de uns poucos decênios, tão pesadamente sobrecarregados de comentários, classificações e catalogações, como se houvesse por trás de tudo isso um propósito de os "esvaziar de sua substância viva".

Para resumir o conteúdo deste capítulo e concluí-lo, podemos escrever o seguinte: os documentos em língua copta encontrados em Nag-Hammadi, em 1945, compunham uma biblioteca gnóstica e datam, materialmente, do século quarto, mas reportam-se a manuscritos originais que recuam, no mínimo, a meados do segundo século e, em alguns aspectos tradicionais, à segunda metade do primeiro século, o que nos leva de volta à época em que ainda viviam os apóstolos diretos do Cristo.

Para exata avaliação da importância desses textos, é preciso ainda considerar que, embora não se possa atestar a pureza virginal dos escritos, é certo que pelo menos durante quase dezesseis séculos eles não sofreram manipulações mutiladoras, o que está longe de poder ser assegurado quanto aos documentos canônicos. Daí *o frisson* que a descoberta causou nos círculos da erudição internacional.

O Prof. Hans Jonas, citado pela Dra. Pagels,[14] desenha com poucas e vigorosas palavras, o agitado cenário que a descoberta criou, ao suscitar "uma persistente maldição de bloqueios políticos, litígios e, acima de tudo, ciumeira erudita e 'primeirismo'".

O desejo de autoprojeção foi de tal intensidade que se criou o que Jonas classifica como "verdadeira *chronique scandaleuse*" no contexto acadêmico internacional. É a esse contexto, não obstante, que temos de recorrer para tentar entender o porquê de toda esta celeuma em torno do gnosticismo.

II – O Problema da Abordagem

Mas o que vem a ser, precisamente, uma biblioteca gnóstica copta? Para os nossos condicionamentos modernos, biblioteca é uma ordenada coletânea de livros e documentos colocados à disposição de eventuais leitores. Com as necessárias adaptações, o conceito moderno serve para caracterizar uma biblioteca do século IV de nossa era. Com a diferença de que os livros não eram impressos e encadernados como ora os conhecemos, mas escritos à mão, em rolos de papiro ou couro, normalmente de ovelha ou de cabra. Não sabemos se o achado de Mohamed, em Nag-Hammadi, teria constituído toda a biblioteca da seita localizada nas imediações, ou apenas parte dela. Mesmo assim, com seus modestos cinquenta e dois 'livros', foi uma das mais importantes descobertas arqueológicas dos últimos tempos.

Em verdade, a impressão que nos fica da leitura dos estudos gnósticos é a de que a opinião pública, tomada como um todo, ainda não se deu conta do que isso representa na reavaliação do cristianismo como doutrina e como movimento. Consciente desse aspecto, Will Durant[1] não hesita em afirmar ao referir-se ao processo de reavaliação crítica desencadeado pelas discussões em torno da historicidade de Jesus que "os resultados podem, no devido tempo, tornar-se tão revolucionários quanto o próprio cristianismo".

A biblioteca de Nag-Hammadi tem destacada contribuição a oferecer a essa tarefa, colocando diante de nós uma espécie de face oculta do cristianismo, como que uma alternativa, uma opção que, por não ter conseguido "vingar", nem por isso deixa de representar fator de relevância no processo de revisão posto em curso, desde que os documentos começaram a ser traduzidos e interpretados. Dentro dessa mesma linha de raciocínio, MacGregor[2] colocou como subtítulo de seu livro a expressão *"A Renaissance in Christian Thought"* (Um renascimento do pensamento cristão).

Por outro lado, o livro da Dra Pagels chama-se *The Gnostic Gospels* (Os Evangelhos Gnósticos). E isso também precisa de um comentário.

Quando hoje pensamos em Evangelhos, temos em mente os documentos canônicos tradicionais, considerados de boa linhagem doutrinária pela Igreja, no Concílio de Cartago, em 397: os três sinóticos, o Evangelho de João, os Atos dos Apóstolos, as diversas epístolas e o Apocalipse de João. A questão é que circulava nos primeiros tempos uma quantidade incalculável de textos relacionados com a vida e os ensinamentos de Jesus. Se muitos deles eram claramente fantasiosos e fictícios, em parte ou no todo, é igualmente certo que continham informações e idéias dignas de consideração e que até merecessem a inclusão em textos oficiais. A linha demarcatória foi traçada com nitidez e inflexibilidade: do lado de cá, os únicos textos admissíveis; do outro lado, a multidão ignara dos *apócrifos,* ou seja, dos desautorizados, inaceitáveis.

Daniel-Rops[3] forma que prevaleceu, na escolha, o duplo critério de "catolicidade e apostolicidade", mas, pouco antes (p. 312) aludira o mesmo autor ao texto que circulava entre os egípcios, como "muito ascético e já fortemente eivado de gnosticismo". Do que se depreende que, na pintura do painel geral das letras canônicas, adotou-se o cuidado de excluir a coloração gnóstica, em particular, e a herética, em geral.

No entender da Igreja, portanto, evangelhos autênticos são os canônicos. Só esses. Nenhum deles, porém, foi encontrado entre os volumes da biblioteca de Nag-Hammadi e sim textos que, pouco depois, já no final do século quarto, como vimos, a Igreja rejeitaria definitivamente.

Mas, quem eram os coptas que pautavam suas atividades religiosas por esses textos considerados apócrifos? O termo em si representa um curioso exemplo migratório no espaço da linguística, a partir da europeização da palavra árabe *Kibt* (ou *Kubt),* aí pelo século XIV, segundo a Britânica (6,424) e que, por sua vez, provinha da palavra grega *Aegyptioi (egípcios),* dado que os coptas chamavam a si mesmo "o povo do Egito". Com todo o direito, aliás, pois eram descendentes diretos dos primitivos habitantes do Egito dos faraós.

São obscuras as origens do cristianismo no Egito, mas é certo que práticas cristãs encontravam-se ali bem implantadas na metade do terceiro século, quando Antônio marca sua presença como importante santo local.

Os textos evangélicos teriam sido traduzidos em língua copta aí pelo século quarto. A orientação doutrinária e decisões administrativas vinham da igreja de Alexandria, importante centro cultural e que até o século V exerceu relevante papel no movimento, por intermédio de figuras eminentes do pensamento cristão como Orígenes, Atanásio e Cirilo.

Foram inúmeras as comunidades cristãs espalhadas pelo Egito naqueles tempos, tanto igrejas, como mosteiros. Muitas dessas comunidades guiavam-se por preceitos e procedimentos gnósticos, como a de Nag-Hammadi. Sabe-se, por exemplo, que mais tarde, em 616, os invasores persas destruíram cerca de 600 mosteiros somente nas proximidades de Alexandria. É bem plausível que a biblioteca de Nag-Hammadi tenha sido enterrada às pressas, na calada da noite, a fim de preservar os preciosos manuscritos de ataques arrasadores como esse.

Tanto quanto o cristianismo primitivo, o gnosticismo desenvolveu- se em ambiente social, geográfico e histórico de difícil entendimento para a mentalidade contemporânea. Vivemos numa época na qual uma nova encíclica papal torna-se conhecida em poucas horas, no mundo inteiro, em inúmeras línguas, através de um sistema de divulgação jamais sonhado. Câmeras de televisão e de cinema, gravadores e máquinas fotográficas registram cada passo ou palavra do papa ou dos governantes do mundo. O que eles falaram ontem ou fizeram hoje pela manhã, é notícia por toda a parte à noite, onde quer que circule um jornal ou haja um aparelho de rádio ou de TV. Nos primeiros séculos de nossa era, o mundo era formado por pequenas ilhas de gente disseminadas pela vastidão dos territórios vazios. Ainda há pouco, no início do século XIX, Napoleão dispunha apenas do cavalo como meio de comunicação e transporte. Fechadas em si mesmas e isoladas das demais, na dependência de ocasionais visitas, as comunidades cristãs e gnósticas primitivas desenvolviam doutrinas paralelas, rituais distintos, práticas que se chocavam entre si, quando a instituição era tomada como um todo. Daí a proliferação de heresias.

É o que testemunhamos a cada momento nas veementes advertências e queixas de Paulo nas suas epístolas, acompanhando, com indisfarçável apreensão e angústia, os desvios doutrinários e de procedimento nas diversas comunidades por ele iniciadas.

Em Corinto – soube por gente da casa de Cloé –, há problemas de luxúria, abusos alimentares, desvios doutrinários, tumulto no exercício dos carismas e, mais grave que tudo, questionamentos quanto à ressurreição.

... "cada um de vós diz: "– Eu sou de Paulo!", ou "– Eu sou de Apolo!", ou "– Eu sou de Cristo!", ou "– Eu sou de Cefas!". Cristo estaria dividido? (I Cor. 1,11-13)

Com energia e autoridade, não hesita em chamar de insensatos aquele que ignora que só morrendo e sepultada, a semente pode revelar a vida.

Da mesma forma se põe diante dos gálatas, aos quais chama insensatos por terem retomado antigas práticas obsoletas depois de haverem experimentado as alegrias e maravilhas do trabalho mediúnico, em intercâmbio com os "mortos".

A Timóteo recomenda "não ensinar outra doutrina, nem se ocupar com fábulas e genealogias sem fim, as quais favorecem mais as discussões do que o desígnio de Deus". (I Tim. 1,3) Nessa mesma epístola, dedica o capítulo 4 aos cuidados que se deve ter com os falsos doutores, tema ao qual retorna na segunda epístola (2,14), tanto quanto na carta a Tito (1,10).

A imagem que colhemos, pois, é a de comunidades doutrinariamente inseguras, sob constante assédio de falsos profetas, falsos doutores e falsos líderes, além de expostas às inúmeras fraquezas íntimas próprias ao ser humano, ainda mal acostumado a esforços regeneradores. O terreno era fértil, portanto, para a erva daninha das dissensões e rivalidades doutrinárias, ao passo que despreparado para o cultivo da boa semente da disciplina, do comportamento ético, da fraternidade.

Isso acontecia em comunidades relativamente pequenas e sobre as quais ele, Paulo, exercia atento controle, seja informando-se através de mensageiros de sua confiança, como os parente de Cloé, seja ele próprio viajando para revisitar as suas comunidades, plantadas em solo difícil. Mesmo assim, quanto desencanto em seu coração com reveses inesperados e recuos desastrosos entre as ovelhas do rebanho que lhe coubera apascentar.

Não nos esqueçamos ainda de que isso se passa duas ou três décadas após morte de Jesus e não há dois ou três séculos, e numa época em que eram mínimas as edificações doutrinárias, com uma teologia ainda embrionária que não exigia, para seu entendimento, esforços desproporcionados dos fiéis.

A luta pela preservação da boa doutrina mal se iniciava e seria uma constante, pelos séculos afora, a tônica das preocupações administrativas dos líderes da igreja em todos os tempos e latitudes. O desapaixonado observador moderno tem de admitir, como Pagels,[4] que o êxito em termos humanos foi indiscutível, mas pelo menos dois aspectos ficam expostos a severos questionamentos: 1. os critérios de seleção e fixação de conceitos ortodoxos; 2. a metodologia formulada para neutralizar as divergências e contestações. Em outras palavras: as estruturas teológicas consideradas ortodoxas foram sendo montadas por um longo processo seletivo que optava por um caminho entre muitos outros. Seriam corretas essas opções? Eram as melhores? Só o tempo diria. E quando o tempo começou a falar sobre o assunto, verificou-se que muita das opções foram infelizes, para dizer o mínimo.

Ao nos prepararmos para uma análise crítica do fenômeno do gnosticismo, há que se levar em conta aspectos semelhantes. O movimento gnóstico durou cerca de século e meio, entre o princípio do segundo século e a segunda metade do terceiro. Nesse período, disseminou suas comunidades por toda parte, envolveu-se em dissidências e desenvolveu, em torno de uma doutrina básica variações de maior ou menor relevância. O gnosticismo do Alto Egito, por exemplo, pode se distanciar consideravelmente, como doutrina e prática, do que era adotado em comunidades gregas ou asiáticas, tanto quanto a teologia dos primeiros anos pode diferir da mais elaborada e complexa dos anos últimos, no final do terceiro século. Na verdade, torna-se extremamente difícil ao observador moderno caracterizar com razoável teor de precisão e confiabilidade como era o gnosticismo puro, se é que houve tal coisa, dado que o próprio cristianismo emergente era mais um conjunto de seitas em conflito do que um corpo doutrinário coerente e uniforme.

É preciso lembrar que não dispomos de nenhuma outra biblioteca gnóstica senão a encontrada em Nag-Hammadi que, por importante que seja, pode até não ser das mais representativas. Não há como proceder, pelo menos por enquanto, a estudos comparativos, que ficam na dependência de novas e improváveis descobertas arqueológicas.

Os coptas esforçaram-se ao longo de vários séculos por manter sua identidade racial, mas a influência árabe a partir do século VII acabou por tornar-se irresistível.

Ensina Gillabert[5] que "a língua copta descende em linha reta da língua dos hieróglifos", mas, em verdade, ela sofreu forte influenciação do grego, como se pode ver nas reproduções fotográficas dos documentos encontrados em Nag-Hammadi. A Britânica[6] informa (8, 109) que o texto, em demótico, constante da Pedra da Roseta fica entre a antiga língua egípcia e o copta. A partir do século XI, o copta começou a ceder espaço ao árabe. Um viajante por nome Vansleb, que visitou o Egito em 1672/1673, surpreendeu-se ao encontrar gente que ainda falava aquela língua. Séculos depois, em 1937, nas vizinhanças de Tebas, alguns camponeses não apenas sabiam ler, mas eram capazes de falar algumas frases na antiga língua de seus antepassados, na qual foram escritos os papiros da comunidade gnóstica de Nag-Hammadi

Mas, o estudo dos textos resgatados em Nag-Hammadi apresenta consideráveis dificuldades linguísticas não apenas porque estão escritos em copta, cujo conhecimento é hoje restrito a uns poucos especialistas, mas porque as línguas envelhecem. Por mais corretas que sejam as traduções, há palavras e expressões de difícil acesso ao entendimento do leitor moderno.

Não é preciso ir ao copta de dezesseis séculos atrás para termos idéia do problema. Basta esta pequena amostra, em português, que fomos buscar nos *Diálogos,* do excelente Frei Amador Arrais,[7] ao discorrer sobre as navegações portuguesas. Diz a certa altura, o bravo sacerdote:

> Acharam novas estrelas, navegaram mares e climas incógnitos, descobriram a ignorância dos geógrafos antigos, que o mundo tinha por mestres de verdades ocultas. Tomaram o direito às costas, diminuíram e acrescentaram graus, emendaram as alturas; e sem mais letras especulativas, que as que se praticam em o convés de um navio, gastaram o louvor a muitos, que em célebres universidades haviam gastado seu tempo. Reprovaram as távoas de Ptolomeu, porque caso que fosse varão doctíssimo, não fondou aqueles mares, nem andou por aquelas regiões.

E, muito a propósito: "Descobriram o sepulcro e martírio do Apóstolo São Tomé..."

Em outras palavras – palavras de hoje e que não serão as de daqui a cinco séculos – Frei Arrais relata a saga de patrícios destemidos que navegaram por mares desconhecidos até dos geógrafos que fizeram levantamentos do traçado das costas marítimas, retificando os mapas de então, corrigindo distâncias e alturas. Tudo isso sem grandes estudos, pois não vinham os bravos marujos de bancos acadêmicos, mas da prática rude no convés de seus barcos, visto que contestaram a fama (gastaram louvor) de muito sábio de gabinete. Até o grande Ptolomeu questionaram, ainda que dos mais ilustres de seu tempo, pela simples razão de que o sábio não promovera sondagens naqueles mares ("Não fondou") e nem por aquelas terras perambulou.

Problemas linguísticos explicariam, assim, pelo menos em parte, a demora na divulgação dos textos em línguas modernas, em vista do reduzido número de especialistas em condições culturais de enfrentar a complexa tarefa de fazer os coptas do século IV 'falarem', por exemplo, o inglês do século XX.

Mas não foi somente isso. Embora de maneira mais sutil do que Gillabert ou Hans Jonas, o Prof. James M. Robinson, responsável pelo projeto da tradução, invoca as mesmas razões ao informar, no prefácio de *The Nag-Hammadi Library,* que a publicação dos tratados encontrou uma quantidade de obstáculos de natureza política e cultural. Daí porque somente trinta e dois anos após a descoberta dos manuscritos foi possível lançar a versão inglesa completa, ansiosamente desejada, embora textos esparsos já fossem conhecidos principalmente em inglês, francês e alemão.

Lembro-me de um exemplar em francês do *Evangelho de Tomé* que me surpreendeu aí pelo início da década de sessenta, numa livraria do Rio de Janeiro. *Evangelho de Tomé*? – perguntei a mim mesmo. Que seria aquilo? Percorri o pequeno volume com olhos apressados ainda que curiosos, mas fiquei na ambiguidade, insuficiente para sustentar o impulso de adquiri-lo. Além do mais, eram intensas, à época, as atividades profissionais e escasso o tempo para mergulhar em assuntos rarefeitos como um enigmático evangelho que se apresentava por si mesmo, sem textos explicativos ou comentários esclarecedores.

Somente em 1988 iria encontrar a explicação para a hesitação experimentada há mais de um quarto de século. E que no prefácio ao livro de Gillabert,[8] Paule Salvan lembra o envolvimento do experimentador com o objeto de seus estudos, segundo a física contemporânea, ao preconizar que ele não consegue "manter-se à margem da experiência", o que o transforma de observador em participante. E conclui Salvan:

> Se nas ciências exatas começa a impor-se essa ótica, ela é há muito tempo evidente no que concerne às ciências humanas.

É verdade isso. É também por isso, que ela vê 'desafio e fascinação' "no estado psíquico" do exegeta contemporâneo confrontado com a experiência gnóstica, que deve, afinal, levá-lo a um 'abandono à intuição liberadora'.

"Não é impunemente que o estudioso se interessa pela gnose", ensina Salvan, que a considera como espécie de 'sutil e delicioso veneno'. Dessa 'irresistível impregnação' não escapou Jacques Lacarrière (citado por Salvan), segundo o qual a gnose o foi envolvendo 'insidiosamente', à medida que seus estudos se ampliavam.

Esse é também o pensamento de Gillabert,[9] que o reproduz na *Conclusão* do seu livro, quase que com as mesmas palavras, ao declarar que "não se brinca impunemente com a gnose". E continua:

> Ou a tratamos como um evento histórico entre outros e, nesse caso, ela se recusa a liberar o sentido oculto de seus ensinamentos, ou nos deixamos envolver pelas questões que ela coloca... (idem)

As posturas não são meramente nuançadas, mas opostas e mutuamente excludentes. Numa, no dizer de Gillabert, a gente se põe como que à margem de um rio e o contempla; a outra é uma aventura, atiramo-nos à água.

Assim, quando tive nas mãos o texto francês do *Evangelho de Tomé*, nos idos de 60, estava apenas à margem do rio a contemplar a corrente que passava. Estava... Não era ainda nem mesmo o observador a que se refere Salvan, quanto mais o participante. Já não posso mais dizer que apenas vejo o rio passar, dado que me atirei à água, fascinado pelos enigmas e desafios do gnosticismo, ante os quais se torna impraticável a imparcialidade, tão cara aos eruditos que militam nos meios acadêmicos e que tanto se esforçam por apresentar estudos mais informativos do que opinativos.

Isso não se pode dizer de Gillabert. Sua prefaciadora chama a atenção para o fato de que o leitor tem diante de si "um critério referencial incomparável, sob a condição, bem entendido, de que esteja disposto a acolher sem preconceitos o tratamento muito pessoal e bem pouco acadêmico de seu comentador". Não apenas concordo com essa avaliação do material, mas me sinto perfeitamente à vontade com esse tipo de abordagem. Gosto do autor que toma posição, opina, debate, rejeita ou acolhe conceitos, à medida em que informa.

Impacientam-me as exposições acolchoadas em cautelas, escorregadias, como que assépticas, nas quais o autor fica mais atento à preservação de seu *status* acadêmico do que ao trabalho de transmitir ao leitor uma visão nítida do objeto de seus escritos, ainda que sujeita, eventualmente, a correções e até a recuos mais ou menos graves. Ao decidir-se por uma temática, o estudioso faz uma opção de envolvimento pessoal da qual não precisa envergonhar-se e diante da qual não deve intimidar– se. O leitor gosta (e tem o direito) de saber quem é o autor do texto oferecido, o que tem ele a dizer e o que pensa do assunto.

Em Émile Gillabert encontramos esse clima intelectual. Ele tem a coragem da afirmação, abandona-se aos impulsos da intuição, e se recusa até a amaciar a contundência de suas críticas aos 'monstros sagrados' da erudição que produziram os primeiros e mais importantes estudos sobre os documentos coptas. Para isso, começa o livro com a exposição do que considera *les errements de la critique*,[10] desde os heresiólogos da primeira hora que passaram para os séculos futuros a noção de que a gnose foi uma heresia cristã engendrada por Simão, o Mago. Para os menos radicais, o gnosticismo seria, no mínimo, posterior ao cristianismo, dado que foi tratado pelos pais da Igreja como heresia. Lembra Harnack[11] que, em meado do século XIX, entendeu a gnose como um processo de "helenização do cristianismo", ao passo que Bousset, em tempos mais recentes, considera esse movimento de idéias anterior ao cristianismo, com o qual seus pontos de contacto seriam meramente acidentais. Gillabert é também dessa opinião, mas não hesita em dar passo mais audacioso ao entender não a gnose como heresia cristã, mas o cristianismo como um "desvio da gnose".

Por essa e outras é que Paule Salvan previne, logo no prefácio, que Gillabert pode parecer um tanto polêmico para o gosto de certos leitores. Sempre resta, contudo, o recurso de uma leitura mais ampla, da qual possa resultar visão balanceada, obtida a partir de uma colagem criteriosa das opiniões em debate. E o que pretendemos fazer com este livro.

Gillabert queixa-se de que os ocidentais herdaram a miopia intelectual grega que, a seu ver, jamais compreendeu em maior profundidade qualquer religião oriental, por causa da "inaptidão para o conhecimento metafísico". Ele diz isso porque entende a gnose como uma doutrina esotérica e, portanto, iniciática, no que estamos, em princípio, de acordo. Dessa 'miopia' não teria escapado nem mesmo o eminente Prof. Puech que se revela preso ao 'preconceito clássico'; que pressupõe para todos os textos gnósticos um original grego. Este, como outros especialistas, segundo Gillabert, não apenas desconsideram a fase oral dos ensinamentos, como o fato de que, mesmo em grego, os documentos teriam de apoiar-se em substratos hebraicos, aramaicos ou coptas correspondentes.

Esse mesmo tipo de 'inconsequência', no qual teria incorrido Puech, poderia ser atribuído a outra eminente personalidade, o Prof. Quispel. Lembramos, por nossa conta, que também a Dra. Pagels considera pacífico o entendimento de que os textos coptas são versões de originais gregos.

Por mais importante que seja – e é, de fato –, o problema linguístico não deve, a meu ver, ser supervalorizado, a fim de não tirar de foco a temática nuclear da mensagem em si mesma, ou se transformaria tudo numa discussão acadêmica sobre semântica. Penso, contudo, que Gillabert está com a razão em insistir na tese da tradição oral, anterior mesmo aos textos gregos, dado que estes pressupõem, necessariamente, material em aramaico ou copta. Parece-me inconsistente imaginar que ensinamentos, nos quais se admite a participação de primitivos seguidores de Jesus, possam ter surgido diretamente em grego, sem algum suporte anterior.

O importante, a seu ver, é que os documentos de Nag-Hammadi nos trazem convincente conteúdo esotérico, iniciático, oculto ou, no mais claro dizer do Prof. Geddes MacGregor,[12] "parapsicológico". Puech percebe essa realidade e nem poderia deixar e identificá-la em razão da sua vigorosa dedicação ao estudo dos papiros coptas. Mas não abandona suas reservadas posturas acadêmicas perante o aspecto "ocultista" neles contido.

De qualquer modo, o ilustre especialista francês declara sua decisão no sentido de tentar ler os documentos' com os olhos de um gnóstico'. Não que Gillabert ache que ele o tenha conseguido, mas não há dúvida de que é a postura correta a adotar o estudioso ante qualquer temática, ou seja, a de buscar a sua integração no pensamento contido naquilo que examina, no honesto esforço de *comunicar-se* com ele. Comunicar é tornar comum, provocar um fluxo e refluxo de idéias, como se o objeto examinado também tivesse algo importante a dizer, como, de fato, tem. Se não conseguir vencer o vazio que o separa do objeto de seu estudo, o pesquisador permanece na posição de mero observador, sem alcançar a do *participante*. Se você apenas observa o objeto, ele não se entrega ao seu entendimento; é preciso que você vá até ele, penetre nos seus arcanos, aceite, ainda que em princípio e com reservas, o que ele tem a dizer de si mesmo.

É correta, pois, a atitude de Puech ao dispor-se a estudar os textos de Nag-Hammadi com os olhos de um gnóstico. Acho, porém, que não bastam os olhos, é preciso mais. Os documentos coptas pressupõem a aceitação tácita de uma realidade espiritual ampla para a qual Gillabert[13] considera acertadamente que a mentalidade ocidental é pouco receptiva, para dizer o mínimo, quando não refratária.

Nessa mesma linha de raciocínio, lembra MacGregor[14] o pressuposto de uma "sensibilidade para realidades inacessíveis aos físicos, químicos e botânicos", como condição que tem faltado aos "teólogos acadêmicos, medievais e modernos" que, desatentos a essa "outra dimensão do Ser", não percebem a natureza fundamental daquilo que constitui o objeto de suas especulações.

É reconfortante ler, nesse mesmo autor, a observação de que "a postura gnóstica não pertence a nenhuma época em particular. Ela é perene, ainda que pela única razão de que é o elemento criativo em todas as religiões. Ela começa com o aprofundamento da percepção das realidades espirituais à nossa volta",[15] ensina ele.

Ainda há pouco, no livro, empregava o termo "paranormal" para adequar à mentalidade contemporânea os fenômenos implícita ou explicitamente contidos, não apenas na gnose, mas no cristianismo primitivo.

O que Gillabert e MacGregor estão passando para o leitor, portanto, é o conceito de que a correta interpretação e avaliação da gnose parte de certa familiaridade, quando não genuína aceitação, da realidade espiritual, apoiada, por sua vez, em sólida estrutura fenomenológica, que embora ainda rejeitada pela ciência como um todo, vai se tornando irrecusável. MacGregor não hesita em explicitar aspectos específicos, ao mencionar conceitos como reencarnação, sobrevivência do ser ou comunicabilidade entre 'vivos' e 'mortos', bem como causa e efeito, ao lembrar que o cristianismo surgiu precisamente nesse contexto de consciência da realidade psíquica.

Pouco adiante afirma que...

> Toda a literatura do Novo Testamento, para não dizer a vasta literatura não canônica do cristianismo primitivo, foi escrita por e para pessoas que haviam desenvolvido considerável sensibilidade aos fenômenos psíquicos.[16]

MacGregor tem, pois, uma visão como que espírita da gnose. Gillabert não vai a esses extremos, ainda que propondo com veemência a necessidade de uma leitura receptiva. Sua proposta, contudo, fica nos limites mais acanhados de um esoterismo, algo metafísico, sem envolvimento com os aspectos que MacGregor considera essenciais à avaliação da gnose. Nota-se isso em Gillabert mais especificamente para o fim do seu livro (p. 180) onde atribui "caráter alucinatório" às aparições póstumas de Jesus. A página 184, reitera essa postura, ao apoiar os teólogos contemporâneos que consideram as aparições como "uma ruptura com o real" em vista do "evidente caráter alucinatório" nelas implícito. É ainda a essa altura (p. 183) que ele observa ser inaceitável para os gnósticos "uma ressurreição no sentido pauliniano da reanimação de um cadáver". Fico com o direito de supor que o ilustrado autor não leu com atenção devida o capítulo 15 da I Epístola aos Coríntios, no qual, exatamente ao contrário do que supõe Gillabert, Paulo ensina que o Cristo ressurge *não* no corpo material que se desintegra, mas no seu corpo espiritual.

Aliás, são manifestas as restrições de Gillabert à doutrina pauliniana em geral, de vez que encontramos entre outras obras suas o estudo *Saint Paul ou le Colosse aux pieds d'argile*.[17]

Não é só em Puech, portanto, que se identifica a dificuldade em ler os textos gnósticos com 'olhos gnósticos'. Também ele parece não ter tido muito êxito em ler Paulo com olhos paulinianos. Seja como for, Gillabert admite que, mesmo com "pés de barro", o Apóstolo dos Gentios é uma figura colossal e não apenas o primeiro herético, como está dito alhures em seu livro. Nosso propósito aqui, no entanto, não é fazer a apologia de Paulo, que ele não precisa disso, mas paradoxalmente, dar razão a Gillabert, quando invoca a dificuldade em descondicionar-se o pesquisador de sua formação cultural para examinar sem preconceitos o objeto de sua atenção.

Lembra ele, ainda na sua crítica aos estudiosos dos documentos coptas, a postura de sacerdotes católicos que, mesmo dotados de erudição e sob circunstâncias favoráveis, não poderiam "aprofundar a gnose com o necessário descondicionamento". Cita, para ilustrar essa afirmativa, a posição do Abade Jacques E. Ménard, professor da Universidade de Ciências Humanas de Strasburgo, que não se livra de seus "antecedentes religiosos, teológicos e bíblicos", no exame dos textos. Para o eminente sacerdote, segundo Gillabert, o *Evangelho de Tomé* não passa de um sucedâneo (apócrifo, naturalmente) dos canônicos, cuja anterioridade seria para ele inquestionável, ou se poria em xeque "as origens mesmas do cristianismo".

Ademais, não se exime Ménard de ver em outro texto gnóstico – o *Evangelho da Verdade* – "essa paixão platônica da alma como prisioneira do corpo". No seu entender, ainda segundo Gillabert, nada há de cristão nisso, tanto quanto na doutrina de que o ser humano é o artífice de sua própria redenção, na medida em que assume consciência de seu estado de prisioneiro da matéria. Isso não teria nada a ver com 'o cristianismo autêntico'.

Temos de nos acostumar ao trato de tais divergências e discordâncias nos volumosos debates acerca da gnose em geral e dos documentos coptas em particular, se é que desejamos formular juízo pessoal acerca de tudo isso. Raramente, nesse contexto, os eruditos oferecem convergências de conceitos e pontos de vista. Não resta a menor dúvida, porém, de que a discussão suscitada pelos papiros de Nag-Hammadi nos interessa mais do que estamos preparados para supor.

Dessa singular relevância nos falam, com inesperada veemência, outros estudiosos do assunto. MacGregor[18] entende a matéria como apoio para um verdadeiro "renascimento do pensamento cristão". Tão convencido está ele da seriedade de sua avaliação, que colocou essas palavras no rosto de seu livro, como subtítulo explicativo.

Gillabert[19] não deixa por menos ao declarar nas páginas iniciais de seu estudo, "sem pretender passar por profeta, (...) que o mundo de amanhã será gnóstico ou não será".

De minha parte, nem precisaria de tais estímulos, de vez que a temática da gnose é das que me interessam naturalmente pelo que ela tem a ver com as estruturas do meu próprio pensamento. Foi movido por esse interesse pessoal que comecei a estudar o que me foi possível encontrar sobre o assunto. O leitor está sabendo que a viagem através da erudição internacional é acidentada e difícil, não apenas porque as opiniões se chocam e se contradizem, mas porque, trabalhando com tema já de natureza complexa, nem sempre os autores conseguem livrar-se do jargão profissional e da metodologia esperada dos papéis direcionados prioritariamente para o meio acadêmico especializado, como se ficassem a escrever uns para os outros.

Acresce que, como também assinalamos, tanto o assunto influencia seus relatores, como estes, ao interpretá-los, exercem sua influência sobre os textos analisados, o que é perfeitamente compreensível. O problema, contudo, está em que raramente nas rodas acadêmicas os estudiosos têm preparo suficiente – ou disposição – para trabalhar com material comprometido com a incômoda realidade espiritual, como é o caso da gnose.

Por outro lado, não há como encontrar no corpo doutrinário da gnose ou de qualquer outro território intelectual a ser explorado aquilo que *não estamos procurando,* precisamente porque já decidimos aprioristicamente que este ou aquele aspecto é irrelevante, fantasista ou anticientífico. Tomemos um exemplo concreto para caracterizar com nitidez o que estamos tentando dizer. Se o crítico ou pesquisador rejeita sumariamente o conceito das vidas sucessivas (reencarnação), que integra, entre outros, o edifício doutrinário do gnosticismo, como poderá, na armação de suas hipóteses de trabalho, entender aspectos vitais à compreensão da doutrina que constitui o próprio objeto de seu estudo?

Esse dado falta a Gillabert, que está incorrendo em um dos *errements* que condena nos demais críticos. Puech é outro que não parece suficientemente convencido dessa leitura. MacGregor revela-se mais bem preparado nesse aspecto, por admitir, como se faz necessário, o importante aspecto "parapsicológico" contido na gnose. O gnosticismo é um sistema doutrinário desenvolvido a partir de realidades psíquicas experimentais. Se as observações foram bem feitas ou não, se as inferências são corretas ou incorretas, se os fenômenos ditos parapsicológicos justificam ou não tais ou quais consequências doutrinárias, são aspectos a ponderar; uma coisa, porém, é certa: o gnosticismo partiu de premissas que a Igreja ignorou, rejeitou ou condenou, porque entendeu que ameaçavam fraturar aspectos doutrinários e práticos já cristalizados, ou em adiantado processo de consolidação.

O observador moderno, contudo, honestamente empenhado num esforço de análise crítica do gnosticismo, estará criando bloqueios insuperáveis se não adotar atitudes menos dogmáticas do que as da Igreja primitiva. Ele não deve dar-se ao luxo de ignorar, rejeitar ou condenar aprioristicamente a base mesma sobre a qual foi montado o edifício doutrinário do gnosticismo. Seria essa, ainda mais, uma atitude obtusa, dado que o estudioso que desprezar os apoios parapsicológicos não conseguirá dominar o objeto de suas pesquisas.

Não basta, por isso, os olhos de um gnóstico para abordar os problemas suscitados pelo gnosticismo, é preciso admitir, ainda que como meras hipóteses, as premissas em que seus pensadores se firmaram para montar as estruturas doutrinárias que estamos hoje contemplando mais de perto. Não estou preconizando um adesismo ou sonhando com 'conversões' importantes à causa da realidade espiritual, ainda que isso fosse desejável, mas é preciso ressaltar que, sem tal instrumentação, até o simples acesso aos textos gnósticos torna-se no mínimo problemático.

Gillabert ou Gedes MacGregor, tanto quanto posso avaliar, constituem honrosas exceções às posturas mais ou menos assépticas do erudito-padrão, sempre cautelosos na abordagem de conceitos como o transe, reencarnação, sobrevivência do ser, e outros. Mesmo demonstrando melhor preparo quanto aos aspectos da gnose, que considera esotérica, o fenômeno paranormal ou mediúnico da visão de Paulo, nas imediações de Damasco, se reduz para Gillabert a uma crise alucinatória.

Seja como for, ele se queixa de que a pressão provinda do contexto acadêmico induz os estudiosos a levarem em conta apenas os interesses culturais da Universidade ou da Igreja, e obriga o esoterista a anular-se.

Nessa mesma ordem de idéias, lembra ainda que Puech "cerca-se de toda a prudência que sua função requer". E continua:

> É preciso precaver-se com uma saída, para o caso em que a descoberta futura de novos documentos venha contradizer hipótese de trabalho.[20]

Ainda assim, Gillabert acha que o ilustre professor "não sufoca completamente (nele próprio) o admirador da gnose".

Como não necessito de tais cautelas, sobra-me espaço para o exercício da liberdade de pensar e alinhar reflexões obtidas a partir da abordagem descondicionada que Gillabert preconiza. Não tenho compromissos com universidades ou igrejas e nem preciso deixar saídas camufladas para eventual retirada estratégica. Como dizia há pouco, examinei detidamente a literatura existente, ao meu alcance linguístico e cultural, mas não hesitei ante a tarefa maior de mergulhar nos próprios textos de Nag-Hammadi na sua versão em língua inglesa, a fim de buscar na fonte a alegria de certos achados e *"insights"* que talvez não encontrasse nos comentários da erudição.

Não porque não sejam competentes e esclarecedores, mas porque refletem leitura personalizada do assunto e, necessariamente, em segunda mão. Estou convencido, porém, de que já se pode identificar aspectos consensuais, senão interpretativos, pelo menos naquilo que constitui a linha mestra do pensamento gnóstico.

É o que veremos a seguir.

III – Gnose e Gnosticismo

O inusitado vigor com o qual a Igreja primitiva deu combate ao gnosticismo constitui seguro indício da importância desse movimento, e consequentemente, dos riscos a que expunha as estruturas do pensamento cristão da época. Da centena de seitas e variações que Will Durant atribui ao cristianismo dos primeiros três séculos, pouquíssimas teriam suscitado as preocupações que o gnosticismo criou para a hierarquia cristã dominante. A Dra. Pagels[1] chega a admitir nos bastidores uma luta pelo poder, já que os gnósticos desafiavam a autoridade dos bispos e contestavam aspectos doutrinários sobre os quais a Igreja não estava disposta a ceder. Investidos de uma autoridade que entendiam vir de linha direta dos apóstolos e, por meio deles, do próprio Cristo, os bispos consideravam-se dispensadores da salvação, sobre a qual os gnósticos mantinham posturas diametralmente opostas.

Na verdade, os gnósticos nem se consideravam heréticos, dado que, tecnicamente, para que se caracterize a heresia é necessário o pressuposto de uma participação e, mais do que isso, filiação ou subordinação ao movimento e aceitação de sua estrutura doutrinária. Esta situação ficou bem caracterizada no período inquisitorial. A Igreja não podia (pelo menos, não devia) perseguir, julgar e punir os judeus por heresia, enquanto permanecessem como judeus. Usava, então, o instrumento indireto da pressão, forçando a conversão deles, mesmo sem convicção alguma, ao cristianismo. Uma vez batizados e admitidos à comunidade católica, contudo, estava sacramentada a vinculação e, aí sim, desvios e dissidências tornavam-se classificáveis como heresias e, portanto, suscetíveis de julgamento e punição. Foi o que aconteceu com os chamados cristãos novos que, secretamente, mantinham-se fiéis aos seus preceitos de origem e aos rituais e práticas correspondentes.

Ora, o sentido primário do termo heresia identifica um ato de escolha (boa ou má). Daí porque Eusébio considera a Igreja como "sacratíssima heresia", certamente por entender que o cristianismo surgiu de uma escolha entre a tradição cristalizada no Antigo Testamento e a doutrina renovadora de Jesus. Aos poucos, porém o termo foi sendo empregado no sentido de dissidência, criando a dicotomia ortodoxia/heresia, na qual a corrente dominante reserva para si mesma a confortável posição de correta, justa, verdadeira e empurra a dissidência para o campo do erro.

As disputas iniciais entre cristãos e gnósticos assumem à luz dos textos de Nag-Hammadi considerável relevo, dado que até agora dispúnhamos apenas dos combativos documentos produzidos pelos heresiólogos, como do prestigioso bispo Irineu, de Lyon, que entendeu logo o sentido contestatório da gnose e suas inevitáveis ameaças à hegemonia da hierarquia eclesiástica.

A recusa de parte dos gnósticos em aceitar a rotulação de heréticos é bastante significativa. Ela confirma a opinião praticamente consensual hoje dominante de que a gnose foi não apenas "exterior, mas anterior ao cristianismo", como a considera o Prof. Puech.

De fato, encontramos em Puech referências a gnoses pré-cristãs, judias, siríacas, muçulmanas, pagãs e egípcias. Em verdade, há que se reiterar sempre, gnose é sinônimo de conhecimento e, consequentemente, um processo permanente de busca, de auto-iluminação, que não pertence nem se subordina especificamente a esta ou àquela corrente filosófica ou religiosa, porque as transcende. Por isso, assinala MacGregor[2] ser "o gnosticismo um fenômeno muito mais amplo do que os heresiólogos do cristianismo primitivo poderiam fazer crer".

Prossegue esse mesmo autor, pouco adiante, opinando no sentido de que o gnosticismo é 'uma reflexão sobre o próprio conteúdo da religião. Nada está excluído de suas especulações, não se identifica com nenhum período histórico em especial e, por isso, acaba constituindo 'o elemento criativo em todas as religiões'. Isso nos leva a considerar que o entendimento correto do gnosticismo no contexto do cristianismo primitivo pressupõe clara distinção entre a gnose no seu sentido universal, atemporal e a que, de certa forma, acoplou-se ao cristianismo nascente, decidido, porém, a preservar sua própria autonomia intelectual e sua identidade.

Gillabert[3] colocou a questão nos seus exatos contornos ao postular que,

> ... nos tempos que correspondem ao início da era cristã e no contexto geográfico chamado Palestina, a gnose eterna encontrou uma inserção temporal.

Não foi a gnose, portanto, que se tornou cristã e, por isso, não aceitou ser considerada como heresia; ela apenas encontrou nos ensinamentos de Jesus conceitos universais consistentes com os postulados básicos indispensáveis ao processo de auto-iluminação, espinha dorsal de suas aspirações. Os gnósticos identificaram em Jesus o ser que já chegara aos patamares superiores dessa auto-iluminação.

Antes de prosseguir, portanto, com este estudo, convém ter em mente a distinção entre a *gnose* como trabalho da busca interior e auto-iluminação, que nada tem a ver formalmente com instituições religiosas, e o *gnosticismo*, denominação atribuída ao movimento gnóstico que ocupa na história do cristianismo, espaço de tempo que vai de 120 a 240 d.C.

Mesmo em autores que escreveram seus livros antes da divulgação dos papiros coptas, como Daniel-Rops, encontramos essa distinção. Por isso, Gillabert fala de uma gnose eterna inserida no contexto de uma temporal, enquanto MacGregor[4] alerta para o fato de que há dois sentidos para o termo gnose; primeiro, em seu sentido mais amplo, o que seria uma 'reflexão' sobre a temática genérica da religião, ao passo que, em sentido mais restrito caracteriza o envolvimento com o cristianismo nascente.

De minha parte, ainda reluto em adotar expressões como gnósticos cristãos, pagãos, siríacos, judeus, como vemos em Puech. Para mim, a corrente gnóstica tem uma longa tradição de autonomia e, vez por outra, encontra em certas estruturas doutrinárias, religiosas ou não, aspectos particulares que lhe interessam, independentemente das instituições que formulam e propagam tais princípios. Eles próprios não se consideravam cristãos, como vimos e, por conseguinte, não poderiam ser tratados como hereges, como quis a Igreja. É bom lembrar, ainda, que vários estudiosos identificam tonalidades gnósticas em movimentos posteriores, como o dos maniqueus, ainda nos primeiros séculos, e o dos cátaros, na Europa medieval, ambos tratados como heréticos, sendo que os cátaros acabaram exterminados numa sangrenta cruzada. É certo que por trás desse conflito entre ortodoxia e heresia, seja qual for o conteúdo atribuído a essas palavras, há uma disputa pelo poder, como assinala a Dra. Pagels. Não creio, porém, que os gnósticos participassem ativamente de tal disputa, doutrinariamente contrária aos postulados básicos de sua visão filosófica, voltada para o processo mesmo da busca de conhecimento libertador, desinteressados, portanto, da montagem de sistemas hierárquicos institucionais, como os que já se cristalizavam na Igreja primitiva. A Igreja optara por uma estrutura ampla, politicamente forte, e por isso cortejava ou estimulava adesões quantitativas, ao passo que os gnósticos mostravam-se predominantemente qualitativos, quase elitistas. Preconizando a salvação coletiva e exclusiva como resultante de uma adesão aos postulados e comandos da Igreja, a hierarquia eclesiástica não podia encarar, sem graves apreensões, grupos paralelos que minavam, com a contestação, a autoridade dos bispos.

Por outro lado, é sintomático que o gnosticismo tenha assumido sua mais forte expressão a partir do momento histórico em que o cristianismo primitivo começa a abandonar e até mesmo a eliminar de seu contexto as práticas pneumáticas (leia-se mediúnicas) dos primeiros tempos, sobre as quais tão clara e abundante evidência encontramos, não apenas nos Atos *dos Apóstolos* como nas epístolas de Paulo. Tão difundidas eram essas práticas que Paulo entendeu indispensável regulamentar o procedimento por meio de minuciosas e competentes instruções, na Epístola aos Coríntios, capítulos 12,13 e 14.

Havia e há por trás de tais práticas toda uma realidade espiritual que, longe de ser estranha aos gnósticos, foi da essência de suas especulações. Como assinalam comentaristas modernos, os textos coptas retomam o discurso cristão no ponto em que os canônicos o deixam, ou em outras palavras, revertem o processo expositivo destes, construindo as narrativas, não a partir do nascimento de Jesus, mas de sua morte. E um Jesus póstumo que fala prioritariamente nos documentos gnósticos, um Jesus sobrevivente, não propriamente ressuscitado. Não é um Jesus morto, mas vivo.

Essa conotação mágica do gnosticismo, seu envolvimento com práticas mediúnicas, seres espirituais, vidências e intercâmbio com os chamados mortos assustava a hierarquia sacerdotal, que estava precisamente saindo de um período em que não os sacerdotes, mas os médiuns, então conhecidos como profetas, haviam sido prestigiados pela presença de espíritos, que por meio deles transmitiam sua palavra de esclarecimento e orientação. Os gnósticos surgiram, assim, numa fase de transição, em que a Igreja abandonara o mediunismo dos primeiros tempos em favor de uma estrutura política concreta, manipuladora de poder terreno, supostamente paralelo, mas, em verdade, em oposição ao poder espiritual que se filtrava através dos sensitivos dotados de faculdades hoje conhecidas como paranormais.

Os gnósticos moviam-se precisamente no contexto que MacGregor qualifica de parapsicológico e que os heresiólogos esforçam-se por fazer recuar a Simão, o Mago, pelo envolvimento deste com a fenomenologia paranormal que, por muito tempo, identificou-se com as práticas de magia. Ireneu é um dos que denunciam como grave equívoco o caráter mágico do gnosticismo.

Escreve a Dra. Pagels:

> ... os escritores gnósticos não descartam as visões como fantasias ou alucinações. Eles respeitam – e até reverenciam – tais experiências, por meio das quais a intuição espiritual penetra a natureza da realidade.[5]

Os documentos coptas não fazem segredo nem recorrem a eufemismos acauteladores para expor essa realidade. Por que o fariam, se ela é da essência de sua metodologia da busca?

Nessa mesma ordem de idéias, Gillabert[6] sugere um parentesco entre a gnose e o hermetismo, à vista da presença de textos herméticos na biblioteca de Nag-Hammadi.

Ao identificar o Dr. Carl Jung como um neognóstico, por causa do seu interesse pelos fenômenos psíquicos, a doutrina do inconsciente coletivo e a dos arquétipos, MacGregor[7] lembra o entusiasmo dos gnósticos por essa temática, ao "descobrirem o valor do elemento espiritual ou psíquico no ser humano e no universo". Ao contrário da Igreja, os gnósticos assumiram essa realidade com todas as suas implicações e consequências. Sem poder excluir sumariamente de seu contexto os fenômenos psíquicos, a Igreja, no dizer de MacGregor "criou para eles diferentes nomes".

"Contudo" – prossegue esse autor – "as realidades psíquicas constituem seguramente tudo aquilo que constitui a Igreja."

Com isso, o pensamento religioso predominante, no que chegou até nós como cristianismo, foi se alienando cada vez mais de tais aspectos e, de certa forma, contaminou as estruturas leigas de pensamento. À ponto em que eruditos de elevado nível de competência, como o Prof. Puech, demonstram certas dificuldades no entendimento adequado de aspectos e de termos descritivos dessa realidade.

É o que depreendemos das demoradas reflexões e especulações de Puech[8] em torno do sentido da palavra *anjo*, em conexão com o termo *profeta*, o que lhe parece incongruente, dado que o texto nada tem a ver com o conceito habitual de profecia, no sentido de uma previsão ou premonição. E evidente que Puech sabe que a palavra grega correspondente a *anjo* (*aggélos*) designa um ser ou mensageiro celeste. Claro também que ele sabe que *profeta* tem seu encaixe nas práticas que o cristianismo primitivo denominava 'dons do espírito'. Mesmo assim, ele considera ambígua a expressão produzida pela junção das duas palavras, chegando mesmo a imaginar que o termo profeta, nesse contexto, seria uma espécie de 'fóssil' linguístico remanescente de mais remotas versões.

Como teremos oportunidade de discutir esse aspecto ao comentar o *Logion* 88, ficamos aqui apenas com estas observações sumárias. Basta dizer, por enquanto, que os profetas eram sensitivos ou médiuns, através dos quais manifestavam-se os mensageiros espirituais.

Essa dificuldade de interpretação da dicotomia anjos/profetas não ocorreria, por exemplo, a MacGregor ou a Gillabert, que se revelam mais receptivos à conceituação psíquica ou mágica do gnosticismo.

Nesse mesmo alinhamento podemos colocar Ernest Renan, que em *Os Apóstolos* expõe sua avaliação de modo explícito e objetivo, ao ressaltar, no processo de universalização do cristianismo, a importância da Igreja de Antioquia onde, eram "frequentes as grandes manifestações 'espiritistas'(Atos 13,2)".

Ora, é precisamente nesse capítulo, versículo primeiro, que consta a referência específica aos profetas de Antioquia, atuando juntamente com os 'doutores' no intercâmbio com os espíritos. Foram estes, aliás, que recomendaram que Barnabé e Paulo (ainda Saulo) saíssem a difundir aquela variedade de cristianismo que ali se praticava, menos fechado sobre o contexto judaico e mais universalista. Não estamos ignorando o fato de que os textos canônicos protegidos pelos '*Imprimatur*' e '*Nihil obstat* tranquilizadores falam em Espírito Santo, mas aí nos lembramos da observação pertinente de MacGregor, para o qual os fenômenos são os mesmos, tanto no âmbito da Igreja quanto no contexto da parapsicologia, embora a Igreja prefira abrigar-se em sua própria terminologia ao mencioná-los.

É o que encontramos, por exemplo, na versão brasileira d'*A Bíblia de Jerusalém* que, em redação hábil e cautelosa, não deixa de admitir o evidente substrato paranormal ou mediúnico do intercâmbio com os 'mortos', ao mesmo tempo em que procura colocar tal realidade, tanto quanto possível, acomodada às estruturas dogmáticas.

Em comentário a Atos 11,27,[9] lê-se o seguinte:

> Como os profetas do AT (Antigo Testamento), os do NT (Novo Testamento) são carismáticos, que falam em nome de Deus, sob inspiração de seu Espírito. Na nova aliança há uma efusão mais copiosa desse carisma e todos os fiéis, em certos casos, dele se beneficiam. Não obstante, certas pessoas são dotadas, de um modo especial, desse carisma, a ponto de merecerem o título habitual de 'profetas'. Na hierarquia dos carismas elas vêm normalmente em segundo lugar, depois dos 'apóstolos', porque são as testemunhas autênticas do Espírito, e transmitem suas 'revelações' do mesmo modo que os 'apóstolos' são testemunhas de Cristo ressuscitado e

proclamam o 'querigma'. Seu papel não se limita a predizer o futuro, ou ler nos corações. E se eles 'edificam, exortam, consolam', fazem-no por revelações pneumáticas que os aproximam dos glossolálicos, colocando-os, no entanto, acima destes, porque sua palavra é inteligível. A função principal deles devia ser explicar, à luz do Espírito, os oráculos das Escrituras, em particular dos antigos profetas, e descobrir assim o mistério do Plano Divino...

Recorrendo a uma terminologia menos comprometida com a preservação da visão ortodoxa, o texto quer dizer simplesmente que os chamados profetas, tanto no Antigo como no Novo Testamento, eram médiuns dotados de diferentes faculdades (carismas), através dos quais manifestavam-se, em língua estranha (glossolalia) ou não, emissários (anjos) do mundo invisível, ou, mais simplesmente, espíritos.

A expressão Espírito Santo resultou de um infeliz entendimento, provavelmente de origem linguística, como assinala o Prof. Carlos T. Pastorino.[10] Em vez de 'um espírito santo ou santificado' a manifestar-se por meio do profeta (médium), passou a ser *o Espírito Santo* – manifestação do próprio Deus.

São constantes nos documentos de Nag-Hammadi as referências às faculdades mediúnicas de Pedro, o que, aliás, não constitui novidade, de vez que alusões semelhantes constam também dos canônicos. Ora, na *Carta de Pedro a Filipe*, Pedro conversa com alguns discípulos, quando é tomado por 'um espírito santo' e passa a transmitir-lhes a mensagem mediúnica correspondente. Pouco depois o texto informa que Jesus manifestou-se à visão de Pedro e dos demais presentes e todos "ficaram cheios de um espírito santo" e promoveram curas.

Ao condenar o gnosticismo como "a mais perigosa... a grande heresia do século II (...), uma aberração da inteligência, o abuso da pesquisa e da especulação aplicada aos mistérios de Deus", Daniel-Rops[11] também distingue didaticamente gnose de gnosticismo, como temos visto em outros autores. A gnose, como "um método de pensamento" e "também uma atitude espiritual", ao passo que o gnosticismo foi "um sistema infinitamente complexo, de explicação do mundo, da vida e de Deus", o que é, ainda, um método de pensamento.

Como bom católico, ele até admitiria a gnose no contexto do cristianismo como "esforço do homem para apreender o divino", mas desde que acomodado aos rígidos esquemas da ortodoxia dominante. Lembra que Paulo aludira a uma "gnose segundo Cristo", na sua Carta aos Coríntios (I Cor. 2, 8) e que tanto em Clemente, como na Epístola de Barnabé há referências ao "dom da gnose que Deus implanta na alma". Fala também de uma gnose egípcia, e da judaica, florescida esta, na Samaria. Lamenta, contudo, que os gnósticos tenham lançado a "heresia do conhecimento", ao recorrerem a "elementos vindos um pouco de toda parte", tentando "malaxar e refazer dogmas".

A atitude do eminente historiador sacro francês é respeitável, e também previsível; seria de estranhar-se que ele pensasse de outra maneira. O problema é que, acomodada aos rígidos limites territoriais demarcados pela ortodoxia cristã, o gnosticismo não teria sido o que foi e estaria ignorando e frustrando suas mais importantes premissas. Não é sem razão que gnosiologia é sinônimo para expressões como teoria do conhecimento e epistemologia. Toda busca intelectual é gnóstica, até mesmo a que não se interessa especificamente pelo conhecimento divino. Nada está formalmente excluído e tudo, em princípio, interessa para exame crítico, seja para incorporar à doutrina que vai sendo montada, seja para rejeitar por não servir aos propósitos da busca empenhada.

O gnosticismo partia de diferentes premissas, adotava procedimentos epistemológicos diferentes e, naturalmente, chegava a conclusões diversas das que propunha a Igreja, mesmo porque não encontrava no âmbito da teologia nascente elementos que considerava vitais ao seu esquema de trabalho, ou os encontrava deformados e inaceitáveis, quando não drasticamente rejeitados.

Sua melhor alternativa teria sido a de não se deixar envolver no contexto cristão da época, a fim de preservar sua identidade e prosseguir na busca, mas é de presumir-se a inviabilidade dessa opção para os tempos. Eles trabalhavam com conceitos que, em grande parte, se superpunham aos discutidos no âmbito da teologia ortodoxa: alma, Deus, salvação, ensinamentos de Jesus de modo geral e tantos outros. Era difícil convencer a Igreja de que nada tinham com ela, se estavam palmilhando território tido por exclusivo e inviolável.

Certamente, as coisas se passariam de maneira diversa hoje. Uma torrente gnóstica ressurgida agora, com as características básicas da que floresceu entre os anos 120 e 240, poderia facilmente ser identificada com o espiritismo, por exemplo, com muitos pontos superpostos, algumas divergências e umas poucas discordâncias, mas não seria jamais caracterizada como heresia espírita ou cristã. Seria uma corrente de especulação filosófico-religiosa, como qualquer outra. Poderia até suscitar debates e controvérsias, mas não assumir as proporções de uma perigosa "heresia do conhecimento", como diria Rops.

No estrito sentido semântico da palavra, gnósticos são todos aqueles que buscam o conhecimento, que estudam, lêem, escrevem, ensinam, pregam, fazem música, produzem obras de arte. Em qualquer atividade intelectual há espaço e estímulo para o aprendizado, para ampliação do conhecimento, o que vale dizer, tudo é gnose.

Para recorrer à expressão de Gillabert,[12] quando a gnose universal encontrou sua inserção no contexto do cristianismo primitivo, estava apenas recolhendo nos ensinamentos de Jesus aquilo que entendia necessário e até indispensável à formulação de uma estrutura de pensamento, ou melhor, de conhecimento. Isso não caracteriza uma heresia, senão para a mentalidade exclusivista e ciumenta dos pensadores cristãos da época que não podiam encarar com bons olhos aquilo que entendiam como pilhagem seletiva de idéias e conceitos de que se consideravam proprietários exclusivos.

Foi lamentável que assim acontecesse. Um inútil, mas sedutor exercício de futurologia regressiva, nos levaria a especular sobre como seria a época em que estamos vivendo neste final de século e milênio se, em lugar da opção cristã ortodoxa que nos ficou devendo tanto em distorção ao pensamento do Cristo, tivéssemos dezesseis ou dezessete séculos de gnosticismo como doutrina e movimento. Qual teria sido o resultado de sua influência sobre as correntes do pensamento mundial tão exageradamente comprometido hoje com bloqueios e ambiguidades impostas pela brutal predominância de matrizes ideológicas materialistas.

Mas, como se diz em inglês, não adianta chorar sobre o leite derramado... Ou, quem sabe, o gnosticismo também teria enveredado por uma opção de poder político, a partir de uma entropia de seus textos doutrinários ou teria provocado essa entropia, premido por dirigentes mais interessados em estruturas de mando do que nas arquiteturas do pensamento libertador...

IV – Interação Gnosticismo/Cristianismo

Após as reflexões preliminares alinhadas até este ponto, podemos nos considerar em condições de penetrar o território doutrinário do gnosticismo, com o objetivo de entender melhor o que realmente significou esse movimento que tão fundamente marcou sua presença nos primeiros tempos do cristianismo, como se percebe pela vigorosa reação dos heresiólogos de então.

A palavra-chave para essa incursão intelectual é mesmo *gnose,* ou seja, *conhecimento*. O gnosticismo assentou-se no conceito básico de que a libertação do ser das amarras limitadoras da matéria e do erro tinha de ser alcançada por intermédio do conhecimento, ou, mais especificamente ainda, do autoconhecimento. Com isso percebemos logo que ele se põe em confronto com princípios dominantes do cristianismo ou, pelo menos, da versão do cristianismo que prevaleceu e que, bem ou mal, chegou até ao nosso tempo, depois de passar pela cristalização teológica dogmática. Em lugar de uma salvação coletiva de características messiânicas, alcançada pela adesão e pela fé, o gnosticismo propunha uma libertação individual resultante de longo trabalho de aprendizado e acomodação a leis não escritas, que podiam ser flexíveis no tempo, mas inflexíveis nas suas finalidades últimas.

Creio que muito se terá ainda a dizer e debater sobre a interação cristianismo/gnosticismo, ou seja, qual deles teria influenciado o outro. A questão, me parece algo acadêmica. Vejo no processo uma fertilização cruzada ou mútua. Pode-se até dizer isso de outra maneira, lembrando que há entre eles princípios e conceitos semelhantes e, por isso, comuns a ambos. Essa evidência ressalta em inúmeras passagens evangélicas, mas principalmente, no Quarto Evangelho e em várias das epístolas de Paulo. Teremos oportunidade de examinar tais superposições ao longo deste estudo, mas aqui mesmo, ainda em conexão com a dicotomia salvação/libertação, podemos citar a advertência "conhecereis a verdade e a verdade vos libertará" como claro ensinamento acerca da libertação através do conhecimento, e não uma salvação coletiva de caráter escatológico ou messiânico.

Esta citação é de particular relevância no entendimento daquilo que estamos aqui a discutir. Como percebe o leitor, há uma aparente contradição no que ficou dito há pouco. E que para exemplificar convergências entre cristianismo e gnosticismo trouxemos a exame um ponto em que se caracteriza uma divergência de fundamental importância. O aparente paradoxo, contudo, tem sua justificação no fato de que, do mesmo texto, cada uma das duas correntes extrai conclusões discordantes. Para a Igreja, a verdade libertadora seria a adesão incondicional, não apenas à teologia que começava a ser montada, mas também à instituição que se proclamava fundada pelo próprio Cristo e por ele entregue a Pedro e seus sucessores. A libertação, contudo, continuava sendo entendida como salvação das penas do inferno por um messias que redimira a todos os fiéis, com o alto preço de seu sangue na cruz. O que caracterizava a salvação não apenas como coletiva, mas também vicária, ou seja, conseguida, por nós e para nós, pelo Cristo sacrificado. Mais ainda, tratava-se de uma salvação com implicações digamos geográficas, com o traslado de todos os escolhidos para uma região vagamente descrita como o Reino de Deus, onde a felicidade não mais teria fim.

Já o conceito gnóstico era formulado de modo inteiramente diverso, ao postular que se tratava de uma libertação espiritual, pura e simples, dos condicionamentos da matéria e do erro, resultante de longo e persistente trabalho pessoal de cada um, sem nenhuma indicação territorial na terra ou alhures, no céu. Era um retorno a Deus, de onde teríamos todos vindo desde tempos imemoriais.

A expressão 'Reino de Deus' também acabou contaminada por essa ambiguidade produzida por interpretações divergentes de um mesmo conceito que, em si próprio, era comum a ambas as correntes. Por isso, encontramos nos Evangelhos canônicos textos em que o Reino de Deus é messiânico, bem como politico-geográfico, em contraste com outros nos quais ele é claramente a resultante de uma realização pessoal íntima, a ser alcançada pelo conhecimento (gnose).

Na primeira categoria podemos colocar as seguintes passagens em Mateus: a) 4,17 ("... o Reino dos Céus está próximo"), b) 5,19 ("será menor no Reino dos Céus", aquele que quebrar um só dos mandamentos, tanto quanto "grande" aquele que os obedecer), c) 7,21 (..."entrará no Reino dos Céus" aquele que fizer a vontade do Pai); d) 8,11 (sentar-se-ão à mesa no Reino, com Abraão, Isaac e Jacó não propriamente seus herdeiros naturais, os judeus, e sim, os que vierem do oriente e do ocidente sem estas credenciais, mas que se mantiverem fiéis aos preceitos e expectativas do novo convênio); e) Mat. 11,12 (o Reino dos Céus tem sido até João Batista, conquistado pelos violentos); f) 12,28 (Com o Cristo, chega aos que o ouvem o Reino dos Céus); g) 18,3 (embora a idéia seja a de um local onde *se entra*, há como que um colorido gnóstico na ressalva de que não terá acesso ao Reino aquele que não se modificar e se fizer como as crianças); h) 19,4 (o Reino é precisamente daqueles que se fizerem como as crianças, numa alusão reiterada ao estado de pureza que se presume no infante); i) 25,34 (anuncia-se a convocação dos "benditos de meu Pai" para receberem a herança do Reino que se preparou para eles); j) 26,29 (fica marcado um encontro no Reino, para uma espécie de comemoração, quando, então, se beberá de novo o vinho generoso da convivência fraterna).

Várias são as referências encontradas em Lucas nesse mesmo sentido, como 6,20, onde se declara que o Reino é dos pobres; em 11,20 e 13,29 que reproduzem passagens refletidas de Mateus, já apreciadas, e em 18,24, onde se menciona a dificuldade dos ricos em *entrar* no Reino, ou em 21,31, no qual é anunciada a *proximidade* do Reino.

Passagens paralelas em Marcos e Lucas guardam o mesmo substrato messiânico ou são, no mínimo, ambíguas, dado que o reino é concebido como um local onde *se entra* ou do qual se está *próximo* ou *distanciado*. Duas vezes em Lucas, porém, a visão do reino assemelha-se mais à dos gnósticos. Em 8,10, não apenas são mencionados os dois níveis de ensinamento de Jesus – o explícito, exotérico e o reservado, esotérico. "A vós", – adverte o Cristo, dirigindo-se aos apóstolos –, "é dado *conhecer os mistérios* do Reino dos Céus; aos demais, só em parábolas, para que vendo, não vejam e ouvindo, não entendam". Também em 9,62, o versículo admite interpretação gnóstica, ao ensinar que "ninguém que ponha a mão do arado e olha para trás, *está apto* para o Reino dos Céus".

Já a concepção pauliniana do Reino parece acomodar-se melhor à visão gnóstica, embora algo messiânica, mas como realização pessoal em pureza e conhecimento, "... o Reino de Deus não é comida nem bebida, senão justiça e paz e gozo do Espírito Santo", adverte ele em Rom. 14,17, tese, aliás, na qual insiste em I Cor. 6,9 e 15,20, tanto quanto em Gálatas 5,21 e Efésios 5,8.

Nas demais passagens evangélicas, nas quais figura a expressão 'Reino de Deus' ou 'Reino dos Céus', a postura é claramente não-messiânica e resultante de um trabalho pessoal de aprendizado e comportamento adequado.

"Buscai primeiro seu Reino e sua justiça..." lê-se em Mat. 6,33. Em 13,11-13, reitera-se a observação contida em Lucas 8,10, segundo a qual o ensinamento de Jesus é dado em dois níveis e que a um grupo especial, que revela mais amplas possibilidades, "é dado *conhecer os mistérios* do Reino dos Céus", ao passo que à massa maior, a informação é passada simbolicamente, em parábolas, mas sem as chaves que possibilitem a correta interpretação do sentido oculto.

Mas é em Lucas 19,20 que vamos encontrar a visão gnóstica da questão, em toda a sua clareza meridiana:

> Havendo-lhe perguntado os fariseus *quando chegaria* o Reino de Deus, lhes respondeu: '– O Reino de Deus vem sem se deixar sentir. E não dirão: – Vede-o aqui ou ali, porque o Reino de Deus *já está dentro de vós'*.

Sintomaticamente, A *Bíblia de Jerusalém* opta por traduzir "já está *entre* vós outros", fiel, por certo, ao conceito messiânico da salvação, segundo o qual o Reino é "uma realidade já atuante". E acrescenta: "Costuma-se traduzir também: 'dentro de vós', o que não parece diretamente indicado pelo contexto".

De minha parte, entendo exatamente o contrário do que se propõe nesta observação. Se o Reino estivesse *entre* os que consultavam Jesus a respeito, seria percebido 'aqui ou ali', ao passo que como realização pessoal íntima, ele é imponderável, não tem época prevista para chegar e, em verdade, nem chega até nós, nós é que 'vamos' a ele, pela conquista do conhecimento apoiado na ética. Por isso mesmo é que o Cristo adverte que não é coisa que se veja, ou que esteja aqui ou ali. Logo, a tradução *'entre vós'* é que não está autorizada pelo contexto, e não *'dentro de vós',* como sugerem os comentaristas d'A *Bíblia de Jerusalém*. Teria sido essa preferência textual um esforço a mais para apagar vestígios gnósticos remanescentes nos canônicos?

Seja como for, os canônicos oferecem sobre a doutrina do Reino de Deus, fundamental, aliás, ao pensamento de Jesus, duas posturas conflitantes: uma que faz do Reino um condição ou dimensão inserida em estruturas de tempo e espaço, para onde se vai ou na qual se entra coletivamente por força de um resgate messiânico; outra, segundo a qual o Reino é conquista pessoal resultante de longo e persistente aprendizado, ou seja, condição adimensional e intemporal, na qual as leis divinas exercem, em toda plenitude, o seu reinado.

Que explicação poderíamos imaginar para esse conflito ideológico entre uma visão digamos eclesiástica e outra gnóstica? De minha parte, ofereço a sugestão de que os textos primitivos ainda irretocados refletiam a concepção gnóstica do reino como estado de pureza e sabedoria, como se pode inferir do que se lê no *Evangelho de Tomé,* realização individual, portanto, que não obriga filiação a nenhuma instituição específica ou a práticas ritualísticas e sacramentais de qualquer espécie. Não era essa, contudo, a concepção que interessava às estruturas de poder e de exclusivismo que a Igreja esforçava-se por consolidar. Era com apoio nesse esquema que a hierarquia sacerdotal se punha como dispensadora da salvação, ligando e desligando, a seu critério, na Terra, convicta de que estaria tudo correspondentemente ligado ou desligado nos céus. Assim, enquanto os teólogos da época falam em *salvação,* os gnósticos preferem o conceito de *libertação*. Salvação exige salvador, libertação acomoda-se melhor ao conceito de trabalho pessoal. Não que os gnósticos deixassem de considerar o Cristo como Salvador, porque entendiam como eminentemente salvadora sua mensagem de libertação pelo conhecimento ("Conhecereis a verdade e a verdade vos libertará"), mas não aceitavam a idéia de que o sofrimento de Jesus na cruz produzisse salvação, por resgate, de todos quantos aderissem à Igreja, deixando-se batizar, praticando os sacramentos e sujeitando-se à sua ritualística e à sua dogmática.

Isso leva a admitir-se que, paradoxalmente, foi a Igreja que se tornou herética, ao promover desvio tão radical na essência do ensinamento de Jesus acerca do reino como realização íntima, e não os gnósticos, que preferiram a opção digamos ortodoxa recomendada por Jesus.

Na avaliação do drama histórico vivido pelo cristianismo nessa encruzilhada, H. G. Wells[1] considera com transparente lucidez a doutrina do Reino dos Céus como "ensinamento principal de Jesus", "uma das mais revolucionárias doutrinas" de todos os tempo, ao mesmo tempo em que anota o irrelevante papel que ela desempenha nos diversos credos cristãos. Não é de admirar-se, pois, segundo o brilhante historiador inglês, que, sem entender todas as implicações dessa doutrina, e até assustados ante "seus tremendos desafios", os primeiros cristãos retomaram "as velhas e tradicionais idéias de templo e altar, de divindades ferozes (*fierce*) e observâncias propiciatórias, de sacerdotes consagrados e bênçãos mágicas". Foi realmente o que se passou. Will Durant[2] expõe com idêntica competência e clareza, ainda que com menos sutileza, o seu pensamento, ao declarar que o cristianismo primitivo em vez de combater o paganismo, adotou-o, ao retroceder a antigas e esgotadas práticas meramente ritualísticas.

Na versão gnóstica, o cristianismo certamente não teria alcançado tão grande sucesso, como assinala a Dra. Pagels, na montagem de um esquema de poder temporal tão eficaz e duradouro, mas seria, sem dúvida, qualitativamente bem superior à "heresia sagrada" que acabou prevalecendo e nos foi passada por herança histórica, ao passo que o gnosticismo é que entrou para os compêndios como uma das mais 'perigosas' heresias dos albores do cristianismo.

Mas desses aspectos só estamos sabendo com maior nitidez agora, depois que, através da biblioteca copta de Nag-Hammadi, os supostos heréticos falam pela primeira vez em séculos e começam a ser ouvidos e estudados.

Para resumir e encerrar este módulo, vale dizer, portanto, que o gnosticismo propõe um esquema evolutivo individual assentado no conhecimento. Em outras palavras: o ser humano é o artífice de sua própria libertação espiritual.

V – O Diálogo com os 'Mortos'

Podemos, portanto, estar convictos de que o objetivo dos gnósticos era o de ampliar continuamente o conhecimento, caminho da libertação, em oposição ao conceito dominante na Igreja de salvação coletiva, messiânica, com vistas a um reino alhures no céu.

A busca, no entanto, exige metodologia previamente assentada, com suas prioridades e áreas de interesse bem definidas. O próprio Cristo perguntou certa vez aos que o ouviam o que buscavam, para advertir, por certo, de que a busca deve ter objeto específico e pressupõe escolhas adequadas.

No entender dos gnósticos, o objetivo final era a reunião com Deus, uma volta às origens, um retorno à remota condição primária de paz e harmonia, em dimensão onde, no poético dizer do *Evangelho de Tomé*, "a luz nasce de si mesma", ou seja, é incriada. Dali partira o ser humano, portador da fagulha divina, mas, de certa forma, separando-se de Deus, ao passo que antes era um com ele. Uma vez dividido e aprisionado na matéria, todo o seu esforço deveria concentrar-se em recuperar o estado primitivo de felicidade. Para isso, muito mais importante do que conhecer o mundo era conhecer a si mesmo, dado que é por aí que se aprende a conhecer Deus.

A realidade espiritual constituía, assim, aspecto relevante no modelo mesmo da busca. É o que ressalta da leitura dos textos de Nag-Hammadi. Os diálogos ali documentados desenvolvem-se basicamente com o Cristo póstumo, não ressurreto na posse de seu cadáver reanimado pelo milagre, mas o Cristo sobrevivente, na condição espiritual, movimentando-se num corpo sutil estruturado em luz própria, na viva demonstração do que sempre ensinara enquanto acoplado ao corpo físico. A realidade póstuma é, portanto, mediúnica, um intercâmbio entre 'vivos' e 'mortos', uma continuidade.

Como vimos, há pouco, Pedro parece ter sido dos primeiros e mais ativos médiuns (profetas) daqueles tempos iniciais, de vez que mesmo os canônicos se referem aos seus *raptos* de espírito, ou transes. Havia outros, porém. No *Apócrifo de Tiago,* ele interpela Jesus, já em sua condição espiritual, sobre como proceder ante as inúmeras solicitações que recebiam para que 'profetizassem', ou seja, recebessem os espíritos a fim de que pudessem os consulentes conversar com eles. "São muitos" – diz Tiago – "os que nos pedem e nos procuram com a intenção de ouvir um oráculo".

Jesus responde de maneira enigmática, ao perguntar-lhes se eles não sabem que "a cabeça da profecia (mediunidade) foi cortada com João". Tiago não entende o significado da resposta e, mais uma vez, Jesus lembra que antes falava em parábolas e eles não o entendiam e que agora, mesmo falando abertamente, eles ainda não o entendem.

Imagino que a alusão seja a João Batista que, por causa das suas faculdades mediúnicas (proféticas), teve a cabeça decepada, mas a correta interpretação é irrelevante neste ponto; o que importa é a evidência textual de que se disseminara a prática mediúnica no cristianismo primitivo, como, aliás, está abundantemente documentado também nos textos canônicos, especialmente em Atos dos Apóstolos e nas epístolas de Paulo. Tão difundida, que os médiuns atuantes eram assediados, como ainda hoje, por aqueles que desejavam conversar com os seus mortos.

No *Tratado Tripartite*,[1] encontramos referência ao espírito manifestado que movimenta seu instrumento humano, usando-o "como mão e boca, como se a face lhe pertencesse".

Mais adiante, no mesmo documento, nova referência, lembrando que "os profetas (...) não disseram nada por sua própria conta", mas do que viam e ouviam. Sugere-se até, nesta passagem, que algumas vezes Jesus, ainda na condição espiritual, antes de nascer, tenha falado "pela boca deles, dizendo que o Salvador viria".

No *Apocalipse de Pedro*[2] é também explícita a conotação mediúnica, de vez que, concluída a dissertação, o documento encerra-se com esta frase: "Assim que ele (Jesus) disse estas coisas, ele (Pedro) voltou a si".

Na *Carta de Pedro a Felipe*,[3] como vimos há pouco, a fala de Pedro aos seus ouvintes converte-se, de repente, em manifestação mediúnica de "um espírito santo" que fala de Jesus com respeito, tratando-o como "aquele que nos ilumina".

No livro A *Interpretação do Conhecimento*,[4] recomenda-se àquele que disponha de faculdades mediúnicas que a partilhe sem hesitação com seus companheiros, ou seja, exerça-a em proveito da coletividade. Pouco adiante recomenda o texto que não se perturbe o medianeiro a perguntar-se "por que ele (o espírito) fala e não eu?"

O comentário textual, revela, neste passo, sutil conhecimento do mecanismo da mediunidade, a explicar por que razão o 'profeta' não deve melindrar-se com o fato de alguém falar por seu intermédio, pois *"o que ele diz é (também) seu, e aquele que discerne o Verbo e aquele que fala são o mesmo poder"*. Se pesquisarmos Paulo, nas suas instruções aos coríntios, ficaremos sabendo que "o poder do espírito é o mesmo" (I Cor. 12,4-6). Se recorrermos aos ensinamentos de *O Livro dos Médiuns*,[5] de Allan Kardec, colhemos a informação de que a entidade utiliza-se, na manifestação falada ou escrita, dos recursos que encontra no próprio médium; logo, o que diz é também do médium, como assegura o texto gnóstico.

No *Evangelho de Maria*[6] (Madalena, naturalmente), talvez estejam as mais claras, como também as mais controvertidas manifestações mediúnicas. É uma lástima que esse documento esteja tão seriamente mutilado por lhe faltarem as preciosas e últimas quatro páginas, como também algumas iniciais.

Convém lembrar que, tanto quanto a de Pedro, a mediunidade de Madalena encontra-se bem documentada nos textos canônicos. Em primeiro lugar, porque sua carreira apostolar (e ela foi, de fato e de direito, apóstolo) começa com a chamada "expulsão dos demônios" (leia-se espíritos desarmonizados) que a perseguiam tenazmente, acoplados ao seu psiquismo, na condição de possessores, o que, por si só, seria suficiente para comprovar nela a existência de faculdades mediúnicas. É de supor-se que ela tenha conservado tais faculdades e as tenha exercido regularmente durante todo o tempo em que permaneceu no grupo. Pouco se sabe a respeito, dado que, como mulher – e ainda falaremos disso – eram escassas suas chances de participar ativamente dos trabalhos.

A Dra. Pagels[7] entende que Madalena foi "favorecida com visões e introvisões que, de muito, ultrapassam as de Pedro".

Mesmo assim, no *Evangelho de Tomé* Pedro, propõe aos companheiros a exclusão de Madalena do grupo, de vez que "as mulheres não são dignas da vida".

Não há como ignorar, porém, o fato de que foi a ela que primeiro o Cristo sobrevivente manifestou-se na madrugada de domingo, no jardim de Nicodemos. Há indicações de que esse episódio teria até provocado certas ciumeiras entre os homens. O diálogo com o Cristo 'ressuscitado' nos canônicos ficou reduzido a uma breve troca de palavras circunstanciais, mas não escapa ao observador atento, como se lê em João (20,18), que "Maria

Madalena foi anunciar aos discípulos: '– Vi o Senhor', *e as coisas que ele lhe disse"*.

Ao que tudo indica, o relato de tais 'coisas' de que Jesus falou a Madalena e que foram provavelmente amputadas no texto de João, sobreviveram no *Evangelho de Maria*. Realmente, segundo este livro, Maria faz longa exposição oral aos apóstolos sobre o que teria ouvido do Mestre, mas a acolhida é fria, para dizer o mínimo, no silêncio que se fez quando ela se calou.

André teria tomado a palavra para dizer que cada um pensasse o que quisesse sobre o que acabavam de ouvir. Quanto a ele, contudo, não acreditava que o Salvador tivesse dito aquelas coisas, de vez que eram estranhas as idéias expostas. Pedro, segundo o texto, manifestou-se no mesmo sentido e acrescentou:

> Será que ele falou, de fato, em particular a uma mulher e não abertamente conosco? Será que temos de nos virar todos para ouvi-la? Será que ele a preferiu a nós?

Maria de Magdala respondeu mais com suas lágrimas do que com argumentos. Os argumentos podiam ser contestados, mas as lágrimas eram testemunho vivo de convincente autenticidade. É evidente que estava magoada, mas manteve-se digna, ao dirigir-se a Pedro, para dizer-lhe:

> Meu irmão Pedro, o que você acha? Você pensa que inventei isso em meu coração, ou que estou mentindo acerca do Salvador?

Toda a cena e as palavras nos transmitem pungente impressão de realismo. Criou-se um clima de constrangimento que Levi (Mateus) resolveu com notável habilidade na sua fala dirigida a Pedro.

> Pedro, você sempre foi um cabeça quente. Vejo-o agora atacando a mulher como os adversários. Se, porém, o Salvador a achou digna, quem é, na verdade, você para rejeitá-la? Seguramente, o Salvador a conhece muito bem. Por isso é que ele a amava mais do que a nós.

Prosseguiu, expondo sua opinião de que deveriam todos envergonhar-se e saírem a pregar o evangelho, "sem estabelecer qualquer outra regra ou lei" além das que Jesus recomendara e que, falando mediunicamente a Madalena, reiterara.

A cena preservada no documento copta dá conta de um momento de rara importância no movimento nascente. Ao que se depreende, já se cuidava de implantar normas de procedimento que, se não contrariavam recomendações que Jesus deixara com os seu discípulos, acarretavam desvios que parece não terem agradado ao Mestre já na sua condição póstuma.

O texto é também revelador ao mostrar o relacionamento franco entre os membros da diminuta comunidade cristã e até a rudeza de expressas opiniões, mas também a predisposição ao entendimento harmonioso em torno do bem coletivo e da propagação da mensagem do Cristo. Nisso estavam todos de acordo, até mesmo na superação de muito humanas demonstrações de ciúmes na disputa pela preferência do Mestre.

Aliás, o *Evangelho de Felipe*,[8] ao mencionar as pessoas que "sempre caminhavam com o Senhor", cita Maria, mãe dele, a irmã dela e Madalena "que era chamada sua companheira". Mais adiante, reitera-se a informação de que Madalena era a companheira de Jesus e que ele "a amava mais do que a todos os discípulos e costumava beijá-la na boca com frequência". Por isso, os discípulos chegaram a sentir-se 'ofendidos' e a manifestar-lhe sua desaprovação, interpelando-o. A resposta, apesar de um tanto enigmática, parece indicar que os discípulos testemunham o óbvio, mas não percebem implicações mais profundas. "Quando um cego e um vidente estão juntos na escuridão" – diz o Cristo – "não são diferentes um do outro. Quando a luz se faz, porém, o que enxerga verá a luz e o cego continuará na escuridão." Prossegue o Mestre ensinando que a superioridade do ser humano não é óbvia aos olhos, mas oculta.

A cena pode até ter um núcleo genuíno, mas o documento como um todo apresenta incongruências e anacronismos que, no meu entender, denunciam elaboração ou manipulação posteriores. Não há como justificar o termo 'cristão' ou a expressão 'Espírito Santo' na fala de Jesus, a propósito da suposta interpelação dos discípulos. A palavra *cristão* teria sido cunhada por Lucas, em Antioquia mais tarde, somente depois da partida de Jesus, e a expressão *Espírito Santo é* ainda posterior.

O que fica do episódio, no meu entender, é o fato de que a presença de Madalena junto ao Cristo suscitava demonstrações de ciúme, não só por causa das restrições que a época e os costumes impunham à mulher, mas porque os discípulos mais próximos a haviam precedido junto ao Mestre.

Por outro lado, os textos sempre mostram Jesus disposto a justificar ou explicar sua preferência por ela, e até mesmo contribui com medidas que colocassem Madalena no nível que ele entendia adequado a ela. À observação inamistosa de Pedro que há pouco citamos, ele se declara decidido a prepará-la pessoalmente, "a fim de fazê-la homem, para que ela também se torne um espírito vivo, como vocês". (Examinaremos, mais de perto, em outro ponto deste livro, a dicotomia homem/mulher, aspecto relevante na doutrina gnóstica.)

O que importa, contudo, no relato que acabamos de reproduzir, é a evidência bem mais convincente, mesmo porque convergente com outras passagens canônicas e apócrifas, de que a prática mediúnica generalizara-se no cristianismo primitivo em intenso intercâmbio com os 'mortos'. Vinham dos seres espirituais, por via mediúnica, instruções, recomendações, correções e estímulo aos que ficavam por mais algum tempo aprisionados em corpos físicos.

Não apenas isso, porém. Esse intercâmbio assume as proporções de significativo marco naquele momento histórico. Acho que a Dra. Pagels tem toda razão em suspeitar de uma disputa pelo poder no contexto em que atuaram os gnósticos, no seu relacionamento com os demais cristãos. A Igreja nascente encontrava-se numa encruzilhada, ante opções que a Dra. Pagels situa como quantitativas ou qualitativas. Mais que isso, a hierarquia sacerdotal somente poderia abrir espaço próprio para as manipulações quantitativas que tinha em mente (leia-se poder temporal) à custa da eliminação dos chamados profetas (médiuns).

Como percebe o leitor atento dos canônicos, os médiuns gozavam de indiscutível precedência sobre todos os demais membros da comunidade, à única exceção dos apóstolos, como estabelece a Primeira Carta aos Coríntios (12,28). Onde quer que chegassem, os médiuns eram recebidos com vivas demonstrações de respeito. Afinal de contas, era pela boca deles que falavam os espíritos, quando não o próprio Cristo. Na presença deles, cessava o exercício de qualquer outra autoridade, exceto a dos apóstolos, se houvesse algum naquele momento na comunidade. As normas vigentes determinavam reservar-lhes as primícias das colheitas. Ora, a nascente casta sacerdotal não podia ver com bons olhos esse tratamento de exceção aos médiuns residentes ou itinerantes.

Não é de admirar-se, pois, que, caracterizada a evidente preferência dos gnósticos pelas práticas mediúnicas, que os punham em diálogo constante com os espíritos, entrassem eles em colisão direta com a tendência oposta da hierarquia sacerdotal que lutava por acabar com essa prática, a fim de extinguir os privilégios considerados exorbitantes atribuídos aos médiuns. Voluntária ou involuntariamente, estes impunham aos primeiros sacerdotes e aos bispos, a humilhação de um posto subalterno, numa época em que, sem mais apóstolos vivos, eles podiam perfeitamente consolidar-se no primeiro.

Na breve introdução escrita para A *Interpretação do Conhecimento*,[9] a Dra. Pagels informa que o autor, mestre gnóstico, "dirige-se a uma comunidade dividida por ciúme e ódio sobre o problema das faculdades espirituais" (mediunidade).

Seja como for, entre silenciar seus médiuns para não contrariar a casta sacerdotal e prosseguir com a busca do conhecimento, no intercâmbio com os espíritos, os gnósticos não hesitarão na opção. Caracterizava-se, com isto, o conflito e, por via de consequência, o posicionamento deles como heréticos, à medida em que mais e mais divergiam os dois grupos, tanto nas práticas, quanto ideologicamente.

Perscrutando, assim à distância, no tempo, depois de examinados os papiros de Nag-Hammadi, creio legítimo concluir que o espaço das divergências ampliou-se mais porque a Igreja, e não os gnósticos, afastou-se, rumo às inovações teológicas e estruturais que desejava, para criar e consolidar um núcleo de poder político. Os gnósticos ficaram praticamente onde, como e com o que estavam: a busca do conhecimento libertador, as práticas mediúnicas, as prioridades espirituais qualitativas, em oposição ao poder terreno, que precisa da quantidade e prometia a salvação pela adesão ao sistema, sem o esforço do auto-aperfeiçoamento.

VI – Conhecimento e Amor

Um estudo como este sobre o gnosticismo dificilmente poderia escapar às constantes referências à linha mestra do pensamento gnóstico que é *a busca do conhecimento*. É o que temos feito. Mas isso é ainda insuficiente porque estamos tentando expor o que entendemos por conhecimento no contexto gnóstico e não propriamente o que *eles* entendiam e o que buscavam. Em outras palavras, precisamos aceitar o conselho do eminente Prof. Puech e procurar ler os textos coptas com olhos gnósticos. Esse é o nosso próximo objetivo.

De início, talvez seja necessário entender que a busca do conhecimento é mais uma recuperação ou recordação do que aprendizado puro e simples. É o que se depreende de observações contidas em *O Evangelho da Verdade,* que, no dizer de George W. MacRae, autor da Introdução, "discute, sob forma de meditação, a pessoa e o trabalho do Cristo".

Enquanto junto ao Pai, um com ele, de tudo sabíamos e, portanto, o esquecimento (oblívio) não se instalara ainda em nós. "Uma vez que o esquecimento surgiu porque o Pai não era conhecido, então, se o Pai tornar-se conhecido, o esquecimento deixará de existir a partir daquele momento."[1]

O conhecimento é sempre entendido como algo imanente, não se perdeu, apenas cobriu-se com o véu do esquecimento quando o ser humano deixou de ser um com Deus para mergulhar na matéria. Por isso, ensina o autor gnóstico que, se alguém adquire conhecimento, recebe o que já é seu e apenas o atrai a si mesmo, ou seja, torna-se consciente do que inconscientemente conhecia. O ignorante, a seu turno, é considerado necessitado, pois, "o que lhe falta é muito, uma vez que lhe falta aquilo que o fará perfeito."[2]

Encontramos aqui, portanto, o conceito de que não basta o conhecimento por si só, latente ou consciente, mas que o saber seja instrumento da perfeição, como exemplificou o Cristo em quem "a luz falou pela sua boca, e sua voz fez nascer a vida". "Ele se tornou o caminho para os que estavam perdidos, o conhecimento para os ignorantes, a descoberta para os que buscavam, o apoio para os que vacilavam, a pureza imaculada para os que estavam corrompidos."[3]

É, pois, um conhecimento ativo, dinâmico, caridoso, amoroso, consciente de sua responsabilidade ética e fraterna. Por isso, o autor recomenda ao que alcançou o nível adequado de conhecimento que "fale da verdade àqueles que a procuram, e do conhecimento aos que, em erro, cometeram pecado", tanto quanto ajuda "o que tropeçou a firmar o pé, estenda a mão ao enfermo, alimente o faminto, proporcione repouso ao que está cansado, levante aqueles que queiram levantar-se e desperte aqueles que dormem."

O mergulho na matéria é considerado uma degradação, equivalente ao mito da queda, um período de esquecimento e ignorância, em que o ser fica a dormitar como que embriagado, esquecido de suas origens e desinteressado de sua destinação, envolvido pelas mordomias que o mundo proporciona como ridícula compensação pelo que se perdeu. O mundo da matéria é algo como um mal (infelizmente) necessário para aquele que se *separou* de Deus. Tantos inconvenientes são atribuídos à matéria em geral e, em particular, à do corpo físico das pessoas, que estas só poderiam ter sido criadas por seres malignos ou, no mínimo, imperfeitos, jamais por Deus. Esse mesmo conceito de uma divindade suprema em todas as suas perfeições e outra ou outras menores que teriam criado o mundo físico ressurgiria entre os cátaros na Europa medieval.

Os textos gnósticos, contudo, exigem leitura concentrada e atenta aos detalhes e às sutilezas. No trecho há pouco citado, observamos o autor a recomendar toda espécie de ajuda ao próximo, mas, quanto a estender a mão aos que caíram, somente àqueles que *"queiram* levantar-se". O ensinamento é de irretocável coerência, de vez que não apenas o trabalho do aprendizado é tarefa individual e intransferível, como pressupõe propósito consciente, vontade bem definida, pois mesmo a ajuda só se torna possível àquele que deseja ser ajudado e não apenas ao que *precisa* ser levantado.

O tema do conhecimento é retomado em *O Evangelho de Felipe,* que, no dizer de seu introdutor, Wesley W. Isenberg, constitui "importante contribuição ao nosso escasso conhecimento da teologia e da prática sacramental gnóstica".[4]

Deparamos neste documento com ensinamentos profundos, em linguagem elegante e até poética, às vezes. O patamar da perfeição produz uma vestimenta de luz perfeita e qualifica a pessoa para admissão ao reinado de Deus. O ideal, no entender do autor, está em que o indivíduo se torne perfeito "antes de deixar o mundo", ou seja, enquanto ainda envolvido pelo denso manto da matéria bruta, ou não terá como partilhar do convívio com os perfeitos que o antecederam, mas ficará retido, como imperfeito, em dimensão intermediária. Também nesta terminologia encontramos antecipações cátaras, de vez que os pregadores cátaros eram chamados *parfaits,* os perfeitos.

O documento atribuído a Felipe prossegue, explicando, mais adiante ser "um homem livre aquele que adquiriu o conhecimento" (Conhecereis a verdade e a verdade vos libertará, lemos em João). O homem livre não peca, pois "o que peca é escravo do pecado". E acrescenta: "A verdade é a mãe; o conhecimento é o pai", como que a induzir a noção de que o conhecimento é que fecunda a verdade. Atenção, porém. "O conhecimento da verdade" – ensina o autor – "apenas faz tais pessoas arrogantes..." e "até lhes proporciona alguma superioridade sobre todo o mundo", mas só "o amor constrói".

O trecho que se segue é poesia pura e se poderia botar-lhe o título de *o elogio do amor:*

> Na verdade, aquele que se torna realmente livre através do conhecimento é escravo por causa do amor por aqueles que ainda não tiveram condições de alcançar a liberdade do conhecimento. O conhecimento os torna capazes de se tornarem livres. O amor nunca diz que algo lhe pertence; ainda que realmente possua aquela própria coisa. Ele nunca diz "isto é meu", ou "aquilo é meu", mas "tudo isto é vosso". O amor espiritual é vinho e fragrância.

Mas o conhecimento desdobra-se em outras tarefas, ainda que todas convergentes no sentido da perfeição e, por conseguinte, da libertação. "... que cada um de nós" – aconselha o autor, "faça uma escavação em busca da raiz do mal dentro de si e a extirpe do coração pela raiz". E adverte:

> Ela será extirpada se a reconhecermos. Mas se a ignorarmos, ela se enraíza em nós e produz seus frutos em nosso coração. Ela nos domina. Somos seus escravos. Ela nos toma como cativos para obrigar-nos a fazer o que não queremos e não desejamos fazer'.

E prossegue:

> Ela é poderosa porque não a reconhecemos. Enquanto existir, será ativa. A ignorância é a mãe de todos os erros.

Para ressaltar, ainda uma vez, a importância do conhecimento, o autor do *Evangelho de Felipe* explica que assim como quatro elementos são necessários à agricultura – água, terra, vento e luz – quatro são também necessários à agricultura divina: fé, esperança, amor e conhecimento.

Nas palavras finais, mais uma observação no sentido de que...

> Aquele que recebeu a luz, não poderá ser visto, nem detido. E ninguém terá condições de atormentar a uma pessoa como essa, mesmo enquanto ainda habita o mundo.[5]

O texto evidencia, portanto, conhecimento profundo da realidade espiritual não apenas na identificação do mal em nós e da necessidade de sua extirpação, mas do poder que ele exerce sobre nós quando o ignoramos. Além de tudo, o exato entendimento de que o conhecimento acoplado ao amor produz a magia da liberdade pela perfeição. O ser assim redimido promove-se ao patamar dos *espirituais,* libera-se também da matéria que não mais pode detê-lo nas imperfeições do mundo, coloca-se a salvo das perseguições até mesmo enquanto ainda encarnado, pois a lei ampara e protege aquele que resgatou seus compromissos cármicos. Quem poderá submeter a obsessões e possessões uma pessoa que alcançou os primeiros patamares da perfeição?

Em *O Livro de Tomé, o Contendor,* encontramos novas referências à importância do conhecimento no diálogo entre o Cristo ressuscitado e seu irmão Judas Tomé e que teria sido anotado por alguém que se identifica como Matias. John D. Turner,[6] autor das notas introdutórias, pergunta-se se esse Matias poderia ser o apóstolo e evangelista Mateus, mas é evidente que não dispõe de elementos para decidir.

"Aquele que não conhece a si mesmo – ensina Jesus póstumo a Judas – nada conhece, mas aquele que se conhece já adquiriu, ao mesmo tempo, conhecimento sobre a profundidade do Todo."[7]

O que reitera o ensinamento gnóstico de que o caminho para conhecer a realidade divina começa pelo autoconhecimento, dado que em cada um de nós está posta a centelha que nos mantém imantados ao Pai, ainda que temporariamente divididos ou separados dele pela ignorância e pelo esquecimento.

Em O Ensinamento Autorizado, trata o autor não identificado, do tema recorrente de que a alma tem origem divina e está em conflito com os percalços da matéria, da qual somente se livra pelo conhecimento.

No entender do autor, a alma se deixou seduzir e aprisionar pelos prazeres que a matéria proporciona. "O corpo (físico)" – ensina o autor – "surgiu do gozo e o gozo veio da substância material. Por isso, a alma tornou-se irmã deles",[8] ou seja, desceu ao nível do gozo e da matéria, abastardando-se.

Reitera-se aqui, portanto, a doutrina gnóstica da rejeição à matéria, sempre encarada como prisão grosseira da centelha divina contida na alma. Tendo deixado o conhecimento atrás de si – lamenta o autor gnóstico –, ela (a alma) recaiu na bestialidade."

E mais adiante:

"Nossa alma está de fato enferma porque habita uma casa de pobreza, enquanto a matéria aplica-lhe golpes nos olhos, desejando cegá-la."[9]

São inúmeras as que sucumbem a essas pressões e passam a dormitar na matéria, prisioneiras, ignorantes, cegas, esquecidas de si mesmas, acomodadas aos gozos da carne e empenhadas na disputa do poder, como se diz alhures, no *Tratado Tripartite,* em mais de uma passagem.

Em contraste com o conhecimento, a ignorância é comparada, ainda no Tratado Tripartite,[10] às "trevas exteriores", ao "caos", ao *"hades"* e ao "abismo", estado semelhante ao da morte, de vez que "aquilo que está morto é ignorância". Esse texto, segundo Harold W. Attridge e Elaine Pagels,[11] autores da introdução, constitui "notável fonte nova para compreensão de como um mestre gnóstico interpreta os mais relevantes temas da teologia cristã".

O mestre não identificado ensina que "a completa ignorância da Totalidade" equivale à morte.[12]

"A liberdade" – lê-se no mesmo Tratado – "é o conhecimento da verdade que existia antes que a ignorância surgisse (...) tanto quanto a 'redenção' é a libertação do cativeiro e a aceitação da liberdade".[13]

Aceitação da liberdade! Estranha e fascinante expressão, que leva à descoberta sutilíssima de que a liberdade já existia e se oferecia, só faltava ser aceita, dado que tem de ser alcançada por um trabalho consciente, responsável, persistente, que precisa ser *aceito* e empreendido como pré-condição à própria libertação.

Em *Hipostase dos Arcontes,*[14] onde se apresenta, segundo Roger A. Bullard, "uma interpretação esotérica de Gênesis", lê-se que os criadores de Adão combinaram submetê-lo a um profundo sono (esquecimento), o que foi feito. Em seguida, o texto explica que o sono profundo ao qual Adão foi induzido chama-se *ignorância.*

Em *Os Ensinamentos de Silvanus,*[15] considerado pelos eruditos o único documento não-gnóstico da biblioteca de Nag-Hammadi, o autor escreve um apelo à alma, exortando-a à persistência e à sobriedade a fim de "sacudir-se da sua embriaguez, obra da ignorância".

Como vemos, a ignorância é esquecimento, embriaguez, morte, prisão, sonolência, acomodação aos artifícios da matéria, ao passo que o conhecimento é libertação e vida, é pureza e perfeição, é retorno a Deus, é redenção, não no sentido messiânico, mas trabalho pessoal de cada um na sua intimidade, escavando as raízes do mal e extirpando-as para que brilhe a luz imanente no ser, que vem da luz e a ela retorna.

VII – Dicotomias Conflitantes

Na longa série de palestras no College de France, entre 1960 e 1972, sobre o *Evangelho de Tomé*, o Prof. Henri Charles Puech[1] lembra, de início, o tema recorrente e dicotômico nos escritos gnósticos de unidade/dualismo, corpo/alma, matéria/espírito, como aspectos fundamentais da doutrina gnóstica, que se concentra em induzir a criatura a empreender "um retorno, pela redução, de toda dualidade à unidade" – primitiva tanto quanto essencial – "de nosso ser pessoal".

O gnóstico mantém viva essa consciência de seu estado transitório de separação, uma espécie de saudade da unidade, de nostalgia de suas origens, quando éramos todos um com Deus. A separação marca o drama – talvez a tragédia – da queda nas armadilhas da matéria, na qual o princípio inteligente ficará aprisionado por um tempo que não tem como determinar, mas que ele deve esforçar-se por abreviar, em busca de uma espécie de paraíso perdido onde ele vivia, no dizer de Puech, "a paz, a plenitude, a unidade".

Daí toda a atenção consciente e responsável para aspectos da realidade que se opõem por insanável incompatibilidade, como corpo físico e espírito, ou, mais amplamente, matéria e espírito, que ia ao paradoxal extremo de 'contaminar' aspectos vitais aos próprios mecanismos da vida terrena. Como que responsabilizados pela prisão da centelha divina nas malhas da matéria, repudiava-se a carne e, por via de consequência, a sexualidade, os vínculos de parentesco e até mesmo a maternidade e a feminilidade em geral. Conceitos esses, aliás, que reemergiram cerca de um milênio depois entre os cátaros, ainda que algo atenuados. Até mesmo as enigmáticas expressões *Filho do Homem* e *Filho de Mulher* têm aí as suas raízes, como ainda veremos.

Preso a essas contingências limitadoras, no mundo considerado cruamente como 'cadáver', o espírito recai em estado de torpor para o qual várias metáforas expressivas foram cunhadas, como cegueira, vazio, embriaguez, morte, esquecimento, alienação, ignorância, mas que no fundo caracterizam a mesma e incômoda realidade da separação do todo, o estado crepuscular de inconsciência que a criatura precisa trabalhar para superar, a fim de ir ao reencontro da unidade, o que somente se consegue através da recuperação do conhecimento (gnose) perdido.

Ao comentar a postura gnóstica em relação à matéria, Gillabert[2] lembra a observação de Jesus, segundo a qual era necessário "estar no mundo sem ser do mundo". A transitoriedade do *estar* em oposição à permanência do *ser* pode ser expressa com os recursos da língua portuguesa, uma das poucas línguas que faz essa distinção sem contorsionismos semânticos. O mundo se punha como contexto 'morto', do qual se tornava imperioso libertar-se tão cedo quanto possível pelo conhecimento.

Não obstante a severa rejeição da matéria em geral e da carne em particular, encontramos no *Evangelho de Felipe*[3] uma sábia advertência nos seguintes termos: "Não tema a carne nem a ame. Se você a temer, ela o dominará. Se você a amar, ela o engolirá e o paralisará."

A carne seria, portanto, uma espécie de mal necessário com o qual terá a criatura de aprender a conviver, nem se permitindo dominar pelo temor, nem se deixando tragar pela paixão cega, o que a reduz a um instrumento de trabalho, dado que para as suas experimentações com a verdade, na busca do conhecimento, o ser não dispõe de outro caminho senão o que passa pela matéria.

O Livro de Tomé, o Contendor[4] lamenta aquele que "põe suas esperanças na carne na prisão perecível". "Até quando" – insiste – "você permanecerá no oblívio?" E mais adiante: "Suas esperanças estão no mundo e o seu deus é esta vida! Vocês estão corrompendo suas almas!"

Linhas abaixo, acrescenta a advertência de que a luz (da centelha divina que cada um traz em si) ocultou-se na nuvem de treva ao passo que o corpo físico, identificado como "a vestimenta que foi posta sobre nós", envolve-nos em "esperanças inexistentes."

E continua, condenando aquele "que ama a intimidade com a mulher" e "o poluído relacionamento com ela", lembrando que "os poderes do corpo" resultarão em aflições.

Em *O Diálogo com o Salvador*,[5] Mateus declara a Jesus póstumo manifestado que gostaria de ver 'o lugar da vida', onde o mal não existe e sim a luz pura. O Cristo responde: "Irmão Mateus, você não poderá vê-lo enquanto estiver usando a carne."

Ainda nesse diálogo, o Cristo ensina que "se alguém não entender como foi criado o corpo que usa, morrerá com ele".[6] Mais uma vez, portanto, o mundo físico e o corpo que nele se integra representam ignorância e morte, ao passo que aquele que sabe de suas origens está vivo, ainda que mergulhado na matéria. O mesmo ensinamento é reiterado didaticamente algumas linhas depois, quando Jesus declara que não morre aquele que pertence à verdade, mas' o que vem da mulher, morre'.

Quanto ao *repouso* – uma das imagens da salvação pelo conhecimento – somente se alcança, no dizer do Cristo a Mateus, quando nos desfizermos de nossas 'cargas': "Quando você deixar para trás as coisas que não poderão segui-lo, então você se colocará em repouso".

E novamente esse texto severo com a matéria, recomenda ser necessário destruir "as obras da feminilidade" não porque não haja outra maneira de nascer, mas porque "elas cessarão de dar à luz".

Examinaremos alhures, neste estudo, a questão específica da mulher no contexto do gnosticismo, mas torna-se imperioso dizer aqui que, mais do que a mulher em si mesma, o que se lamenta é que através dela o ser mergulha na prisão da matéria bruta, que acarreta um estado de obnubilação e ignorância, como se a mulher fosse a culpada ou a responsável pelas consequências do nascimento. Lembramos novamente que, embora atenuado, esse conceito sobreviveu no catarismo medieval.

O desapego à matéria e aos bens materiais é explicitado em Atos *de Pedro e dos Doze Apóstolos,* documento que, no entender dos eruditos, "é consistente com a nascente ortodoxia da Igreja do segundo século", sem "proclamar idéias distintamente gnósticas".[7] É certo, porém, que leitores gnósticos encontram no texto material de seu interesse, ou não o teriam preservado em sua biblioteca. Esta é a opinião de Douglas M. Marrott e R. Mc L. Wilson, autores da introdução e da tradução do documento.

Esse 'livro' não apresenta significativa variação ao que podemos encontrar nos canônicos, ao recomendar o desapego às coisas materiais a fim de que se possa percorrer "a estrada que leva à cidade", que ninguém terá condições de percorrer se não houver abandonado tudo, porque muitos são os ladrões e animais que a infestam. Mesmo que o viajor leve apenas pão, "os cães negros o matarão por causa do pão". Se levar roupas custosas, os ladrões o assaltarão, se levar água, os lobos atacarão porque têm sede. Se escapar dos leões que disputam a carne que ele levar, os louros o devorarão por causa dos legumes. O único jeito, portanto, é deixar tudo para trás.

Já em *Ensinamento Autorizado* temos um documento claramente gnóstico, que trata a "alma como de origem celestial em conflito com a maldade do mundo material", no dizer de Douglas M. Parrot.[8] Uma vez acoplado ao corpo físico, o princípio espiritual "torna-se irmão da luxúria, do ódio, da inveja" e, por isso, a alma como que se entorpece na matéria. E acrescenta, mais adiante, que ao deixar "o conhecimento para trás (nas suas origens) ela (a alma) recai na bestialidade".

O quadro das armadilhas da matéria é pintado nesse papiro em cores e formas de grande realismo, ao mencionar a verdadeira 'espionagem' dos adversários que colocam diante de nós e por toda parte, alimentos e "coisas que pertencem a este mundo", a fim de tentar nossos desejos e apanhar-nos "com os seus venenos ocultos", de modo a nos "retirar do estado de liberdade e levar-nos à escravidão". Basta mesmo provar um só desses alimentos tentadores para se desejar todos os demais, até que "finalmente (...) tais coisas tornam-se o alimento da morte", de vez que nos aprisionam na matéria que, por sua conta, nos envolve no temido manto do oblívio.

A técnica diabólica consiste, segundo o autor do documento, em "injetar a dor no seu coração" de modo que você acaba sentindo essa dor "por causa das coisas miúdas desta vida". Em seguida, o 'demônio' induz o desejo por uma bela túnica a fim de que você se orgulhe dela. Seguem outras atrações, como amor ao dinheiro, orgulho, vaidade, inveja, beleza física e outras, através das quais vai o ser aprofundando-se na ignorância, no alheamento quanto à sua real condição de espírito dotado de centelha divina.

Chega o tempo, contudo, em que a alma que experimentou toda essa faixa de ilusões proporcionadas pela matéria "compreende que as doces paixões são transitórias" e, então, adota nova conduta e passa a sua preferência "para aqueles alimentos que a conduzirão à vida", despindo-se das roupagens do mundo, "vestindo-se internamente com as verdadeiras roupagens". Então, sim, estará pondo em si mesma 'o traje nupcial' – símbolo de sua reunião com Deus, na imagem mística da câmara nupcial, onde dois se tornam um só corpo – a tão deseja unidade. Essa roupagem, então, é "posta na beleza da mente, não no orgulho da carne". O Prof. Parrott colocou a palavra *mente* (*mind* na sua tradução inglesa), mas convém lembrar que provavelmente um tradutor brasileiro ou português preferisse empregar o termo *espírito*.

Seja como for, o texto fala da alma que, percorrido o longo caminho das ilusões da matéria e tendo provado de suas delícias – as 'doces paixões' – despertou para a realidade maior da busca que a levará de volta às suas luminosas origens. Nesse ponto, ela "devolve o corpo àqueles que lho deram" e estes se mostram 'envergonhados' e se lamentam porque de nada lhes serve o corpo e eles "não encontram outra mercadoria com a qual negociar". Realmente, para que serve o corpo físico àquele que não está mais fascinado pelas suas mordomias, senão como apoio para o aprendizado enquanto ainda na carne?

No documento intitulado *O Conceito de Nosso Grande Poder*,[9] segundo se lê na introdução de Francis E. Williams, "o Deus do Antigo Testamento é retratado como 'o pai da carne'". O apelo do texto é no sentido de que desperte aquele que adormeceu na carne e se deixou embalar pelos seus sonhos. "Acordem e retornem" – diz o autor. "Experimentem e comam o verdadeiro alimento. (...) Parem com maus desejos e luxúrias..."[10]

Em *A Paráfrase de Shem,* que, como vimos, é um documento gnóstico não-cristão, reencontramos a insistente observação de que "aquele que está no corpo" não terá condições de "completar estas coisas", ou seja, reencontrar-se com a luz:

> Mas, por meio da recordação (conhecimento readquirido) ele terá condições de apossar-se delas (as coisas completadas) de forma que, quando sua mente separar-se do corpo, então tais coisas poderão ser reveladas a ele.[11]

Isso porque, como está escrito pouco adiante, "a servidão do corpo é severa". Em *Os Ensinamentos de Silvanus,* o único documento não–gnóstico de Nag-Hammadi, como vimos, o ensinamento é claro quanto à dicotomia espírito/matéria.

> Por que você busca a treva se a luz está à sua disposição? Por que você bebe a água suja se a limpa está ao seu alcance? A sabedoria o convoca e, no entanto, você deseja a insensatez. Não é por seu próprio desejo que você faz coisas assim, é a natureza animal dentro de você que as faz.[12]

Mais adiante, o documento adverte para a importância de entender nossas origens. O corpo foi criado a partir da terra, com substância terrena; a alma é formada sob o comando de um pensamento divino, já a mente (e novamente me sinto tentado a escrever espírito) resulta de um ato de criação que surgiu "em conformidade com a imagem de Deus".

Daí o conselho: "Viva de acordo com a mente. Não pense nas coisas pertencentes à carne. Adquira força, pois a mente é forte."[13]

A mente é algo que partilha, portanto, da Divindade, e, ao mesmo tempo, da carne. A fagulha divina aloja-se na matéria, mas continua divina, na sua origem e, portanto, na sua essência.

Em *O Testemunho da Verdade*,[14] o autor inicia seu texto dirigindo-se "àqueles que sabem ouvir não com os ouvidos do corpo, mas com os da mente". O autoconhecimento se desenvolve, segundo esse documento, quando a criatura começa a falar "com sua mente", a qual é "pai da verdade"... Novamente o termo *espírito* ficaria melhor em português, especialmente em razão do ensinamento de que é 'o pai' da verdade. Claro, porém, que a palavra *pai* afigura aí no sentido de que o espírito, no conceito gnóstico, provém do pai.[15]

Entre os ensinamentos que Jesus teria transmitido a Madalena, segundo *O Evangelho de Maria*,[16] encontra-se isso: "A matéria gerou uma paixão sem igual que procede de algo contrário à natureza."

A matéria constitui, portanto, morada provisória do espírito no seu incômodo estado de separação, quando, após ter sido um (com Deus), fez-se dois. Toda a sua aspiração deve ser canalizada para a recuperação do conhecimento libertador que um dia o levará de volta à unidade em Deus. O mundo material não passa de prisão, na qual o espírito se esquece de suas próprias origens, transforma-se em morto-vivo, em estado semelhante ao de embriaguez, enquanto se deixa envolver pelos atrativos que a carne se esmera em oferecer-lhe.

VIII – Polaridade Sexual

Já que nos encontramos na temática das dicotomias, parece oportuno examinar mais uma delas, a da polaridade sexual macho/fêmea, homem/mulher, sobre a qual a abundância de referências nos textos gnósticos revela o interesse que o problema suscitava entre eles.

A Dra. Pagels,[1] por exemplo, consagra ao assunto todo o capítulo terceiro de seu livro, lembrando que, "em lugar de descrever um Deus monístico e masculino, muitos desses textos falam de Deus como uma díade que inclui tanto 'elementos masculinos como femininos'".

Torna-se às vezes difícil penetrar com a estrutura cultural da mente moderna e, ainda por cima, ocidental, certos aspectos esotéricos da mística daqueles tempos, ou de qualquer tempo mais remoto em relação ao nosso. É certo, contudo, que encontramos em várias fontes gnósticas, como assinala a Dra. Pagels, a sugestão de que o Espírito constituiria o elemento feminino da Trindade. Daí porque ao desenvolver-se a doutrina do nascimento virginal, nos primórdios da teologia cristã, Jesus, considerado o Filho, foi tido como gerado em Maria pelo Espírito Santo, o que leva o autor de *O Evangelho de Felipe* a ridicularizar aqueles que estavam interpretando o texto ao pé da letra, dado que uma mulher (o Espírito) não poderia fecundar outra (Maria).

As sutilezas e enigmas da dicotomia homem/mulher denunciam insuspeitadas profundidades e conotações ainda por explorar no gnosticismo, de vez que passagens em que surgem esses aspectos oferecem inusitadas dificuldades interpretativas. Os gnósticos certamente dispunham de chaves adequadas para abrir essas portas secretas e de luzes suficientes para iluminar o que hoje nos parece obscuro.

No *logion* 114 do *Evangelho de Tomé,* encontramos uma dessas dificuldades. Evidencia-se ali decidida rejeição de Pedro em relação a Madalena, o que, aliás, se reitera no *Evangelho de Maria,* como vimos alhures. Segundo o texto, Pedro teria proposto a exclusão de Madalena do grupo apostólico, dado que "as mulheres não são dignas da Vida".

Aparentemente Jesus é levado a concordar com essa posição, dado que ele se declara disposto a guiar Maria "para fazer dela homem, a fim de que ela também se torne um espírito vivo, semelhante a vocês, homens". Não é isso, porém.

Mais do que a mera expressão de vulgar 'machismo', há que supor no texto um sentido oculto transcendente, mesmo descontando-se o critério vigente à época que mantinha a mulher em posição subalterna, como se lê com certa insistência em Paulo, por exemplo. Lembra, contudo, a Dra. Pagels,[2] citando o Prof. Wayne Meeks, que, na Epístola aos Gálatas (3,28), o apóstolo escreve que "em Cristo... não há homem nem mulher". Pagels acrescenta que Paulo aprova aí o trabalho das mulheres e "até saúda uma delas, destacada no seu apostolado, hierarquicamente superior a ele próprio no movimento".

Para discussão mais ampla do assunto, deve o leitor recorrer ao livro da Dra. Pagels, que pode ser lido em português por aqueles que não tiverem acesso ao original inglês.

Seja como for, textos como o do *logion* 114 não devem ser tomados à letra ou seriam incongruentes no âmbito do próprio gnosticismo, que pressupõe para todos, sem exclusão da mulher, um largo ciclo que vai da queda ou separação ao retorno à unidade. No meu entender, é preciso separar, no debate do assunto, a condição da mulher na sociedade antiga, que era inegavelmente secundária, do conceito filosófico-religioso do princípio feminino no ser humano, de vez que o problema da sexualidade em geral, tanto quanto o da sua polarização, constituem aspectos relevantes no pensamento gnóstico, como assinala o Prof. Puech,[3] que considera a questão 'ponto capital', dado que 'a teoria – ética e, mais ainda, metafísica – da salvação é comandada pela atitude a tomar e a observar em face da sexualidade'.

A observação do eminente especialista é profunda e merece algum desdobramento preliminar antes de prosseguirmos no exame de suas idéias a respeito. Ao distinguir ou conjugar o aspecto ético com o metafísico da sexualidade, ele abre algum espaço para nossas próprias meditações. Aproveitemos a oportunidade oferecida.

A postura filosófica do gnosticismo perante a sexualidade é de discreta reserva, para dizer o mínimo, como se o mecanismo reprodutor da espécie fosse, de certa forma, responsável pela detenção do espírito na prisão celular da matéria. Aí é que a centelha divina mais se isola e se esquece de suas origens, em estado comparável ao da embriaguez ou da cegueira, em vez de devotar-se ao reaprendizado da vida para alcançar o quanto antes sua reunificação com a divindade. Nesse contexto, a mulher parecia figurar inevitavelmente como cúmplice do esquema limitador, ou pelo menos um dos seus principais instrumentos.

Aliás, é precisamente o que está dito em *O Diálogo com o Salvador*, no qual se atribui a Mateus uma advertência que lhe teria sido transmitida pelo próprio Cristo, que recomendava "orar onde não houvesse mulher". O texto prossegue, ainda reproduzindo o pensamento do Cristo, nestes termos:

> Destrua as obras da feminilidade, não porque não haja outra maneira de nascer, mas porque elas cessarão de parir.[4]

Nada disso ocorria enquanto a dualidade funcionava em equilíbrio, num único ser, segundo a doutrina gnóstica. É o que se lê, por exemplo, no *Evangelho de Felipe*, ao ensinar que:

> Quando Eva estava ainda em Adão, a morte não existia. Quando ela se separou dele, surgiu a morte. Se novamente ele tornar-se completo e recompuser seu antigo ser, a morte terá sido extinta.[5]

Estejamos atentos ao fato de que é necessário atribuir ao conceito *morte* sua conotação gnóstica, como mergulho na ignorância, no esquecimento, no estado algo sonambúlico imposto pela matéria densa; é importante, contudo, observar que o gnosticismo entendia a dicotomia macho/fêmea ou homem/mulher como espécie de desajuste proveniente da queda da centelha divina na matéria. Quanto menos isso acontecesse, melhor para o processo evolutivo da criatura. Daí as explícitas restrições acerca das práticas sexuais, especialmente as abusivas. Não há como deixar de perceber certa contradição nessa maneira de colocar as coisas, dado que a criatura precisa da vivência na carne para recuperar o conhecimento perdido que a levaria de volta às suas origens.

Seja como for, o ideal de castidade ou mesmo de abstinência consolidou-se no gnosticismo e parece ter coincidido com o pensamento de Paulo, que admite o casamento como alternativa menos indesejável para aquele que não consegue dominar o impulso animal. É o que ele ensina, ao conceder que é melhor "casar do que abrasar".

Fica claro, portanto, que a prática sexual é concessão ao componente animal da criatura, um dos mais poderosos engodos ou armadilhas da matéria à centelha divina aprisionada, cabendo ao ser humano que aspira à perfeição, de onde provém, desvencilhar-se de tais liames tão rápido quanto possível. De certa forma, esse modo de ver propagou-se às estruturas do pensamento teológico e sobreviveu na milenar exigência do celibato sacerdotal.

Como lembra Puech, contudo, a 'dualidade sexual' projeta-se, ainda, como relevante questão metafísica, aspecto que ele aprecia com brilho e competência, ao analisar o *logion* 22 do *Evangelho de Tomé,* no qual Jesus recomenda que somente estariam aptos para o Reino dos Céus aqueles que fizessem "do masculino e do feminino uma só coisa, de sorte que o masculino não seja masculino e que o feminino não seja feminino".

O comentário de Puech[6] faz até lembrar a romântica alquimia das almas gêmeas, na plasticidade do seu didático francês que, lamento precisar traduzir:

> ...eles (homem/mulher) cessarão, tanto um como o outro, de ser o que eram um perante o outro, nas suas relações ou nas suas oposições mútuas. Não constituirão mais do que um, serão considerados e se considerarão como sendo indistintamente um e outro, como formando e representando, um com o outro ou cada um por si, uma só e mesma coisa, uma realidade única e indiferenciada, de natureza e tipo idênticos.

O que leva a imaginar que certa polaridade persiste na unidade, mas em estado de equilíbrio na sua interação, como se um fosse também o outro e vice-versa. Mais que isso, porém, esse novo 'modo de ser', como ensina Puech, não seria "nem feminino, nem masculino, mas uma realidade neutra, indiferente a toda qualificação ou distinção sexual".

Isso nos remete ao conceito de androgenia, também referido com certa insistência nos escritos gnóstico, não envolvido em conotação bissexual ou assexuada, mas naquilo que Puech[7] considera como "sublimação da sexualidade".

A sublimação da sexualidade constitui, dessa forma, sinal relevante da redenção espiritual e, por conseguinte, um retorno às origens, ao ponto de partida, ao princípio. Ao discorrer sobre a Divindade como 'o Poder bissexual', a Dra. Pagels lembra o estado de androgenia em Adão, cujo princípio feminino nele imanente teria sido separado para personificação em Eva. Criado, segundo a alegoria bíblica, à imagem e semelhança de Deus, Adão seria também bissexual, ou melhor, em posição íntima de perfeito equilíbrio masculino/feminino.

Encontramos, em várias oportunidades nos textos gnósticos, a imagem mística da câmara nupcial, onde se daria a reunião integradora, segundo a qual os dois se tornam um só. Isso significa que alcançado o patamar evolutivo em que o ser restabelece em si mesmo a condição que poderíamos denominar pré-sexual, estaria reintegrado em Deus, de onde partiu ao dividir-se, desdobrando suas polaridades.

Imagino defensável a conexão desse enfoque gnóstico com uma enigmática passagem em Mateus (19,3-12), na qual, questionado a propósito do divórcio (separação, portanto, entre homem e mulher), o Cristo responde que Moisés teria concordado com o repúdio "por causa da dureza de vossos corações", mas que "no *princípio* não era assim", ou seja, nas suas origens, o princípio masculino teria sido inseparável do feminino, como Deus os fez. Sintomaticamente o texto informa que "o Criador os fez homem mulher" e não homem *e* mulher. Prossegue o texto dizendo que dessa maneira "já não são dois, mas uma só carne. Portanto, não separe o homem o que Deus uniu".

Como em outras passagens evangélicas, também esta serviu de apoio a interesses específicos da Igreja, empenhada na consolidação de seu poder civil, em vista da opção quantitativa a que se refere a Dra. Pagels. Nesse caso particular, ficou o texto como apoio à doutrina da indissolubilidade do casamento, mas as implicações revelam-se aqui mais profundas e amplas do que se supõe, dado que, na continuação, os discípulos contestam a postura, declarando que, a ser assim, então "não vale a pena casar-se". Percebendo que não tinham os circunstantes alcançado o sentido transcendente da sua observação, Jesus declara precisamente isso, ou seja, que" nem todos são capazes de compreender essa palavra, mas só aqueles a quem é concedido". E acrescenta, ainda enigmático:

> Com efeito há eunucos que nasceram assim, desde o ventre materno. E há eunucos que foram feitos eunucos pelos homens. E há eunucos que se fizeram eunucos por causa do Reino dos Céus.

Mais uma vez, contudo, ele percebe que sua palavra está acima do entendimento dos ouvintes, porque arremata: "Quem tiver capacidade para compreender, compreenda!"

Parece, pois, legítimo depreender, com apoio nos postulados gnósticos, que o termo eunuco representa, nos canônicos, a concepção gnóstica do andrógino, ou melhor, aquele ser que, no dizer de Puech, sublimou a sexualidade, transcendeu-a, voltando a ser um com o Pai, como o próprio Cristo. Se, por contingência de tarefa missionária, ou mandato divino, um ser desse nível hierárquico precisa retomar pela reencarnação a condição humana, ele vai diferir dos demais desde o nascimento, ao passo que os outros eunucos/andróginos resultam da mutilação física provocada pelos homens ou se comportam como eunucos impondo-se a renúncia, dominando os impulsos da sexualidade, a fim de se prepararem para a conquista da felicidade última.

O problema da sexualidade, contudo, não se esgota com o mero alinhamento dessas reflexões. Interrogados sobre se os espíritos têm sexo, os instrutores da doutrina espírita responderam a Allan Kardec da seguinte maneira:

> Não como o entendeis, porque os sexos dependem da constituição orgânica. Há entre eles, amor e simpatia, mas baseados na afinidade de sentimentos.[8]

Como se observa, a sexualidade nos espíritos não é negada, pelo contrário, é confirmada, não, porém, da maneira pela qual a entendemos como um relacionamento meramente carnal. A constituição orgânica, portanto, é a instrumentação por meio da qual o espírito encarnado expressa as energias psíquicas correspondentes, segundo a polaridade programada para aquela existência específica. Isso porque o espírito pode renascer, optativamente, em corpo feminino ou em corpo masculino, segundo a programação que pretenda desenvolver em cada uma de suas vidas e o jogo sutil de relacionamentos que deseje ou precise estabelecer com outras entidades que se preparam para renascer junto dele.

A informação de que os espíritos dispõem dessa faculdade de escolher o sexo em que vão renascer poderia ter sido impactante e até controvertida ao ser formulada em meados do século XIX, na França, ao Prof. Rivail (Kardec). Decorrido um século, porém, ela conta com indiscutíveis apoios cientificamente pesquisados e consolidados.

Nas suas inúmeras experiências regressivas, a Dra. Helen Wambach[9] declara em livro de 1979 não ter encontrado uma só pessoa que se sentisse inteiramente masculina ou feminina. A realidade observada é a do dualismo com a eventual predominância de um ou de outro aspecto da permanente dicotomia masculino/feminino.

Isso nos leva de volta às especulações do Prof. Puech examinadas há pouco neste mesmo capítulo. Ao comentá-las, mencionei o romântico arquétipo das almas gêmeas, ponto, aliás, que tem suscitado apaixonantes debates doutrinários no meio espírita e alhures. Propõem alguns a distinção entre almas gêmeas e metades eternas. As primeiras teriam apenas roteiro paralelos a percorrer, mas preservariam sua identidade e individualidade específicas, ao passo que as outras só se completariam de fato depois de refundidas ou reunificadas, ao cabo de longuíssimo período de dolorosas separações retificadoras. Na realidade, porém, a imagem arquetípica pode representar apenas o repouso no equilíbrio após multimilenares experimentações com as oscilações entre os pólos da dicotomia homem/mulher. Alcançado esse estágio, a energia psíquica, que durante todo esse tempo fora canalizada para a sua expressão sexual, passaria a ser utilizada no puro âmbito do espírito, sem qualquer conotação biológica ou envolvimento com a matéria. Nesse caso, não deixaria de ter suas razões o eminente Prof. Freud ao propor o termo *libido* para caracterizar essa manifestação energética que, em si e por si mesma, não tem de ser necessariamente sexual, embora possa *também* sê-lo.

Seja como for, a postura dos gnósticos perante a sexualidade em geral e a mulher em particular afigura-se um tanto deformada na sua inusitada severidade, de vez que, durante o longo período em que a centelha divina vive número indeterminado de existências, em sua indispensável experiência na carne, ela necessita da instrumentação do corpo físico e, por conseguinte, precisa dispor de condições biológicas para reproduzir-se, a fim de perpetuar as oportunidades de renascimento para si mesma e para os outros.

Isso se torna particularmente relevante quando se leva em conta o fato de que o envolvimento com a matéria e o estado de relativo torpor que os gnósticos denominavam embriaguez, cegueira ou esquecimento, acaba arrastando o indivíduo ao enredamento em erros de comportamento que, por sua vez, irá exigir dele prolongado e difícil trabalho de reparação e correção, somente viável no âmbito da matéria, no qual os equívocos foram cometidos.

Os textos gnósticos mostram-se perfeitamente alertados para esses aspectos, ao se referirem aos riscos que envolve o mergulho na matéria, com todo o seu séquito de mordomias que apelam para os sentidos e, por conseguinte, para o prazer, sem contar a ânsia pelo poder, cuja satisfação não está vinculada especificamente aos sentidos físicos, mas é manjar saboroso para aquele que se deixa seduzir por ela. Reconhecem, ainda, como se pode ver em inúmeras referências, que o ser somente alcança a reintegração na unidade divina depois de conseguir deixar para trás todo o séquito de suas paixões. Este ponto, aliás, é lugar comum a todas as estruturas ético-religiosas respeitáveis que têm sido elaboradas. A plenitude da felicidade constitui prêmio e meta àquele que se purifica, que se desfaz das sombras que o envolvem, retoma o estado de inocência que se presume na criança e, entre os gnósticos, aquele que recupera o conhecimento perdido que possuía em suas remotas origens.

A esse propósito, lembra o Prof. MacGregor[10] que o longo processo da purificação pelo conhecimento, como propõe a gnose, desdobra-se em tempo "longo demais para ser alcançado numa única existência".

Como esse também é o nosso entendimento, o mecanismo das vidas sucessivas ou reencarnação foi trazido para o contexto desta discussão. Voltaremos a esse aspecto, no local próprio deste livro.

IX – Os Três Patamares da Evolução

Ainda em conexão com o problema homem/mulher, temos de abrir algum espaço aqui para especulações paralelas, relacionadas com as enigmáticas expressões *Filho do Homem, Filho de Mulher*. Para encaminhar tais especulações creio necessário deixar por algum tempo o contexto específico dos gnósticos, a fim de nos valermos das minuciosas e competentes observações de Guignebert,[1] que, aliás, não minimiza a complexidade da questão, ao caracterizar a expressão *Filho do Homem* como "o mais comprometido e complicado de todos os problemas oferecidos pelo Novo Testamento". E prossegue: "A origem, a história e o significado da expressão constituem todas, questões da maior dificuldade".

Daí a sua advertência para o cuidado necessário no trato das inúmeras teorias e hipóteses propostas sobre o tema por causa da imprecisão dos documentos existentes, o que, paradoxalmente, abre os portões à imaginação e aos palpites.

No seu entender, não se justifica nenhum outro sentido para a expressão *Filho do Homem* senão a de homem, simplesmente, a partir do hebraico *ben-adam* ou do aramaico *bar-nasha* que, em grego, se torna *anthropos*. Ao chegar a esta língua o termo converteu-se, ainda segundo Guignebert, em "espécie de senha para um círculo de iniciados", de vez que entre os gregos ele "era completamente ininteligível".

Rastreando a palavra pelos textos antigos, Guignebert é de opinião que o seu emprego no Novo Testamento, no sentido de Messias, não está autorizado por Daniel, como pretendem os redatores finais dos Evangelhos. Em 7,13, Daniel declara simplesmente que teve a missão de alguém com a *aparência de homem,* ou seja, uma figura humana, que descia dos céus envolto em nuvens, não 'o Filho do Homem'. Dessa breve passagem, extrapolou-se o emprego da expressão como sinônimo de *Messias,* no Novo Testamento.

Guignebert encontrou a expressão setenta e nove vezes nos Evangelhos canônicos. Mesmo excluídas as duplicidades, restam cerca de quarenta, para as quais prevaleceu a interpretação ortodoxa segundo a qual "Filho do Homem significaria definitivamente Messias".

Observa ainda o ilustre Prof. Guignebert que nem nas epístolas de Paulo, nem nas demais figura a expressão, o que equivale dizer que foram introduzidas no Novo Testamento em algum tempo que vai de Paulo à publicação, em grego, dos sinóticos. Isso leva a concluir-se que a expressão não passa de "um erro piedoso dos cristãos gentios e nada tem ver com os tempos apostólicos".

Da análise atenta dos sinóticos, já que, na sua opinião, o Quarto Evangelho nada acrescenta de novo nesse aspecto, Guignebert verifica que a expressão figura predominantemente na boca de Jesus, referindo-se a si mesmo como Filho do Homem, ou seja, Messias, o que corresponderia a uma consciência de seu messianato, o que está longe de ser defensável. Em algumas passagens paralelas, o autor francês aponta exemplos em que até o pronome pessoal eu passou de Marcos para Mateus, reconstituído como Filho do Homem. Lê-se, por exemplo, em Mateus 16,13: "Quem dizem os homens ser o Filho do Homem?", ao passo que, em Marcos, a pergunta é formulada simplesmente, em 8,27, assim: "Quem dizem os homens que eu sou?"

Torna-se, pois, difícil de contestar a conclusão de Guignebert no sentido de que não há apoio no Antigo Testamento para atribuir à expressão Filho do Homem conotação messiânica. Mais radical ainda, como vimos em Cristianismo, A Mensagem Esquecida,[2] é a opinião de Raymond Brown, em *The Birth of the Messiah*.

Segundo Brown,[3] a erudição contemporânea reconhece que muito do que está narrado no Novo Testamento não foi previsto no Antigo. E conclui, com sua habitual franqueza e objetividade:

> Os profetas do Antigo Testamento mostravam-se prioritariamente interessados em canalizar os desafios de Deus à sua própria época. Se falaram acerca do futuro, foi em linhas gerais, sobre o que poderia acontecer se o desafio fosse ou não aceito. Mesmo que tenham, às vezes, pregado uma libertação 'messiânica' (isto é, libertação promovida por um (ser) ungido, como representante de Deus, ou seja, rei ou até mesmo sacerdote), *não há evidência de que tenham previsto com precisão um só detalhe da vida de Jesus de Nazaré*. (O destaque é meu)

Apenas para concluir esta breve incursão pelo estudo de Guignebert, é oportuno mencionar uma de suas importantes "conclusões e que assim está redigida:

Portanto, não existe uma única passagem sinótica que prove que Jesus haja atribuído a si mesmo o título de Messias ou permitido que as pessoas assim o designassem.

Mesmo admitindo-se que Jesus tenha ocasionalmente empregado a expressão *Filho do Homem,* como Guignebert chega até a admitir, ela não oferece qualquer conotação messiânica. Ficamos, assim, com o antigo emprego do termo no contexto hebraico, no qual era uma figura de sintaxe, utilizada principalmente em sentido poético, para designar *o homem* em geral ou um determinado homem em especial, sem qualquer implicação messiânica.

No âmbito do gnosticismo, contudo, não há espaço para o aquecido debate da questão messiânica, dado que a libertação da centelha divina aprisionada na matéria – correspondente à salvação proposta pela Igreja – não resulta do resgate vicário promovido por um messias e sim do persistente trabalho da busca, da realização pessoal, intransferível, indelegável, segundo a qual cada um é o artífice de sua própria redenção. Nesse contexto, portanto, o termo *Filho do Homem* não possui qualquer conteúdo messiânico. São constantes, porém, as referências, não apenas à expressão *Filho do Homem,* como *Filho de Mulher* ou, mais raramente, *Filho de Deus.* A adição do termo *filho* a outras palavras não se restringe, porém, a essas expressões, como se pode ver do índice remissivo, em Puech,[4] no qual encontramos, ainda, *Filho do Pai, do Deus Vivo, do Pleroma, da Vida Eterna, da Luz, do Reino* e outros.

Limitaremos, contudo, nossas explorações às duas expressões básicas, *Filho do Homem, Filho da Mulher,* que são de interesse específico ao nosso estudo.

Tanto quanto nos canônicos, os documentos gnósticos não apenas mencionam Jesus como o *Filho do Homem,* mas o próprio Cristo figura nos diálogos atribuindo-se esse título. É o que observamos, por exemplo, no *Segundo Tratado do Grande Seth.*[5]

> Sou o Cristo, o Filho do Homem, um de vocês que se acha entre vocês. Sou desprezado por causa de vocês, a fim de que vocês próprios possam esquecer a diferença. E não se tornem femininos para que não aconteça darem a luz ao mal e a seus irmãos: ciúme e separação, raiva e cólera, e um coração dividido, bem como desejo vão e inexistente. Sou, porém, um inefável mistério para vocês.

Esse livro é considerado por Joseph A. Gibbons,[6] na introdução, como documento cristão e gnóstico, simultaneamente, e adota postura "claramente polêmica" ao proclamar-se doceta. Veremos isso alhures.

Não há dúvida, porém, de que mesmo 'contaminado' por alguma conotação vagamente messiânica que teria provindo da influenciação de textos canônicos, os papiros de Nag-Hammadi não empregam a expressão *Filho do Homem* no sentido cristão ortodoxo para designar o *Messias* que, pelo seu tormento na cruz, teria resgatado os pecados de todos os que nele cressem.

Jesus pode até figurar com características de Salvador, mas no sentido de que trouxe uma mensagem redentora, um ensinamento libertador. É evidente, contudo, que o trabalho mesmo da salvação continua individual e resultará de longo aprendizado, uma espécie de redescoberta do sentido real da vida e de Deus.

É evidente, portanto, que no contexto gnóstico, a expressão *Filho de Deus*, nada tem de messiânica como preservado nos textos canônicos. Isso nos leva a considerar aceitável o comentário de Guignebert no sentido de que ela se teria tornado apenas uma espécie de senha entre os primeiros cristãos gregos. Desligados das tradições hebraicas, eles a empregavam para identificar a figura do Cristo, sem cuidar das implicações messiânicas que, para eles, não fazia sentido, de vez que não estavam à espera de nenhum messias com características político-religiosas, como os judeus.

Seja como for, os gnósticos consideravam necessário tornar-se *Filho do Homem* para alcançar o estado de pureza e sabedoria que caracteriza a reunificação com Deus.

O logion 106 do Evangelho de Tomé é taxativo nesse ponto, ao ensinar: "Quando fizerem de dois, um, vocês se tornarão filhos do Homem..." Ora, para tornar-se Filho do Homem, há que cumprir-se uma preliminar, que, por caracterizar-se como um truísmo evidente por si mesmo, não deixa de ser necessário lembrá-la, isto é, a de que criatura precisa como que 'tornar-se homem', ou seja, assumir características que eram tidas como próprias do homem, em contraposição às da mulher. É o que se comprova com a fala atribuída a Jesus, no logion 114 do mesmo Evangelho de Tomé, segundo o qual o Cristo se propõe a conduzir pessoalmente Madalena, para fazer dela homem, a fim de que "ela também possa tornar-se um espírito vivo como vocês homens". E reitera o ensinamento de que "toda mulher que se fizer homem entrará no Reino do Céu."

É evidente, portanto, que os termos *homem* e *mulher* não estão sendo usados nesse contexto no seu sentido habitual, mas em conexão com importante conceito inteligível para os ouvintes contemporâneos e, posteriormente, para os leitores, mas não muito claro para nós, hoje.

O Prof. Henri Charles Puech resolveu a contento o enigma de tais expressões na sua competente e meticulosa abordagem. É o que podemos concluir de seu livro. A primeira dessas referências aparece logo no início da série de conferências que ele pronunciou no College de France, entre 1960 e 1972. Premido por exiguidade de tempo, na ocasião, lembrou apenas, *en passant,* algumas características básicas da doutrina gnóstica, como o dualismo, a oposição entre realidades incompatíveis, como o corpo ou o mundo, de um lado, contra a alma ou espírito, de outro, bem como...

> ...o repúdio à carne, à sexualidade, aos laços criados pelo nascimento e à parentela carnal; a depreciação da maternidade e, mais genericamente, da feminilidade; a distinção estabelecida em consequência dos dois estados de ser resultantes, um da geração segundo a carne, outro a regeneração espiritual, e que traduz o contraste de termos como 'filho da Mulher/ filho do Homem', 'mortos' e 'vivos'.[7]

Pouco adiante ele invoca passagens paralelas, tanto nos canônicos como no *Evangelho de Tomé,* segundo as quais João Batista, o maior dos *filhos de mulher,* mesmo assim não seria considerado grande entre os de patamar evolutivo mais elevado.

Somente nos seus estudos de 1970-1971, vamos encontrar explicitação maior de seus achados a respeito, e nos quais é necessário nos determos por algum tempo à vista de sua importância na decifração dos enigmas que propõem.

A rigor, teríamos de fazer aqui um circunlóquio ou digressão, a fim de nos inteirarmos preliminarmente da questão das 'três ordens' como a chama Gillabert, que consiste na distribuição didática dos seres humanos em três categorias distintas e hierarquizadas do ponto de vista evolutivo: os hílicos ou materiais, os psíquicos, e os pneumáticos ou espirituais. Essa questão, contudo, é por demais relevante e não apenas no contexto do gnosticismo, para ser deixada sem um aprofundamento maior que procuraremos fazer mais adiante neste estudo.

Basta-nos dizer, por enquanto, que são considerados materiais ou carnais as pessoas que ainda não conseguem emergir do mergulho e das severas limitações da matéria densa; ao contrário, nisto se comprazem. Os psíquicos estariam um passo ou dois adiante, ainda presos a certos contingenciamentos da matéria, mas já com aspirações e intuições espirituais. Os pneumáticos, no topo da escala, são os seres espiritualizados, conscientes de suas origens e, portanto, de sua destinação. Aos seres ditos carnais aplica-se o rótulo de 'filho da Mulher', ao passo que o título 'filho do Homem' é reservado aos espirituais. Os carnais são considerados 'mortos', como que sepultados na matéria, adormecidos no torpor que ela impõe, isolando-os da realidade espiritual. Já os espirituais são tidos como vivos, despertos, conscientes.

Caracteristicamente o *Evangelho de Tomé* abre com uma brevíssima introdução, na qual se anuncia os "ditos secretos de Jesus *vivo*", o que o identifica como ser espiritual, ou pneumático.

Os carnais estão ainda aprisionados nas malhas da sexualidade e, portanto, em "estado feminino de fraqueza e de passividade, de servidão à carne", ao passo que os espirituais já conseguiram "superar a dualidade sexual e, praticamente toda a espécie de dualidade, atingindo a unidade, a condição genérica de *homem*", representante-padrão da espécie, no seu sentido espiritual, que Puech chega a considerar 'mítico'.

Retomando a temática na sua conferência seguinte, período 1971-1972, Puech lembra a necessidade de distinguir com clareza entre a expressão "tornar-se *filho do Homem*" e a expressão "ser *filho do Homem*" e que até as expressões em si mesmas devem ser explicitadas em "relação a outra: *filho de Mulher*".

Assim, ao referir-se a si mesmo como *Filho do Homem,* Jesus estaria se revelando implicitamente consciente não da sua condição de Messias, mas de um ser que alcançara elevado estágio evolutivo, superando sua própria dualidade e atingindo a unidade em si mesmo e com Deus, como, aliás, proclama, inclusive nos canônicos. Por isso, Puech entende que, ao assim dizer, o Cristo punha-se, em relação aos demais seres pneumáticos, como 'irmão', mas 'irmão mais velho'. O que, aliás, é coerente com o pensamento de Paulo, que prega a preexistência de Jesus, que teria recebido do Pai a incumbência transcendental de conduzir a comunidade humana abrigada na Terra às culminâncias da felicidade última. Ao que tudo indica, vem dessa noção básica a idéia posterior, segundo a qual, de irmão mais velho e, portanto, filho mais velho, Jesus seria o filho de Deus por excelência, integrando a Trindade e, portanto, Deus também.

Por outro lado, como advertem os estudiosos da documentação de Nag--Hammadi, os gnósticos consideravam o espírito e, por extensão ou 'contaminação', o Espírito Santo, como entidade feminina, tanto que o termo é do gênero feminino em semítico. Não é difícil, portanto, rastrear os caminhos percorridos pelas idéias formuladoras da doutrina da Trindade. De *filho do Homem* – espírito vivo e livre – Jesus teria passado à condição de filho unigênito ou primogênito de Deus (segundo as preferências de cada um), gerado em Maria "por obra e graça do Espírito Santo". Já vimos que os gnósticos não aceitam essa doutrina, entre outras coisas, porque o Espírito Santo, na sua condição de entidade feminina, não poderia fecundar outra mulher (Maria).

Com posturas assim, tornam-se evidentes algumas das razões pelas quais os gnósticos foram tão severamente combatidos por suas 'heresias': elas afetavam pontos sensíveis e relevantes da doutrina que a Igreja começava a montar.

Devo reiterar, contudo, que não vejo nesse tratamento à mulher e à maternidade uma postura machista, muito embora se deva reconhecer a posição secundária e subalterna da mulher naqueles tempos, na sociedade como um todo e não apenas nos círculos religiosos ou nas especulações filosóficas.

A doutrina espírita viria, no século XIX, colocar as coisas nos seus devidos lugares, ao esclarecer que não há superioridade ou inferioridade moral ou intelectual determinadas pela polaridade sexual. Os espíritos renascem numa e noutra condição alternadamente, ficando a expressão das energias da sexualidade no âmbito meramente biológico, ou seja, do corpo físico, dado que o espírito em si não tem sexo, *como o entendemos*.

A aparente rejeição da condição feminina, portanto, exige necessariamente, outra explicação ou conteúdo que não a da grosseira postura machista. Para os gnósticos, viver na carne é, praticamente, estar morto ou pelo menos embriagado, entorpecido, cego às realidades espirituais, separado de Deus, ignorante, desajustado. O mundo é comparado a um cadáver, do qual é preciso livrar-se o mais breve possível, ainda que a tarefa possa durar milênios. Ora, é a mulher, no entender dos gnósticos, que proporciona o detestado corpo físico que sufoca a centelha divina. É esse corpo material que perece e desintegra-se pela morte, ao passo que o espírito que nele habita livra-se, pelo menos temporariamente, da detestada vinculação e prossegue vivendo em outra dimensão. O corpo físico é estorvo, é peso morto. Há aspectos da verdade, segundo se lê nos textos gnósticos, que somente podem ser entendidos ou percebidos quando o ser não estiver mais 'usando a vestimenta' carnal. As sucessivas experiências na carne, ao longo das muitas existências, são consideradas mais como aprisionamento, quase castigo, do que oportunidade de aprendizado. Só interessam esses constantes e repetidos mergulhos na matéria densa aos seres ditos carnais ou hílicos que nela se comprazem, sem nenhum lampejo transcendente ou aspiração mais elevada. Daí em diante, na escala evolutiva, o estágio da carne torna-se penoso até mesmo para os psíquicos, situados em faixa intermediária entre os materiais e os pneumáticos. A estes, finalmente, o acoplamento ao corpo físico equipara-se a um exílio com toda a sua sequela de carências e angústias. A imantação ao corpo físico é, portanto, indesejável, não apenas para os homens, mas também para as mulheres, dado que no *Evangelho de Tomé* Jesus promete libertar Madalena da sua servidão para fazê-la homem, não no sentido de masculinidade biológica, mas o ser padrão, aquele que se põe nos patamares elevados da evolução, exatamente por ter conseguido superar a sua própria dualidade sexual. O homem, no sentido gnóstico, não é o macho da espécie, em contraposição à mulher, na sua condição feminina, é, antes, o ser que transcendeu à sexualidade, dessexualizou-se, restabeleceu o equilíbrio primitivo quando era um, eliminando a indesejável dualidade. Para dizer a mesma coisa de outra maneira, é um ser, nem masculino nem feminino, no qual não mais prevalece a polarização que o fazia ora homem, em uma vida, ora mulher em outra ou outras.

Enquanto nesse estágio, mesmo o ser prematuro projeta na sua biologia os mecanismos reprodutores, por mais que os lamente, por que a natureza assim determinou a fim de prover a todos, indistintamente, de oportunidade de aprendizado. Esse ser, afinal redimido que conseguiu recuperar ou reconstituir a sua unidade, desfazendo-se da dualidade, não é considerado masculino nem feminino. Ao assumir a responsabilidade pessoal de levar Madalena a essa condição, Jesus quer dizer, portanto, não ao pé da letra, que a transformará em homem, mas que a ajudará a superar sua polaridade.

Mesmo assim, resta à mulher, ser encarnado na condição feminina, o estigma da responsabilidade pela geração de corpos físicos, a fim de que outros seres também venham mergulhar no esquecimento ou na embriaguez da matéria densa. A idéia é não apenas de remotas origens, mas também persistente, dado que ressurgiu com os cátaros na Europa medieval e até sobreviveu no século XVIII, nos escritos de Emanuel Swedenborg, que ensinava que o espírito do nascituro provinha do pai, ao passo que à mãe cabia o papel de gerar-lhe o corpo físico. Seria temerário considerar essa ressonância como resíduo gnóstico, mas, nesse ponto, a doutrina formulada por Swedenborg acaba contribuindo para melhor entendimento do que os gnósticos pretendiam dizer quando falavam e escreviam sobre a mulher, considerando-a culpada pela produção dos indesejáveis corpos físicos, nos quais a centelha divina ficava aprisionada e embriagada.

Os espirituais ou pneumáticos são *os que conhecem,* ou seja, os verdadeiros gnósticos, de vez que sabem de suas origens e, consequentemente, de sua destinação. Esse ponto mágico, onde se fecha o longo ciclo que desenha o roteiro queda-reaprendizado-retorno, é identificado no *logion* 50 do *Evangelho de Tomé,* como o lugar "onde a luz nasce de si mesma".

Por isso, os espirituais são também chamados filhos da Luz, estando conscientes da parcela divina em si mesmos, ainda durante o período em que permanecem acoplados ao corpo físico terreno. A luz está ali, embora um tanto obscurecida pelo inevitável sufocamento produzido pela carne. O conceito de um princípio luminoso na intimidade de cada ser consta do *logion* 24, no qual Jesus ensina: "Há luz dentro de um ser de luz e ele ilumina o mundo todo. Se ele não iluminar, as trevas se fazem".

Ao comentar esta passagem, Puech[8] a relaciona com duas outras nos canônicos, em Mateus 6, 23 e em Lucas 11, 35, onde figura o mesmo ensinamento de que a centelha divina está dentro de cada um e que poderá, por incúria, envolver-se em trevas. "Por isso" – é advertência em Lucas –, "vê bem se a luz que há em ti não é treva".

A luz interior é, portanto, a identificação da criatura com o seu criador, o ponto magnético pelo qual se ligam, mesmo à distância. Em mais de uma passagem nos documentos gnósticos, é mencionada a conveniência de estarmos conscientes dessa conexão enquanto ainda estivermos na carne. Esse patamar evolutivo, contudo, parece reservado prioritariamente ao homem espiritual ou pneumático, dado que no psíquico ainda são muito fortes os bloqueios impostos pela matéria, e nos materiais, o bloqueio é total. Isso, porém, não exclui a condição básica de que todos trazem em si a centelha divina e diante de todos estão abertos os caminhos do conhecimento e, por conseguinte, da evolução e, finalmente, da reunificação com Deus. Daí, talvez atribuir-se ao termo religião, de obscuras origens, o sentido de que se trata de uma *religação* com a divindade. Estas reflexões abrem outras janelas sobre o entendimento do gnosticismo e de quão profundamente foi o pensamento daqueles 'heréticos' em aspectos importantes da psicologia humana. Observamos, por exemplo, na escala tríplice, um encadeamento articulado que pressupõe um processo de sucessivas conquistas, resultantes de acesso a patamares cada vez mais elevados. Evidentemente, a escalada impõe gradações matizadas, não se dá por saltos e exige esforço pessoal concentrado e persistente de auto-aperfeiçoamento e, consequentemente, larga extensão de tempo, aspecto que não escapou à percepção do Prof. MacGregor.[9] É o que lemos no seu capítulo intitulado "Perigos da desgnostização de Jesus', no qual ele observa que a variedade de conhecimento que brota da pureza de um coração sensível é algo que não temos como adquirir de ensinamentos puramente teológicos, 'rabínicos ou de qualquer outra natureza'. E conclui:

> Nem há sobre essa gnose coisa alguma estática ou presumida, dado que a purificação do coração humano prossegue até que toda a escória se transforme em ouro e este é, em verdade, processo muito longo, *longo demais para ser conseguido em uma só existência* (O destaque vai por minha conta).

A doutrina das vidas sucessivas, ou seja, a da reencarnação, não figura com insistência nos escritos gnósticos, e, obviamente, não sob terminologia moderna. Além de explicitada em algumas passagens reveladoras, porém, constitui exigência do próprio contexto doutrinário gnóstico, segundo o qual as pessoas distribuem-se em categorias distintas, não-estanques, o que, obviamente, pressupõe um processo evolutivo subjacente, segundo o qual todos vão se promovendo gradativamente a patamares mais elevados de conhecimento e moral até a purificação total. E isso, como assinala MacGregor, não cabe no mero espaço temporal de uma só existência.

O mecanismo das vidas sucessivas projeta sempre adiante dos seres materiais espaço que eventualmente ocuparão entre os psíquicos, da mesma forma que estes, semidespertos, começam a entrever o caminho que têm à frente, rumo ao estágio evolutivo dos pneumáticos ou espirituais.

Lê-se no *Evangelho de Filipe*:

> A verdade não chegou nua ao mundo, mas em tipos e imagens. Ninguém receberá a verdade de nenhuma outra maneira. Há um renascimento e uma imagem do renascimento. É certamente necessário nascer de novo através da imagem.[10]

Tanto quanto se pode depreender, o que chega ao nosso entendimento não é a verdade em si, nua e crua, mas a sua 'imagem', um discurso sobre a verdade. Willis Harman (*apud* Larry Dosey, in *Space, Time and Medicine*),[11] diz algo semelhante ao declarar que "a ciência não é uma descrição da 'realidade' mas uma ordenação metafórica da experiência..."

Em *A Exegese da Alma*,[12] o texto é explícito: "Assim, é nascendo de novo que alma é salva."

E adverte a seguir, que a salvação não resulta de "frases rotineiras, habilidades profissionais ou aprendizado livresco". Infelizmente, o documento apresenta mutilações que não puderam ser recuperadas, razão pela qual ficamos sem saber ao certo como prosseguiria o ensinamento, mas parece seguro concluir-se que o conhecimento redentor é algo que transcende o aprendizado meramente cultural, para alcançar o "território fecundo da sabedoria."

Em *Zostrianos,* discorre o autor sobre as muitas incursões da alma na carne: "Em vez de se tornar um, ele tem de suportar muitas formas uma vez mais."

O texto se refere, evidentemente, ao ser que ainda não conseguiu alcançar o platô final da reunificação e:

> ...a não ser que receba a luz, ele se torna um produto da natureza e, assim, desce para nascer por causa disso. E fica sem fala por causa das dores e das limitações da matéria, a despeito de possuir um poder imortal e eterno dentro do (...) corpo. Ele é feito vivente e fica sempre amarrado por cruéis e cortantes grilhões por meio de cada hálito maldoso até que volte a agir e comece novamente a voltar a si mesmo".[13]

Ainda nesse documento – que, como vimos, não contém referências cristãs – a entidade que fala declara sua condição de puro espírito e que já existia (preexistência) antes de vir para a carne.

Referindo-se, pouco adiante, às suas sucessivas purificações pela água (nascimento), a entidade, à qual o texto atribui o nome de Yoel, declara: "Você recebeu todas as abluções (banhos) nas quais ela pôde dar como batismo e se tornou perfeito."

Veremos alhures a distinção entre os três tipos de batismo. Nesta passagem, contudo, o batismo significa o mergulho na água do nascimento, ou melhor ainda, do renascimento, de vez que, após número indeterminado de 'mergulhos' na matéria, o "ser alcançou, afinal, a perfeição."

É este, aliás, o livro que adverte que a criatura não "veio para sofrer, mas para livrar-se da escravidão", conceito que também o espiritismo estaria à vontade para subscrever.

Em *Interpretação do Conhecimento*,[14] se é que penetramos corretamente o sentido do texto, aliás, também mutilado, aprendemos a diferença entre o redimido e aquele que se encontra em desgraça. O primeiro pode "entrar naquele que se desgraçou, a fim de que possamos escapar da desgraça da carcaça e sermos regenerados na carne e no sangue de (...)" (Texto mutilado)

Creio legítimo entender que alguns seres superiores e já redimidos dispõem-se a aceitar o sacrifício de novo mergulho na matéria, a fim de ajudar o semelhante a livrar-se da 'desgraça da carcaça'.

No *Apócrifo de João*,[15] encontramos o seguinte diálogo entre o Cristo póstumo e o apóstolo, ainda na carne. Pergunta João:

> Senhor como pode a alma tornar-se menor e retornar para a natureza de sua mãe ou como homem?

– Verdadeiramente, você é abençoado, porque você entendeu! Aquela alma é encaminhada para seguir outra, uma vez que o espírito da vida está nela. Ela foi salva por ele. *Ela não será lançada novamente em outra carne.* (Destaque meu).

João demonstra, portanto, para alegria de seu Mestre, que já entendeu aspectos importantes dos mecanismos da vida, o que se demonstra na formulação de sua pergunta.

Vejamos o contexto. Jesus acaba de responder-lhe à pergunta anterior, que tinha a ver com o que acontece com a alma daquele que, ao pé da letra, "deixou a carne", ou seja, desencarnou sem saber "a quem pertence", isto é, ignorante de sua própria destinação. Jesus explica que o espírito que se deixou dominar pelo mal e errou, "sobrecarrega a alma e a atrai para as obras do mal" e, com isso, a alma é "atirada para baixo, ao esquecimento", ou seja, mergulha em novo corpo material. Isso se confirma no ensinamento seguinte, segundo o qual, "depois que ela (a alma) se retira do corpo (desencarna), é entregue às autoridades", que a prendem em correntes e a atiram à prisão "até que ela seja libertada do esquecimento e adquira conhecimento. Assim ela se torna perfeita e é salva".

Esta salvação, como consta da resposta seguinte, se dá através do Espírito da Vida, ou seja, do conhecimento redentor. Só então a alma estará livre e não será forçada a mergulhar de novo na matéria, por meio de novas reencarnações.

A pergunta de João parece indicar que ele sabe também que ao tornar-se 'menor', ou seja, cometer erros que a degradam e reduzem sua estatura ética, a alma tanto pode renascer em corpo feminino "como o de sua mãe", como em corpo masculino. É a tese gnóstica da redenção pelo conhecimento, como trabalho individual, sem o qual a alma continua sujeita a repetidas passagens pela matéria, em outras tantas existências, como homem ou como mulher.

No *Evangelho de Filipe*,[16] encontramos o ensinamento de que "há homens (pessoas ou seres) que fazem muitas jornadas, mas nenhum progresso rumo à destinação", o que constitui idéia precisa do estéril repetir-se de vidas, nas quais a pessoa estaciona na sua rota evolutiva, envolvida pelas mordomias da matéria densa. São estes os que se caracterizam basicamente como seres materiais.

Mais adiante, nesse mesmo documento, lemos que, no mundo, são os escravos que servem os homens livres, mas, no plano espiritual, as coisas se passam de maneira oposta, cabendo aos livres ou redimidos servirem os escravos, dedicarem-se ao trabalho de esclarecer para libertar os que ainda se acham prisioneiros da matéria. Os livres ou libertados "...não precisam tomar outra forma, porque já alcançaram a contemplação, a compreensão pela introvisão".[17] Esta última expressão – *compreensão pela introvisão (insight)* encontra-se entre colchetes, o que significa, segundo os editores, que a lacuna existente no texto original foi preenchida. O ensinamento prossegue afirmando que são numerosos os que agem como servidores dos que ainda estão escravizados "porque eles não põem seus tesouros nas coisas de baixo, que são desprezadas, mas nas glórias que se acham acima, mesmo que ainda não as conheçam".

A proposta de classificação das pessoas em três patamares distintos e hierarquizados – materiais, psíquicos e espirituais – constitui inteligente achado da didática gnóstica. Não apenas permitiu aos seus formuladores e aos estudiosos da época uma visão ordenada e racional da comunidade humana em relação ao nível evolutivo de cada um, como ainda hoje facilita ao pesquisador moderno penetrar na intimidade de aspectos doutrinários que, de outra forma, seriam um tanto obscuros ou complexos demais à mentalidade contemporânea. Mais do que isso, como assinala Gillabert, o modelo continua válido hoje. Realmente, tão pouco muda a natureza humana como um todo, ainda que mudem as pessoas individual e intimamente, que ainda podemos identificar por toda parte, em nosso convívio, os materiais, os psíquicos e os espirituais.

Do próprio modelo podemos depreender que, de fato, o gnosticismo como filosofia de vida é doutrina qualitativa e, consequentemente, minoritária, como observam os comentaristas modernos (Pagels e Gillabert, por exemplo). Se há algum elitismo, ele constitui decorrência natural de uma aristocracia moral, desprovida de qualquer conotação de arrogância, vaidade ou esnobismo, ou então, a criatura não teria atingido esse patamar evolutivo. O modelo não inventa um mecanismo de seleção natural, ele apenas reflete uma realidade observada, dentro da qual se realiza um processo evolutivo lento e difícil, mas também inexorável, dado que todos estão programados para o retorno à luz, de onde vieram. Tem razão Gillabert ao observar que "a metafísica gnóstica (...) tem poucos atrativos, efetivamente, a oferecer à massa".[18]

A doutrina das três ordens ou patamares, contudo, é rica em sugestões para entendimento de outros aspectos não menos relevantes do pensamento gnóstico. Como, por exemplo, as enigmáticas referências aos três tipos de batismo que figuram também nos canônicos.

Como tudo é aferido em razão do nível de conhecimento de cada pessoa, os seres materiais ainda se acham demasiado ocupados com o envolvimento entorpecedor da matéria para reservarem espaço a qualquer outra especulação que transcenda interesses e impulsos imediatistas. Os psíquicos, embora alertados para essa realidade metafísica, ainda têm os pés como que enredados na matéria, vivendo em estado intermediário, ainda numerosos, não tanto quanto os materiais e bem mais do que os pneumáticos ou espirituais.

O *Escrito sem Título*, citado por Gillabert, atribui a cada uma dessas categorias um tipo diferente de batismo: o primeiro é batismo do espírito, o segundo, do fogo e o terceiro, da água.

O verdadeiro sentido de tais categorias perdeu-se na deformação dos conceitos primitivos que deveriam ser de fácil acesso através de imagens simbólicas. Em consequência da entropia dos textos, tanto quanto das práticas ritualísticas, o batismo ficou sendo não mais o vestibular na admissão à comunidade cristã, mas a marca de uma salvação messiânica sem a qual o 'pagão' condenava-se irremissivelmente às penas eternas, ou, no mínimo, ao limbo. A Igreja nascente precisava dessa entropia a fim de abrir espaço para montar sua estrutura de poder temporal.

Ao comentar a referência ao batismo com água, fogo e espírito, *A Bíblia de Jerusalém*,[19] limita-se a informar que o fogo é "instrumento de purificação menos material e mais eficaz do que a água, simboliza já no AT a intervenção soberana de Deus e do seu Espírito, que purifica as consciências". Os apoios citados no Antigo Testamento nada têm a ver com o batismo, senão na imagem da purificação eventual pelo fogo.

Na realidade, batismo é mergulho e não cerimônia iniciática e, muito menos, ritual redentor da alma que supostamente se lava do chamado pecado original. Isso sugere, portanto, que o batismo do espírito, é o mergulho do ser na sua própria intimidade mais profunda, uma redescoberta de seu próprio ser, mecanismo de auto-gnose, ou seja, autoconhecimento, este sim, redentor, porque leva a criatura, já na sua condição espiritual, à desejada reunificação com Deus. Já o batismo da água corresponderia ao acoplamento do ser ao corpo físico, gerado no organismo feminino por meio de um literal mergulho na água (líquido amniótico). É, portanto, o batismo (mergulho) reservado aos seres materiais, situados na base da pirâmide evolutiva.

Restaria o batismo de fogo, obviamente, destinado aos seres psíquicos que, já tocados pela 'nostalgia de Deus', empenham-se num processo de purificação não isento de dor, pelo contrário, semelhante ao que se emprega, no âmbito da matéria, para purificar o ouro e outros metais. Não é em vão, portanto, que se utiliza o simbolismo do cadinho como instrumento de aperfeiçoamento espiritual através do sofrimento cármico redentor.

O tema aparentemente inesgotável da escala evolutiva gnóstica oferece espaço ainda para novas especulações e reflexões reveladoras.

Gillabert lembra, por exemplo, que "... os psíquicos não possuem a gnose perfeita (conhecimento), mas têm a fé", ao passo que os espirituais já alcançaram o estágio do conhecimento, e por isso, são considerados vivos, ou despertos. Mesmo estes, contudo, passariam, segundo algumas fontes gnósticas, por um estágio pré-iniciático, no qual ainda são considerados *'filhos da Mulher'*, espécie de noviços ou candidatos à condição pneumática, independentemente de serem homens ou mulheres, como também lembra Gillabert. Só então seriam como que admitidos ou chamados à condição de *'filhos do Homem[1]*, como ensina o *logion* 106, do *Evangelho de Tomé*.

A fé se coloca, portanto, como estágio preliminar, pausa antes do conhecimento para aqueles que ainda não estão em condições de penetrar as amplitudes e profundezas maiores da gnose.

Reportando-se à *Epístola aos Hebreus*,[20] MacGregor opina que... "a fé é uma espécie de conhecimento". Aliás, logo nas primeiras páginas de seu livro, citara Guilherme de St. Thierry (1085-1148), que viu a trajetória da alma como deslocamento "da fé em direção ao conhecimento". Acrescenta, mais adiante, p. 20, que "fé e conhecimento, *pistis* e *gnosis*, tradicionalmente contrastantes como se fossem virtualmente duas abordagens incompatíveis ao problema de Deus, são, ao contrário, dois aspectos do mesmo processo cognitivo."

Não é outra, aliás, a postura do espiritismo, que não apenas coloca ciência, filosofia e ética no mesmo patamar cultural, como somente entende como legítima a fé racional, com suportes lógicos, que resiste aos critérios da análise, a fé que *sabe* e não apenas *crê*. Em outras palavras, um modelo que não seria corpo estranho a ser rejeitado em contexto doutrinário gnóstico, no qual se aplicaria aos pneumáticos liberados pelo conhecimento, um passo adiante dos psíquicos, que ainda sem a posse da gnose perfeita, vivem a antecipação dela, pela fé.

A conceituação da fé como antecipação do conhecimento constitui, porém, um dos muitos aspectos autônomos da verdade como patrimônio de todos, porque a ninguém pertence. Não deve, portanto, ser caracterizado como ponto doutrinário específico do gnosticismo ou de qualquer outro corpo filosófico. Já estava em Paulo,[21] por exemplo, que deixou documentada na *Epístola aos Hebreus*, a idéia de que a fé é considerada "uma posse antecipada do que se espera, um meio de demonstrar as realidades que não se vêem". Ou seja, a fé, no entender do apóstolo, é uma expectativa de concretização de conhecimento que já se desenha na mente pela intuição que começa a despertar, e que são, ao mesmo tempo, aspectos invisíveis, ou seja, encontram-se fora do âmbito estritamente material.

Encontro, aliás, em Albert Schweitzer,[22] a inesperada observação de que "todos os elementos do gnosticismo já se acham presentes, em Paulo." Acha mesmo o eminente pensador alsaciano, médico, teólogo e musicista, que Paulo teria preparado o caminho para o gnosticismo. Que existam elementos comuns entre Paulo e os gnósticos não há a menor dúvida. Reitero, contudo, que tais elementos, antes de paulinianos ou gnósticos, são aspectos comuns à verdade universal que se vai revelando por sucessivas aproximações àqueles que a buscam. É que as fontes dessas verdades, ou melhor, de tais facetas da verdade, onde se abeberam os que a buscam, são as mesmas. Quanto mais autênticas e puras, mais parecidas se tornam, sejam quais forem os seus descobridores e propagadores. E da essência da verdade ser idêntica a si mesma. Qualquer variação entrópica, desgaste ou deformação denota contaminação adquirida no veículo que a está transmitindo, não nas suas fontes, onde continua a fluir em toda a pureza primitiva. Por conseguinte, a verdade de Paulo – sendo legítima, como é – terá de ser necessariamente a mesma dos gnósticos, como é, hoje, a da doutrina elaborada com os ensinamentos recolhidos por Allan Kardec de seus instrutores espirituais.

Com essas observações, que não chegam a constituir ressalva à respeitável opinião do Dr. Schweitzer, Paulo pode realmente ser considerado precursor do gnosticismo, em vários e relevantes aspectos doutrinários.

Muito a propósito, já que ainda estamos na temática da escala hierárquica dos seres em função do conhecimento, é oportuno lembrar interessante referência de Paulo que, sem o entendimento adequado das formulações gnósticas, ficaria, como tem estado, algo enigmático ou obscuro.

Lemos o seguinte, na Primeira Epístola aos Coríntios *(2,10-15):*

> Quanto a nós, não recebemos o espírito do mundo, mas o Espírito que vem de Deus a fim de que conheçamos os dons que vêm da graça de Deus. Desses dons não falamos segundo a linguagem ensinada pela sabedoria humana, mas segundo aquela que o Espírito ensina, exprimindo realidades espirituais em termos espirituais. O *homem psíquico* não aceita o que vem do Espírito de

Deus. É loucura para ele; não pode compreender, pois isso deve ser julgado espiritualmente. O *homem espiritual,* ao contrário, julga a respeito de tudo e por ninguém é julgado.

Como se vê, portanto, um texto que somente se abre ao entendimento com chaves que os gnósticos também adotaram para abrir outras tantas portas de acesso a verdades transcendentais, mas não inacessíveis. É tão importante a conceituação gnóstica das três ordens para entendimento desta passagem que, em nota de rodapé, a *Bíblia de Jerusalém,* documento moderno, apoiado em amplíssima pesquisa e meticulosa exegese, confessa honestamente sua perplexidade, ao declarar 'difícil' o versículo 13 sobre 'realidades espirituais em termos espirituais'. Embora proponha alternativas, é evidente que a equipe de tradutores e comentaristas da Escola Bíblica de Jerusalém não se satisfaz com nenhuma delas. O texto, não obstante, é de indiscutível transparência para um gnóstico, especialmente a um 'pneumático' ou 'espiritual', que sabe estar Paulo falando de realidades espirituais somente acessíveis aos que alcançaram o estágio adequado de conhecimento e a buscam e a entendem com a visão de seres espiritualizados.

O mesmo tipo de dificuldade interpretativa encontra A *Bíblia de Jerusalém* na expressão "homem psíquico", no versículo 14, mas pelo menos sugere uma fórmula aceitável, ao dizer que se trata de "homem deixado apenas aos recursos da sua natureza" e acrescenta: "Cf. o corpo psíquico" (15,44).

O texto demonstra, portanto, que Paulo estava familiarizado com a terminologia de que também se serviriam os gnósticos tanto quanto com a escala hierárquica dos seres humanos distribuídos pelas três categorias ou patamares. Mas não é somente aí que o Apóstolo dos Gentios revela essa intimidade com a doutrina das três ordens. Logo a seguir, na mesma epístola, (3,1), ele explica por que razão tem de graduar seus ensinamentos segundo o nível de conhecimento (gnose) dos seus leitores:

> Quanto a mim, irmãos, não vos pude falar como a *homens espirituais,* mas tão somente como a *homens carnais,* como a crianças em Cristo. Dei-vos a beber leite, não alimento sólido, pois não o podíeis suportar. Mas nem mesmo agora podeis, visto que ainda sois carnais.

Novamente o comentário d'A *Bíblia de Jerusalém* é insuficiente, para dizer o mínimo, dado que se limita a declarar que a referência a seres carnais é formulada no contexto do "binômio espírito-carne". Não é. Mais uma vez, coerentemente, aliás, com a anterior, a expressão 'homens carnais' está sendo usada em contexto, senão gnóstico, pelo menos comum ao dos gnósticos. Trata-se, por conseguinte, não da dicotomia matéria-espírito ou espírito-carne, mas de quem, pelo seu envolvimento na matéria, ainda não conseguiu atingir a etapa psíquica, patamar intermediário que dará, eventualmente, acesso à etapa seguinte, a dos homens pneumáticos ou espirituais. Também na mensagem aos Gálatas, Paulo trata os destinatários como "vós, os espirituais", aos quais recomenda corrigir quem estiver em falta "com espírito de mansidão".

É evidente, portanto, que os conceitos que iríamos mais tarde encontrar nos documentos gnósticos sobre os três patamares evolutivos não apenas são conhecidos de Paulo, como familiares aos seus leitores da época.

Não é somente isso, por certo, que Schweitzer vê nos escritos de Paulo para identificá-lo como precursor do gnosticismo, mas também a visão abrangente do apóstolo em relação à realidade espiritual, como por exemplo, ao considerar o problema da ressurreição como manifestação do "corpo espiritual" do Cristo, como pensariam os gnósticos mais tarde, e não como reanimação de seu cadáver. Devemos acrescentar a isso a fé como conhecimento antecipado, a sobrevivência do ser, a comunicabilidade com os 'mortos', a familiaridade com o mundo póstumo e tantos outros aspectos relevantes que os gnósticos tomariam para montagem de suas próprias estruturas doutrinárias, não porque eram paulinianos ou sequer cristãos, mas porque, na avaliação feita, tais postulados foram considerados verdadeiros.

Podemos observar, por conseguinte, que à trilogia imaginada para classificar os diferentes estágios evolutivos da criatura correspondem outras trilogias, como a do batismo, ou seja, o tipo de mergulho que cada uma dessas categorias pratica. O ser hílico, material ou carnal, mergulha na água e fica por longo tempo preso ao ciclo dos sucessivos renascimentos. Pode até, como vimos, realizar inúmeras dessas *viagens* à matéria, sem conseguir avançar pelo caminho que se desdobra à frente, no rumo da perfeição e da plenitude (o *pleroma,* dos gnósticos). Aos seres psíquicos, o batismo é de fogo, porque eles mergulham no fogo purificador das suas próprias lutas redentoras, à medida em que redescobrem o conhecimento. Os pneumáticos ou espirituais, finalmente, mergulham em si mesmos, na tarefa nobre do autoconhecimento e, adquirido este, tornam-se verdadeiros gnósticos, ou seja, *aqueles que sabem.*

Há, contudo, uma terceira trilogia paralela ou superposta, dado que os gnósticos entendiam o ser humano encarnado, centelha divina acoplada à matéria densa, no seu aspecto tríplice de *soma, psique* e *pneuma,* isto é, corpo físico, alma e espírito. E mais uma vez, encontramos aqui conexões explícitas com o pensamento de Paulo, tanto quanto com postulados da doutrina dos espíritos.

A distinção entre corpo físico, corpo psíquico e corpo espiritual é apresentada com a nitidez e a veemência habitual do apóstolo, em sua I Epístola aos Coríntios, ao explicar didaticamente o mecanismo da ressurreição, que no seu correto entender, é ponto fundamental inegociável de toda a sua estrutura teológica. Sem ressurreição (leia-se sobrevivência do ser à morte corporal), não há o que discutir em termos de cristianismo ou de nenhuma outra religião. Se a sobrevivência é uma falácia, então a fé também seria vã e a vida um mero jornadear de berço a túmulo, em comes e bebes inconsequentes.

Mas não é assim que se passam as coisas. Não se acaba tudo na sepultura, que apenas desintegra e consome o corpo material, do qual se retirou a centelha divina revestida de seu corpo psíquico. O ser encarnado dispõe, por conseguinte, de três corpos: o físico (ou material), o psíquico e o espiritual (ou mental, como querem alguns).

Mais uma vez encontramos em Paulo um texto que não se abre senão àqueles que dispõem das chaves proporcionadas pelo conhecimento da realidade espiritual, adotada entre outras correntes de pensamento pelo gnosticismo e pelo espiritismo.

Segundo ensina o apóstolo, o que se enterra é o corpo físico, corruptível, devolvido à natureza que o desdobra pela decomposição em seus elementos constitutivos, de acordo com as conveniências dos processos de reciclagem. Junto com ele, como se lê no versículo 43, vai também o "corpo psíquico", mas o que ressuscita (levanta-se) é o "corpo espiritual". Logo a seguir, ele confirma que há *dois* corpos, *além do físico:* o psíquico e o espiritual. Ensina, ainda, que o primeiro a ser feito (criado) é o psíquico, "o espiritual vem depois". O terceiro corpo é matéria bruta e foi "tirado da terra". Este se destina a possibilitar a vida na Terra, mas os "homens celestes" dispõem de "corpos celestes".

Suponho que isso signifique que, nos primórdios do processo evolutivo, nos mais primitivos níveis da animalidade, prevalecem os dois corpos: o físico e o psíquico, sendo que, pela densidade e teor vibratório, mal se distingue um do outro. O terceiro "corpo", veículo privilegiado da centelha divina, encontra-se de tal maneira bloqueado pela matéria que é como se não estivesse presente. Ou talvez nem esteja mesmo, dado que não foi ainda ultrapassada a barreira da irracionalidade, como ensinam alguns autores respeitáveis.

Em pontos como este fica mais elegante uma singela e despojada confissão de ignorância, o que, de forma alguma, deve inibir a busca, ainda que meramente especulativa.

Ao despedir-se dos Tessalonicenses (5,23), Paulo refere-se novamente ao aspecto tríplice do ser humano:

> O Deus da paz vos conceda a santidade perfeita, e que vosso *espírito*, vossa *alma* e vosso *corpo* sejam guardados de modo irrepreensível para o dia da vinda de Nosso Senhor Jesus Cristo.

Mais uma vez os comentaristas d'*A Bíblia de Jerusalém* parecem pouco familiarizados com esses aspectos da realidade espiritual tal como a entendia Paulo. Em nota de rodapé, lê-se esta observação:

> Esta divisão tripartida do homem (espírito, alma, corpo) só aparece aqui, nas cartas de Paulo. Aliás, Paulo não tem uma 'antropologia' sistemática e perfeitamente coerente. Além do corpo e da alma, vemos aparecer aqui o espírito que pode ser o princípio divino, a vida nova em Cristo ou a parte mais elevada do ser humano aberta à influência do Espírito.

Dessa observação se depreende que, no entendimento dos autores da nota, uma vez mencionados corpo e alma, a referência ao espírito é supérflua, dado que ele já estaria contido no termo alma. A distinção feita por Paulo, contudo, é legítima e compatível com o pensamento gnóstico, tanto quanto com o que os instrutores espirituais transmitiram a Allan Kardec por ocasião da elaboração da doutrina espírita. Em outras palavras, trata-se de uma realidade que terá de figurar necessariamente como apoio aos postulados básicos de qualquer estrutura religiosa que se preze, não porque deva ser considerada como dogma indiscutível, mas porque é da essência mesma dos fenômenos observados na interação espírito/matéria.

Perguntados a respeito, os espíritos informam a Kardec que a alma é espírito encarnado. O que nos facilita o entendimento de que, ao mergulhar na matéria para mais uma existência terrena, o espírito, centelha divina, está revestido de um corpo específico para essa condição de encarnado, além do corpo mais sutil de que ele dispõe como espírito mesmo, e que seria o corpo mental dos ocultistas e ao qual também alude o autor espiritual André Luiz, em *Evolução em Dois Mundos*.

Ao corpo da alma, ou psíquico, o espiritismo reservou o termo perispírito, em vista de constituir não apenas um campo magnético que envolve o espírito, mas uma duplicata do corpo físico. Sua função de corpo intermediário é de considerável importância na economia do ser encarnado, dado que é através dos seus dispositivos que o espírito comanda o corpo físico, instrumento de que necessita para a sua atividade enquanto encarnado.

Esse segundo corpo não apenas contribui para formação do corpo físico, por ocasião de sua gestação, como administra todas as funções orgânicas durante a vida na carne. Experiências de laboratório confirmam sua existência por diferentes métodos científicos.

Quanto ao corpo mental, envoltório da essência espiritual, é de supor-se que conte com estrutura energética ainda mais sutil, que a ciência estaria longe de detectar com a sua instrumentação ainda insuficiente. Sua existência, contudo, é inferida a partir da informação de que as estruturas do corpo psíquico, ou da alma, tendem para a extinção final ao cabo de um larguíssimo processo de contínua sutilização. Isso faz sentido porque, à medida em que o ser galga mais elevados patamares evolutivos ao alcançar a plenitude da perfeição e, segundo os gnósticos, reunificar-se com Deus, ele não precisará de novas experiências na carne.

Disso podemos depreender, de volta ao esquema básico do gnosticismo, que nas suas primeiras etapas evolutivas, mesmo como 'homem hílico, material ou carnal', o ser humano é dotado da centelha divina que se encontra, não obstante, mergulhada profundamente nas teias da matéria e seu séquito de impurezas. A luz está ali, mas sua aparência exterior é baça e dormitante. Nessa faixa do processo evolutivo, o corpo espiritual é realidade desconhecida e pouco pode fazer o espírito para mover a massa que bloqueia suas manifestações. O corpo psíquico, vestimenta da alma, praticamente se confunde com o corpo material, na densidade de seus componentes e no baixo teor vibratório necessário à sintonia energética entre os dois corpos.

Ultrapassado a duras penas esse período em que o espírito entorpecido (embriagado, na terminologia gnóstica) não tem como comandar o próprio corpo ao qual está acoplado, o corpo psíquico vai se depurando e adquirindo maior flexibilidade operacional a ponto de possibilitar o início de um intercâmbio mais ativo entre espírito e corpo físico. Chega–se, portanto, a uma fase em que o ser ainda está semiadormecido, mas, obviamente, semidesperto, um estado crepuscular que prenuncia novas conquistas. As criaturas nesse estágio ainda presas à matéria por sólidas amarras, mas experimentando os primeiros lampejos de aspirações superiores, os gnósticos catalogaram como 'homens psíquicos'. Não é mais a matéria senhora absoluta, como nos hílicos, mas ainda não está o espírito consciente, na carne, de suas potencialidades, como nos pneumáticos. Nestes, finalmente, o espírito passa a exercer sua supremacia e assume os comandos, criando ativa interação psicossomática, operando como espécie de painel de controle os dispositivos do corpo psíquico.

Ao mencionar, portanto, a trilogia corpo, alma e espírito e discorrer sobre suas características e funções, Paulo revela-se realmente, como ensina Schweitzer, um precursor do gnosticismo. Não porque fosse um gnóstico antes de sua época, no meu entender, mas porque estava alertado para as realidades espirituais que seriam também identificadas e adotadas pelos gnósticos na elaboração de sua inteligente doutrina. Pode-se dizer, contudo, que Paulo é um gnóstico porque buscou tenazmente o conhecimento (gnose) rumo à sua realização como homem pneumático. É evidente que trazia já consigo importante bagagem espiritual quando para aqui veio programado para a tarefa gigantesca da implementação dos ensinamentos básicos do Cristo.

Fica difícil, assim à distância, decidir se Paulo foi um gnóstico antecipado, mas não há dúvida de que podemos concordar com Schweitzer no sentido de que não apenas preparou o caminho para os gnósticos como "todos os elementos do gnosticismo já estavam presentes nele". *Todos*, diz Schweitzer. É que tanto Paulo como os gnósticos trabalharam com a mesma e única realidade espiritual que, infelizmente para o futuro, não interessou aos formuladores do pensamento eclesiástico que acabou predominando pela força mesma da quantidade sobre a imponderável sutileza da qualidade. Em termos materiais, como assinala a Dra. Pagels, o êxito gerado pelo fator quantitativo foi esmagador. Tinha de ser. Mas em termos espirituais as consequências foram desastrosas e ainda não reparadas, não apenas porque aquelas realidades continuam, em grande parte, ignoradas ou rejeitadas, mas porque a pesada massa posta em movimento por ocasião da opção quantitativa mantém seu *momentum* e continuará a rolar até que se esgote sua energia cinética ou que se choque com algum intransponível paredão cósmico.

Émile Gillabert[23] revela-se perfeitamente alertado para o paralelismo entre as duas trilogias que acabamos de discutir, a que distribui os seres em materiais, psíquicos e pneumáticos e a que identifica nesses mesmos seres os três aspectos instrumentais, por assim dizer, corpo, alma, espírito. Numa das suas arrojadas e brilhantes formulações, observa até que a psicanálise teria sido criada "para tentar desfazer os nós de situações conflitantes entre a alma e o corpo; contudo, a dimensão pneumática é constantemente ignorada ou passada em silêncio".

Ele tem razão. A psicanálise concentrou-se na interação psicossomática, mas ainda não se deu conta da realidade maior do espírito com todas as suas implicações e abrangências. O que nos leva à observação de MacGregor,[24] de que o ideário que integra o pensamento gnóstico traz no seu bojo, "uma das maiores esperanças para o aprofundamento da espiritualidade em nosso tempo".

Talvez nem seja por acaso que, após dezesseis séculos de silêncio, mergulhado nos ermos de Nag-Hammadi, o gnosticismo tenha reemergido precisamente no momento em que seja tão caótico o estado das estruturas filosóficas e religiosas do mundo em que vivemos. Não que o remédio para tais mazelas gigantescas consista apenas em adotar como livros de cabeceira os papiros coptas, mas porque esses documentos insistem em identificar uma realidade, obsessivamente ignorada nas inúmeras tentativas de reformulação do modelo obsoleto, inadequado, irrecuperável de conhecimento contaminado severamente pelo 'vírus' da visão materialista da vida. Estamos ainda no estágio hílico, material, carnal do processo evolutivo global, como sonâmbulos no mais baixo dos três patamares imaginados pelos gnósticos. Ainda não somos, como comunidade ou sequer consensualmente, uma sociedade psíquica, ainda presa a limitações materiais, mas com aspirações espirituais definidas, tocada pela nostalgia de Deus, de que falam os estudiosos do gnosticismo. Longe estamos, portanto, da fase pneumática, na qual os valores do espírito se impõem, não porque cridos, mas porque conhecidos. E é precisamente o conhecimento – da verdade, em especial – que liberta. Tanto em Jesus como nos textos gnósticos encontramos essa mesma proposição que figura nos canônicos de maneira transparente, concentrada e objetiva: "Conhecereis a verdade e ela vos libertará".

É importante, contudo, assinalar, como lembra Gillabert,[25] que os gnósticos não propõem adiar esse encontro com a verdade maior libertadora para quando alcançarmos os planos superiores do *Pleroma*, no chamado Reino de Deus, mas alertam para a conveniência e até necessidade de conhecê-la, pelo menos em parte, enquanto ainda estamos por aqui, no mundo, mergulhados na matéria. É o que ensina o *Evangelho de Felipe*, ao declarar:

> Convém que nos tornemos homens pneumáticos antes de sairmos deste mundo. Aquele que recebeu o Todo, sem dominar tais lugares, não poderá dominar aquele lugar além.[26]

Como, porém, tornar-se pneumático, plenamente consciente de suas dimensões espirituais e da realidade que o cerca, se todo o alimento intelectual que nos é servido tem de passar necessariamente pela censura do materialismo onipotente e onipresente que assumiu os controles do pensamento moderno? De que maneira vencer tais bloqueios a fim de que o homem se deixe, como diz Gillabert,[27] "guiar pelo princípio divino que está nele"?

Por tudo isso, seríamos, ainda na avaliação de um gnóstico, vasta comunidade humana estacionada na fase inicial dos 'homens hílicos' e, portanto, dominada pelos conceitos materiais/carnais. Os seres do segundo patamar, os psíquicos, emprestam ao conjunto uma tonalidade ligeiramente mais lúcida, mas a luminosidade pura dos pneumáticos ainda não consegue atravessar as densas brumas que aguardam o conhecimento para dissiparem-se.

X – Quem Inventou o Mal?

É curioso que, após montar com extraordinária competência uma doutrina inteligente e bem apoiada na realidade espiritual, tenham os pensadores gnósticos encontrado dificuldades na correta avaliação do problema do mal. Ressalve-se, de início, que se trata de questão reconhecidamente espinhosa e que não se contenta com propostas superficiais de solução, mas os gnósticos dispunham de todos os elementos para uma visão adequada e bem articulada desse aspecto.

O problema colocava-se para eles de maneira não muito diferente da que ainda hoje pode ser formulada, ou seja, como é que, sendo Deus dotado de todos os atributos da perfeição, de conhecimento, inteligência e amor, teria permitido a existência do mal? Ou até, como pensam alguns, teria sido ele próprio o responsável por isso, dado que é o criador por excelência?

A questão era particularmente relevante entre os gnósticos, para os quais o mundo da matéria densa constituía o próprio *locus* da infelicidade, do sofrimento, da imperfeição, da dor enfim, verdadeira e tenebrosa penitenciária, na qual o espírito permanecia aprisionado nas malhas da matéria por um tempo que nem tem como avaliar. O mundo físico era o 'cadáver', a 'morte', o esquecimento, o estado de embriaguez, marcado, pelo menos para os pneumáticos, pela aflitiva sensação de exílio. Como é que Deus teria criado ou consentido que se criasse um lugar desse, obviamente destinado à inglória função de cárcere da centelha divina enredada nas malhas da matéria?

A solução encontrada pelos formuladores da doutrina gnóstica foi a de supor a existência de uma espécie de deus menor, imperfeito e até mesmo algo diabólico que teria sido responsável pela criação do mundo material com todo o seu cortejo de imperfeições e desajustes. Com essa teoria, ressalva-se a perfeição divina, atribuindo a outra entidade a responsabilidade pelo desacerto da invenção do mal. Para identificar esse deus menor e até maldoso, tomou-se de Platão o termo *demiurgos* (criador), e desenvolveu-se em torno desse núcleo central toda uma complexa teoria da criação do mundo, como se pode ver, entre outros, nos livros intitulados *Sobre a Origem do Mundo, O Evangelho de Filipe, Hipostase dos Arcontes* e *Ensinamento Autorizado*.

Em *O Conceito de Nosso Grande Poder*, o Deus do Antigo Testamento é considerado 'o pai da carne', certamente por não haver como admitir provenientes de um ser de absoluta perfeição e pureza atitudes de cólera, ciúme, vingança, punição. Por isso, como assinala Joseph A. Gibbons, na sua introdução ao *Segundo Tratado do Grande Seth*,[1] "O Deus deste mundo é mau e ignorante e pode ser identificado como o Deus do Antigo Testamento".

Coerentemente com a postura de que o mundo é lugar de imperfeições e desajustes e a matéria uma vil prisão para a centelha divina individualizada, o livro adota e propaga a doutrina docetista, segundo a qual o Cristo não fora dotado de um corpo material como o dos demais seres humanos, mas aparente. Veremos isso mais adiante.

Desembaraçado das conotações negativas suscitadas pelo complexo problema da existência do mal, Deus se torna para os gnósticos um ser de fato transcendente, acima da compreensão humana e até insuscetível de ser convertido em mero tema de debates. Ele é o Todo, o ser Supremo e, na plenitude, o seu *habitat*, é tudo perfeição. Alcançada a reintegração nele, o ser redimido entra "no que é silencioso, onde não tem necessidade de voz, nem do conhecimento, nem de formular um conceito, nem de iluminação, mas onde é tudo luz que não precisa ser iluminada",[2] no poético dizer do *Tratado Tripartite*.

Magnífico achado esse, o de perceber que, depois de tanto trabalhar para conquista do conhecimento redentor, a criatura não mais precise dele, porque ela própria tornou-se conhecimento, tudo está ao seu alcance; ela está em Deus e nele vive e se move, como dizia Paulo; mais que isso, porém, tem consciência da presença de Deus nela e de sua presença em Deus. Daí o silêncio. Para que e por que falar?

No *Evangelho dos Egípcios*,[3] o autor ensina que o Pai, a Mãe (Espírito) e o Filho provêm de Deus absoluto, "do silêncio vivo", "do silêncio do Pai desconhecido".

No *Discurso sobre o Oitavo e o Nono*,[4] lê-se isso: "Ele é perfeito, o Deus invisível, a quem se fala em silêncio..."

Falar em silêncio, outra bela imagem para figurar a linguagem inarticulada da contemplação, a prece sem palavras. Pouco adiante, dirigindo-se ao discípulo desconhecido, a entidade recomenda: "Retorna ao louvor, meu filho, e canta enquanto você está em silêncio. Peça em silêncio aquilo que você deseja."

No *Testemunho da Verdade*,[5] diz-se que aquele que encontrou, "tornou-se silencioso".

Em *Protennoia Trímorfica*,[6] parece falar o próprio Logos (o Verbo), num texto de alta complexidade mística. Diz a entidade que "habita no silêncio inefável".

Ao despedir-se de Madalena, segundo o *Evangelho de Maria*, Jesus declara permanecer, dali em diante, no silêncio.

Assim, a presença de Deus é paz e silêncio, luz e repouso, não, porém, inatividade e muda contemplação, mas participação, integração, reunificação. O que era dois reassumiu sua condição una e pode voltar à unidade maior, da qual proveio em tempos imemoriais.

Não há como atribuir a esse Deus perfeito em todos os seus atributos a criação do mal, que somente poderia ter resultado das maquinações de um deus menor e até mau, como diriam, mais tarde, os cátaros, herdeiros e continuadores do gnosticismo.

Curiosamente, porém, o livro *Os Ensinamentos de Silvanus*,[7] também integrante da biblioteca de Nag-Hammadi, não adota a dicotomia inventada para explicar o problema do mal. É preciso ressalvar que não se trata de documento gnóstico, no sentido sectarista do termo, mas gnóstico sim, em razão de que apresenta idéias e conceitos que encaminham o raciocínio para a busca do conhecimento. O que nos leva a crer, ainda, que a comunidade gnóstica – pelo menos aquela cujos papéis foram parar em Nag-Hammadi – não adotava posição rigidamente dogmática, parecendo estar preparada para examinar as idéias de qualquer pensador sério e respeitável. "O gnosticismo" – escreve Geddes MacGregor "pela sua própria natureza, nada exclui (de suas especulações) e é capaz, portanto, de abranger idéias novas e interessantes que possam conduzir à verdade religiosa..."[8]

Não sei o que pensaria Silvanus com relação às origens do mal, mas ele não precisa de uma divindade secundária para atribuir-lhe a responsabilidade pela criação do mundo da matéria e seus inconvenientes. Talvez não entendesse os desconfortos da matéria, como mal. Sua concepção de Deus é, ao mesmo tempo, lúcida e consciente das limitações que impunha ao ser humano na sua exata compreensão.

Ensina ele:

> ... não é difícil conhecer o Criador de todas as criaturas, mas é impossível compreender a que Ele se assemelha. Pois é difícil não somente para

> os homens compreenderem Deus, mas também difícil para cada ser divino, tanto anjos como arcanjos. É necessário conhecer Deus como ele é. Você não pode conhecer Deus por meio de ninguém mais senão pelo Cristo, que tem a imagem do Pai, dado que a imagem revela a verdadeira semelhança em correspondência com aquilo que é revelado. Um rei não é, usualmente, conhecido senão pela imagem.[9]

Numa atualização que respeitasse, tanto quanto possível, o exato conteúdo do texto (não nos esqueçamos de que ele tem, pelo menos, cerca de milênio e meio de idade), poder-se-ia dizer que só por um processo de sintonia intuitiva podemos 'conhecer' Deus, mas temos de nos conformar com a impossibilidade de compreendê-lo tal como ele é ou como se apresentaria ao nosso entendimento, sob que imagem ou aparência. Essa dificuldade, aliás, não seria apenas das criaturas humanas, mas até de seres superiores, como anjos e arcanjos, que ele considera *divinos,* segundo o entendimento da época. Esse critério, aliás, não parece destoar no contexto gnóstico, cuja tese fundamental é a do retorno a Deus, reunificação com ele e, portanto, uma participação do indivíduo redimido em alguns privilégios da divindade. Confira-se com a informação de Jesus: "Eu e o Pai somos um!" Assim o conhecimento de Deus, segundo o autor de *Os Ensinamentos de Silvanus,* só é possível através do Cristo que, já realizado em sua integração no Pai, revela-o com sua própria imagem. O retoque final é sugestivo, dado que nos velhos tempos, a não ser na corte, os reis eram conhecidos somente através das imagens deles estampadas nas moedas...

Merece destaque, no entanto, a postura de que há um Deus criador de todas as coisas e não um segundo Deus que teria criado o mundo da matéria com as suas desarmonias e imperfeições.

O autor mostra-se, aliás, tão convicto da integração do Cristo em Deus que o põe também como Deus, o que parece sugerir longo processo reencarnatório ou, pelo menos, atestar a longuíssima carreira espiritual, a maturidade e sabedoria do Cristo. O texto está assim redigido:

> Ó alma persistente, em que ignorância se encontra você? Pois quem é o seu guia na escuridão? *Quantas imagens* assumiu o Cristo por causa de você? Apesar de ser Deus, ele encontrou-se como homem, entre os homens.[10] (Destaque meu).

Reiteramos a informação de que este documento é escrito de postura antidocetista, segundo a qual, a despeito de sua elevada condição espiritual – divina, segundo o autor-, Jesus tinha a sua luminosa centelha mergulhada na carne.

É impraticável, contudo, fazer justiça a *Os Ensinamentos de Silvanus*, em breve referência como esta. Seria necessário aprofundamento maior, a fim de extrair dele toda a riqueza de informação que contém, como esta: "se o homem perverso que esteja no corpo (encarnado) tem morte calamitosa, quanto mais aquele que tem a mente cega".

Mesmo os conceitos mais transcendentes o autor sabe colocar em linguagem acessível e elegante, como este, ainda sobre Deus:

> Pois Deus não precisa submeter as criaturas a testes. Ele sabe de tudo, antes que as coisas aconteçam e sabe das coisas ocultas do coração. Elas são reveladas e julgadas insuficientes perante ele. Que ninguém diga que Deus é ignorante. Pois não é correto colocar o *Criador de todas as criaturas* na ignorância. Pois mesmo as coisas que se acham nas trevas são, perante ele, como as que se encontram na luz.[11] (Destaque meu)

Uma beleza!

O problema do mal, contudo, encontra sua perfeita solução no precioso e infelizmente incompleto *Evangelho de Maria*. Após as seis páginas iniciais perdidas, o texto começa com este ensinamento de Jesus póstumo a Maria:

> Todas as naturezas, todas as formações, todas as criaturas existem em cada uma e com cada uma de suas semelhantes e elas se resolverão somente segundo as raízes de sua própria natureza.[12]

Ou seja, há uma solidariedade na criação, segundo a qual cada um parece partilhar sua individualidade com a natureza dos demais e, por isso, os processos se resolvem conforme a natureza de cada indivíduo, mas dentro do todo. Vale dizer que os males do mundo ficam no mundo, dado que as mazelas e enfermidades do corpo desaparecem com a desintegração do corpo.

Pedro deseja saber mais e faz a pergunta que tantos gostariam de ter tido oportunidade de formular. Nestes termos:

> – Uma vez que você nos explicou tudo, diga-nos também isto: – que é o pecado no mundo?
> – Não há pecado senão aquele que vocês mesmo cometem quando fazem coisas que são como da natureza do adultério, que é considerado 'pecado'. Eis por que o Bem foi posto entre vocês, na essência de toda a natureza, a fim de restaurá-lo às suas raízes. Eis por que vocês adoecem e morrem dado que...[13]

O texto se encontra mutilado aqui, mas o Cristo prossegue, dizendo:

> A matéria gera uma paixão que não tem igual, que procede de algo contrário à natureza. Por isso, cria-se um distúrbio em todo o corpo. Eis por que lhes disse: Tenham um bom ânimo, e se se sentirem desencorajados, recuperem-se perante as diferentes formas da natureza.

Em suma: o mal não é criação divina, mas desvio das criaturas em relação à harmonia da leis divinas. O adultério, por exemplo, não é pecado a ser confessado e punido ou condenado em si, como pecado, no sentido teológico, mas porque gera um atrito com as leis que estão, necessariamente, programadas para produzir o bem. O bem, não o mal, é da essência das coisas. Em outras palavras: resume-se tudo numa questão de comportamento, e não de teologia, a não ser nas suas implicações transcendentais no relacionamento criatura/criador. Por outro lado, como ficou explicado no parágrafo anterior, as coisas se resolvem segundo suas próprias raízes – as da matéria têm solução diferente das espirituais, as doenças do corpo 'morrem' com o corpo, as distorções espirituais terão de ser resolvidas no âmbito das realidades espirituais, sob o comando de outro conjunto de normas, mesmo porque a matéria é transitória, por mais que durem as conexões do princípio inteligente com ela, ao passo que o espírito partilha da imortalidade divina, ainda que não da coeternidade com Deus.

Até o conceito dos distúrbios psicossomáticos estão aí antecipados. A extraordinária lucidez e transparência desse ensinamento atribuído ao Jesus póstumo (sobrevivente) a Madalena confere a esse documento certa autenticidade, pelo menos em observações como esta, ainda que o texto tenha sofrido alguma entropia, por interpolação, omissão ou outra qualquer interferência deliberada. Dificilmente alguém senão o Cristo poderia ter feito, àquela altura, pronunciamento tão claro e objetivo sobre as razões do mal, mesmo porque, como temos visto, predominava o pensamento de que a existência do mal no mundo somente poderia ser explicada, ainda que não justificada, pela teoria de que ele havia sido introduzido no contexto humano por um Deus secundário e até maldoso.

Lamentavelmente, o problema do mal não encontrou solução ou, sequer, encaminhamento adequado, no contexto do cristianismo vitorioso que conhecemos hoje, em nenhum de seus matizes doutrinários. Também não seria satisfatória a solução proposta pelo gnosticismo, caso fosse essa a opção preferida, de vez que se transferia a responsabilidade pela criação do mal a uma entidade artificialmente criada para assumi-la. Mesmo porque, o gnosticismo como doutrina necessariamente minoritária e qualitativa não tinha condições nem intenção de empenhar-se na montagem de um sistema de poder temporal. Se o fizesse, ter-se-ia, provavelmente, extraviado pelos caminhos, trocando o esforço pessoal na busca do conhecimento redentor por alguma doutrina mais palatável, ainda que inútil, às massas desacostumadas a pensar com a própria cabeça e buscar com suas próprias pernas.

Seja como for, somente no contexto da doutrina dos espíritos, formulada na metade do século XIX, surgiria uma proposição competente sobre o problema do mal. Não deve constituir surpresa para ninguém que essa fórmula tenha sido congruente com a que o Cristo póstumo teria transmitido a Madalena e a Pedro, entre outros amigos e trabalhadores de sua confiança. Realmente, dos ensinamentos dos espíritos, entendemos que o mal não é criação divina, mas resultado dos desvios de comportamento das criaturas em face das leis que governam e disciplinam os mecanismos da vida maior que é a do espírito imortal.

Em *O Ato de Pedro*,[14] singular documento copta, não especificamente gnóstico, como advertem os tradutores e introdutores James Brashler e Douglas M. Parrott, encontramos uma encantadora narrativa que, além do sabor de espontânea autenticidade, contém ensinamentos que desapareceram do contexto cristão, mas que os gnósticos souberam valorizar e preservar nos seus papiros.

Era domingo, primeiro dia da semana entre os judeus e muitos doentes haviam sido trazidos a Pedro para suas sessões de cura espiritual, às quais ele se dedicava com todo o generoso impulso de seu coração. Um homem destacou-se da multidão para um impertinente desafio. Pedro restituía a visão aos cegos, a audição aos surdos, o movimento aos paralíticos e a força aos fracos; como e por que não curava sua própria filha, uma bela moça, crente em Deus, que ali estava a um canto, imobilizada?

Pedro sorriu e comentou:

> Meu filho, só Deus sabe por que o corpo dela não é sadio. Saiba você que Deus não foi fraco ou incapaz de conceder essa graça à minha filha. Mas para que sua alma se persuada e aqueles que aqui se encontram possam ter mais fé.

Em seguida, voltou-se para a jovem e a ordenou que se levantasse de onde estava, "sem nenhuma outra ajuda, senão a de Jesus", e caminhasse até ele. Foi o que aconteceu. A moça ergueu-se e andou sozinha até o pai. A multidão explodiu de alegria e admiração.

Inesperadamente, contudo, Pedro voltou a falar com a moça, ordenando-a a retomar o seu lugar e tornar-se novamente uma inválida, o que também ocorreu conforme ele determinou. E explicou: Isto é bom para você e para mim.

Mas como poderia um sofrimento daqueles ser benéfico a alguém e ainda mais, uma dor que poderia ser removida, como ficou demonstrado? Novamente Pedro explicou a razão da sua estranha atitude ao condenar a própria filha à invalidez, após ter demonstrado ter poderes para curá-la:

> No dia em que ela nasceu, tive uma visão e o Senhor me disse: – Pedro, nasceu para você hoje uma grande provação. Esta filha faria muitas almas sofrerem se o seu corpo permanecesse saudável.

O pescador achou que a visão zombava dele. Como é que uma pessoa saudável poderia causar a infelicidade de tantos e uma aleijada não?

Havia, porém, outra história atrás da história. A narrativa prossegue. A medida que a menina crescia, crescia também sua beleza e muitos foram os que se interessavam em casar-se com ela, como um sujeito rico por nome Ptolomeu, que a entrevira quando tomava banho, aos dez anos de idade e pediu insistentemente que a menina lhe fosse dada em casamento, na época própria.

Faltam, neste ponto, as páginas 133 e 134 do papiro, mas quando a narrativa é retomada após o corte, a jovem está sendo trazida de volta à casa de seus pais. (Parece que, afinal, Ptolomeu conseguir obter a permissão para casar com ela). Informado a respeito, Pedro e a esposa vêm ver a filha e a encontram paralisada 'dos dedos à cabeça' e ressequida.

Não se sabe o que aconteceu, sabe-se apenas que Ptolomeu ficou arrasado e cego de tanto chorar. Dispunha-se a matar-se no seu quarto, quando viu intensa luz que iluminava toda a casa e uma voz que lhe dizia que Deus não cria as pessoas "para a corrupção e a poluição". Fora necessário que ele, Ptolomeu, não tivesse nenhum relacionamento com a jovem, na qual deveria "reconhecer uma irmã". Que ele fosse a Pedro, que lhe explicaria melhor as coisas.

Assim ele fez e lá, em casa do pescador, teve nova visão do Cristo que ele percebia "com os olhos da carne e os olhos da alma".

Não há como atestar a legitimidade da história, mas o que importa aqui é destacar a validade dos ensinamentos que ela veicula, fictícia ou não. Para não alongar demais o comentário, retiremos do texto uma súmula da sua mensagem básica:

1 – A serena compreensão e *aceitação* de Pedro de uma situação penosa em seu próprio lar e sua convicção de que o sofrimento dela não era nem

sem razão, nem inútil, pois havia um plano a desenrolar-se nos bastidores de toda aquela história.

2 – A consciência de que ele próprio (Pedro) tinha algum envolvimento cármico com o drama que o espírito da moça vivia, ou não a teria recebido como filha ("Isto é bom para você e para mim"). De que outra maneira explicar sua convicção (intuitiva ou revelada) de que era benéfico, também para ele, aceitar o sofrimento da filha bonita e paralítica?

3 – Sua dedicação ao próximo, curando à quantos podia, mais interessado, contudo, em fortalecer e curar almas do que corpos, dado que não dispensava as prédicas sobre os temas que iam sendo sugeridos pelos eventos do dia.

4 – Seu respeito à dor alheia e sua compaixão pelo semelhante, ao mesmo tempo em que recusava privilégios no atendimento a problemas pessoais, como a eventual cura da filha.

5 – Sua familiaridade com os fenômenos de natureza mediúnica, que com ele ocorriam com frequência, tanto quanto sua capacidade de curar os doentes, faculdades essas que ficaram documentadas nos canônicos ("Não tenho prata nem ouro...").

6 – Sua confiança em Deus, que tinha suas razões para determinar, através das leis naturais que regem o universo como um todo (matéria e espírito), que uma criança aparentemente inocente, pois nada fizera naquela vida que o justificasse, trouxesse para a existência na carne um compromisso a resgatar com a dor. Uma *provação,* como explicara o Cristo manifestado. Para agravar a provação e ampliar os seus méritos, caso ela a cumprisse satisfatoriamente, a menina nascera com a prova adicional da beleza física que iria, certamente, como aconteceu, atrair para ela o interesse de muitos candidatos ao casamento.

7 – Se, num gesto de rebeldia e inconformação com o seu esquema cármico, o casamento se consumasse, provavelmente, ela teria de enfrentar sérias complicações com várias pessoas, talvez marido e filhos, ou parentes e amigos. Em suma, não estava 'programada' para casar-se naquela existência, que teria de ser caracterizada pela renúncia.

8 – A visão do Cristo a Ptolomeu não apenas o adverte da gravidade do suicídio – "Deus não criou os corpos para a corrupção..." –, há uma inexplicada referência à moça como irmã dele. Isso pode ser apenas simbólico, mas não seria impossível que houvesse entre ela e Ptolomeu relacionamento anterior, em existência pregressa, na qual ambos tenham exorbitado de suas respectivas condições e limitações para saltar as barreiras das con-

veniências praticando o incesto. Teriam vindo, portanto, desta vez, para aprender a se conterem e se amarem como irmãos, em vez de se entregarem a novo surto de paixão incontrolada.

9 – Digna de nota, igualmente, é a observação de que Ptolomeu teria percebido a presença do Cristo na casa de Pedro com "os olhos da carne e os olhos da alma". É realmente diferenciada a visão comum da visão mediúnica, dado que esta não percorre os circuitos habituais (olho, nervo ótico etc.), mas é produzida por uma interferência direta no diencéfalo. Propus para esse fenômeno a expressão 'visão diencefálica', em livro intitulado *Diversidade dos Carismas – Teoria e Prática da Mediunidade*.[15]

Devo reiterar, ainda uma vez, que não há como atestar a autenticidade da comovente história, mas não se pode deixar de observar que ela revela profundo conhecimento dos mecanismos da vida. Esse entendimento somente seria recuperado cerca de dezoito séculos mais tarde, com os ensinamentos que instrutores espirituais respeitáveis transmitiriam ordenadamente a Allan Kardec. O *Ato de Pedro* pode não ser um documento "explicitamente gnóstico", como observam seus tradutores, mas é do mais puro teor gnóstico no conhecimento e na adoção de aspectos da realidade que, antes de serem gnósticos, cristãos, budistas ou espíritas, integram uma verdade cósmica. A verdade não pode ser diferente em suas manifestações, embora possa *parecer* diferente aos olhos dos que a observam. Se, por exemplo, a sobrevivência do ser à morte corporal e a comunicabilidade com os 'mortos' são verdades demonstráveis, como o são, serão necessariamente verdadeiras para todos, inclusive para os que não acreditam nelas ou ainda não as conhecem.

Restaria, contudo, um aspecto a considerar, e que pode ser assim formulado, como o tem sido: sendo Deus perfeito em todos os atributos de sua grandeza, por que teria *permitido* a existência do mal, já que não o criou diretamente?

A resposta à essa indagação já se acha parcialmente exposta no que ficou dito há pouco, ou seja, o mal não é criação divina. Os próprios dispositivos da lei cósmica, que garantem a vitória final do bem sejam quais forem as suas vicissitudes nesse percurso, estabelecem um mecanismo de rejeição a tudo quanto não estiver sintonizado com esse propósito. O choque ou o atrito que causam a dor, o sofrimento, a angústia não constituem punição ou embate com uma realidade chamada mal, também embutida na criação, por toda parte, e sim, um choque insensato com o bem que tem sua trajetória a seguir, e uma definida meta a atingir. Paradoxalmente, portanto, a dor resultante do atrito com as leis cósmicas é parte do plano geral de induzir a criatura a rever suas posições e corrigir seu próprio rumo. Alguma coisa está errada, no corpo físico, quando um órgão dói, da mesma forma que algo está desajustado no procedimento do espírito quando ele sofre.

Referindo-se a Jesus, diz Pedro em *A Carta de Pedro a Filipe*:[16] "Ele sofreu por nossa causa e é necessário a nós sofrermos *por causa da nossa pequenez*".

O ser humano não foi criado para o sofrimento, mas para a felicidade, a plenitude, o *Pleroma* dos gnósticos.

"Você não veio para sofrer" – ensina Zostrianos – "mas para livrar-se da servidão".[17]

Aquele que se opõe à determinação da lei, em desafio pessoal à ordem cósmica, choca-se com um sistema poderoso que dispõe de mecanismos de correção, necessariamente dolorosos, para ajustar o rumo dos que ignoraram o apelo do amor ao optarem pelo erro.

Mas não é a 'obrigação' de chegar à felicidade a única restrição imposta ao nosso livre-arbítrio; é também a de que, uma vez atropelada a lei, abrimos o ciclo do reajuste, usualmente através da dor. Esta funciona como advertência de que alguma coisa está errada no procedimento da criatura em algum ponto do passado. Há, pois, um paralelogramo de forças que se equilibram na interação livre-arbítrio/determinismo. As ações de hoje são as reações de amanhã; o determinismo do reajuste, agora, resulta do exercício do livre-arbítrio de ontem. Mas não é só em sentido negativo que opera a lei e nem poderia ser assim, dado que seu objetivo não é punir o faltoso, mas levá-lo à felicidade, chamando-lhe a atenção para os desacertos a corrigir. Ou não teria a criatura como ir do estado de verdadeiro sonambulismo ou embriaguez em que fica, quando na condição de ser material, ao próximo patamar, como psíquico, a fim de, eventualmente, alcançar o plano superior dos seres pneumáticos ou espirituais.

O gnosticismo dispunha, portanto, de todos os elementos necessários à elaboração de um modelo, no qual não se tornasse imperioso inventar um deus secundário para explicar as origens do mal. Esta observação não assume as proporções de crítica e sim a mera admissão de um fato. É preciso levar em conta que, na escala dos milênios, foi breve a existência do gnosticismo, que não chegou à dois séculos. E de supor-se que, no correr do tempo, fossem seus pensadores aperfeiçoando e aprofundando a doutrina que, mesmo nas suas compreensíveis imperfeições, montou um modelo competente para encaminhar o ser humano rumo às supremas conquistas evolutivas. O envolvimento com o cristianismo nascente era inevitável, de vez que foi nos ensinamentos do Cristo que os pensadores da época encontraram as matrizes luminosas de uma inteligente interpretação da vida. A superposição da doutrina gnóstica com a que Jesus deixara com os seus seguidores da primeira geração atesta o acerto dos postulados básicos do gnosticismo, mas isso acabou produzindo o conflito do qual o gnosticismo, minoritário por natureza e vocação, saiu neutralizado pela corrente interessada mais no poder terreno do que nas metas de perfeição espiritual que Jesus veio propor como novo padrão de comportamento humano. Tal como o Cristo, os gnósticos propunham um código de procedimento, uma renovadora teoria do conhecimento espiritual, ao passo que os que assumiram o nome de cristãos desejavam apenas, a partir do terceiro século, uma instituição nos modelos antigos de comprovada aceitação pública. Assim, em lugar de se debruçarem sobre o livro da vida para ver o que tinha ele a ensinar, o cristianismo mergulhou na matéria, instituindo rituais, sacramentos, símbolos, todo o aparato visual a que estavam acostumadas as massas com as quais se faz o bolo do poder terreno. É por isso que Will Durant[18] opina que o cristianismo não eliminou o paganismo, adotou-o. Era um modelo já testado pelos séculos e infalível na realização dos propósitos das novas gerações que herdavam o título de cristãos, mas não a mensagem de Jesus, tal como ele a transmitira.

Nesse sentido, foi lamentável que o gnosticismo tenha como que aceitado sua inserção naquele contexto cristão somente porque encontrou, nos ensinamentos de Jesus os apoios e as sugestões sobre as quais dar prosseguimento à tarefa de decifração dos enigmas vida/morte, matéria/espírito, felicidade/desassossego, luz/treva.

Envolvidos com o cristianismo que então se praticava, passaram a ser considerados cristãos dissidentes e, por isso, marcados para a extinção, quando, em verdade, dissidentes eram os que passaram a persegui-los. Os gnósticos apontavam para cima e sonhavam com o ser pneumático, ao passo que a hierarquia eclesiástica queria ficar onde estava, aprisionada nas teias e sombras em que viviam os seres carnais. Conservando-os assim, era possível e era fácil pensar por eles e dizer-lhes o que e como fazer para continuarem a ser o que sempre foram. Em troca, era prometida uma salvação miraculosa, coletiva, por obra e graça da obediência e da crença, que é apenas estágio primitivo do conhecimento.

Naquele tipo de disputa, não estavam interessados os gnósticos, dado que a briga era pelo poder temporal e não pela conquista da visão cósmica que o pneumatismo poderia e pode proporcionar. Poderiam, contudo, ter prosseguido, como grupo minoritário, mas os cristãos majoritários puseram-se como donos absolutos não apenas das idéias de Jesus, mas de toda a sua herança espiritual, interpretada pela pauta dos interesses imediatos. Acontece, contudo, que as verdades contidas nos ensinamentos do Cristo não constituem propriedade privada de ninguém, porque são de todos, e isso, como tudo o mais, ele deixou bem claro, não apenas na pregação como na exemplificação.

Um universo no qual prevalece a ordem e só nela pode subsistir tem de ser habitado por seres responsáveis e conscientes. A busca do conhecimento preconizada pelos gnósticos produz, em paralelo, progressiva conscientização do ser, tanto quanto a si mesmo como em relação aos enigmas do mundo em que vive. É a tese do eminente cientista e pensador espírita Prof. Gustave Geley, que a expôs no seu livro *Do Inconsciente ao Consciente*. Quanto às técnicas de desenvolvimento do senso de responsabilidade, somente poderão funcionar quando praticadas em regime de liberdade de escolha e de ação. Realmente, a lei cósmica assegura a cada um e a todos, ampla faixa de livre-arbítrio, ou não teríamos como promover nossas experiências com a verdade e obter o conhecimento que nos faculta a capacidade de avaliar os resultados e decidir sobre o próximo passo a ser dado.

Podemos sempre decidir livremente entre o erro e o acerto. A lei não irá materializar-se para agarrar a mão que segura a arma e impedir o disparo assassino. Se, no entanto, a decisão de matar prevalece, e o adversário é executado, tem-se a escolha, fez-se a sementeira, armou-se um dispositivo de inexorável retorno que, no tempo devido, irá fatalmente disparar o mecanismo da correção e do ajuste, bem como suscitar o senso de responsabilidade, que apura a capacidade de escolha.

Na verdade, o direito à livre escolha é de amplitude quase ilimitada. Quase. A única limitação que lhe é atribuída, no entanto, assume as proporções de um bloqueio intransponível, uma imposição incontornável, a de que estamos como que obrigados a uma destinação de felicidade e paz, na reunificação com a divindade. Podemos escolher os caminhos e atalhos, os atoleiros ou precipícios que desejarmos para essa jornada, tanto quanto o tempo a ser consumido no trajeto, mas a destinação é obrigatória. Não poderia ser outra senão aquela que é também o ponto cósmico em que a jornada começou, no dizer dos gnósticos, ao nos tornarmos dois, quando éramos um. Talvez o "ponto ômega" de Teilhard de Chardin.

A trajetória será mais longa ou mais curta, mais feliz ou desgraçada, na medida em que utilizarmos corretamente o privilégio do livre-arbítrio. Sem ele, não seríamos gente, e sim instrumentos cibernéticos programados.

Assim, a dicotomia matéria/espírito, ou talvez fosse melhor dizer o conflito gnóstico matéria/espírito, não parece ter encontrado, tanto quanto podemos depreender dos documentos de Nag-Hammadi, uma solução satisfatória, que estaria aí pelo meio termo, como ficou tão bem expresso no *Evangelho de Filipe* e que trazemos de volta a exame: "Não tema a carne nem a ame. Se você a teme, ela o dominará. Se você a ama ela o engolirá ou paralisará você".

Esse ensinamento dá à questão tratamento adequado, ao reservar espaço para uma abordagem sem temores e sem paixões, ou seja, espontânea como a quer a natureza. Afinal de contas, com todas as inconveniências que os gnósticos identificavam na matéria, o corpo físico é e continua sendo instrumento insubstituível ao progresso da centelha divina dividida de voltar à integração na divindade. A matéria densa é a muleta, talvez incômoda e grosseira, mas, ainda assim, instrumento precioso de trabalho do espírito ainda imperfeito que sonha com a sua volta à luz de onde veio.

Ainda que obsessivamente fixados na rejeição à matéria, contudo, os gnósticos montaram um modelo competente de aprendizado quanto aos mecanismos de que a vida se serve para alcançar a plenitude na unidade. A doutrina que poderíamos considerar como a das três trindades é exemplo veemente dessa competência, segundo as quais os seres hílicos ou materiais sintonizam-se com a matéria, passam por um batismo de água, e são ambientados num corpo igualmente material; os psíquicos têm um batismo de fogo, símbolo de lutas redentoras e sintonizam-se mais com o corpo psíquico; ao passo que os pneumáticos mergulham no próprio espírito (batismo do espírito), concentram-se no corpo mental e tendem a desembaraçar-se para sempre da matéria densa. "Não precisam de outra forma" – lê-se no *Evangelho de Filipe* –[19] "porque têm a contemplação e compreendem por introvisão".

Na costura de todo esse longuíssimo processo de retorno à luz originária, percebe-se o fio dourado das sucessivas reencarnações depuradoras. A luz se junta à luz maior quando consegue livrar-se das sombras que a envolvem, não por um passe de mágica ou por uma redenção vicária, mas pelo conhecimento e o amor, tenazmente perseguidos e muito trabalhados.

XI – Docetismo, Antigo e Inútil Debate

A rejeição pela matéria, sempre considerada como penitenciária do espírito, é aspecto que não deve ser esquecido na avaliação da doutrina gnóstica, em vista da obsessiva influência nela exercida. É preciso admitir que eles tinham alguma razão no santo horror à matéria, tão criativa na invenção de artimanhas e mordomias, a fim de que o espírito gostasse da prisão e se deixasse esquecer nela por um tempo dilatado, que somente em milênios de milênios poderia ser medido.

Os seres hílicos, materiais ou carnais eram não apenas esmagadora maioria, mas também os que por mais tempo se demoravam acoplados à matéria densa, hipnotizados à seus atrativos e artifícios. Acostumados e bem adaptados a ela, assim que eram forçados a abandonar o corpo desgastado ou destruído por algum acidente, ansiavam por voltar logo à carne, em outro corpo, outra vida, outra temporada, a repetir as experiências de seu agrado. Não é difícil, portanto, entender por que eram maioria e, consequentemente, os que mais se reproduziam biologicamente, a fim de manter acelerado o ritmo da reciclagem. Uma visão retrospectiva, por outro lado, nos levaria à informação de que estavam esses espíritos à um tempo longo demais na matéria, desde imemoriais experimentações da natureza com o que Henri Bergson chama de "pensar a matéria". Só isso conheciam, só disso gostavam, só isso sabiam fazer, sempre contidos nas exíguas limitações do espaço mental concedido e que ninguém se esforçava por expandir. O processo evolutivo é lento, sem recuos, mas pontilhado de pausas e com tímidos avanços.

Pouco a pouco, contudo, iam os carnais atravessando as fronteiras para o universo menos sombrio dos psíquicos, onde começava a luta para fazer brilhar a luz que traziam sob espessa camada de materialidade. Consolidada a programação do instinto, começava o psiquismo a emitir seus primeiros sinais ainda incertos, e "a buscar-se através da forma", como escreveu Teilhard de Chardin. A partir de certo momento, já mais avançados no território reservado aos psíquicos, começavam os recém– chegados a experimentar uma vaga "saudade de Deus", mas ainda sem saberem ao certo o que seria aquela sensação. Somente muitos milênios e inúmeras vidas depois passariam a trilhar as primeiras picadas no território dos pneumáticos, onde intensificavam os esforços para desvencilhar-se dos laços que ainda os prendiam à matéria e às sensações que ela podia proporcionar. Pelo menos começavam a perceber os engodos e artifícios criados para embaraçar-lhes os passos. A essa altura, a matéria bruta não era mais amiga incondicional ou sequer aliada confiável, mas adversária sutil ante a qual era preciso estar sempre em estado de alerta e desconfiança a fim de não se deixar enredar novamente nas suas malhas e retardar ainda mais o ansiado momento da reunificação com o Todo.

Daí, as inúmeras advertências. Era preciso, por exemplo, desconfiar da mulher, sempre pronta a gerar novos corpos materiais e, por extensão, acautelar-se quanto à prática sexual que resultava no aprisionamento de outros espíritos na carne. Melhor era manter-se no celibato o homem e virgem a mulher. Casar era melhor do que abrasar, mas não a opção ideal. O casamento era como que teoricamente permitido, más não estimulado; a prática do sexo extraconjugal impensável, suscetível de punição rigorosa, especialmente para a mulher, numa sociedade organizada pelos homens e para os homens.

Veio, certa vez, ao nosso grupo mediúnico, um espírito que, em tempos outros, fora juiz e condenara uma mulher por adultério, mas, de alguma forma, que não pude compreender de início, o episódio ainda incomodava sua consciência, cerca de dois milênios e muitas vidas depois. Acabamos descobrindo que ele não fora apenas o juiz, mas o próprio adúltero, ao induzir a pobre mulher a ceder aos seus avanços. Questionado a respeito dessa duplicidade, ele respondeu que se limitara a aplicar a lei. – Bem, disse-lhe eu, mas o adultério somente pode ser cometido a dois. Sem se perturbar, ele retrucou que a lei condenava a *adúltera*, destacando bem essas palavras.

Seja como for, a prática do sexo, no entender dos gnósticos, retardava a marcha do espírito no seu retorno a Deus, de vez que contribuía para manter a polarização, a dualidade e, portanto, a separação, quando o ideal era que a criatura conseguisse restabelecer seu equilíbrio de origem.

Daí, talvez, tantas referências à androgenia no complexo documento *Sobre a Origem do Mundo,* que não deixa de alertar para as inconveniências da matéria densa, ao ensinar que "... o corpo moldado tornou-se uma barreira para a luz".[1]

Dentro desse contexto de rejeição à matéria e à medida em que prosseguiam e se ampliavam as especulações filosóficas e teológicas no seio do gnosticismo, como também no cristianismo ortodoxo, não é de admirar-se que começassem a surgir reflexões sobre a interação do Cristo com o plano material. Em outras palavras, estaria o Cristo, o Logos, também submetido às mesmas leis aplicáveis aos demais seres humanos na 'construção' de seu corpo? Ainda de outra maneira: teria o Cristo um corpo físico material, carnal ou teria ele próprio elaborado seu veículo de manifestação terrena de maneira transcendental para livrar-se de um envolvimento que poria o paredão da matéria entre seu espírito e o mundo? Como ser divinizado, dado que participava do pensamento e da vontade de Deus, como poderia Cristo, como escreve MacGregor,[2] "permitir-se contaminar pela matéria, se a matéria era intrinsecamente maligna?"

MacGreggor lembra que a doutrina docetista "alarmou a muitos", na Igreja primitiva, bem antes da exacerbação do choque entre cristãos e gnósticos. Um dos primeiros e dos mais 'alarmados' foi Inácio de Antioquia (35-107), que combateu com veemência os docetistas (não propriamente gnósticos), aos quais chamou de ateus e descrentes, ao ensinarem que o Cristo sofrera apenas em aparência, dado que seu corpo era também aparente. Estava criada a controvérsia que, a espaços mais ou menos amplos, agitou os meios cristãos não apenas no seio da própria Igreja, suscitada por seitas ou grupos paralelos como os cátaros, e até no meio espírita brasileiro.

Os papiros de Nag-Hammadi oferecem uma amostragem dessa inútil controvérsia. O *Apocalipse de Pedro,* por exemplo, é documento francamente docetista. Mais uma vez manifestado a Pedro, o Cristo teria explicado que "o Jesus vivo" sentia-se "alegre e sorridente" na cruz, ao passo que os cravos eram pregados "na parte carnal", espécie de "substituto" entregue à vergonha, "alguém que tinha a sua aparência". Mais adiante, reiteraria a observação de que "... o corpo era o substituto. Mas o que eles libertaram foi meu corpo incorpóreo. Eu sou, porém, o espírito intelectual cheio de luz radiante".[3]

A *Carta de Pedro a Filipe*[4] não é explícita com relação ao assunto, limitando-se a referências ao tempo em que o Cristo "esteve no corpo" ou do próprio Cristo ao declarar: "Fui mandado descer ao corpo..."

Em outro documento, infelizmente bastante mutilado, sob o título *Melquisedec,*[5] o tom é claramente antidocético, como observa Birger A. Pearson, na sua introdução, que prossegue: "... o corpo, a carne e os sofrimentos de Jesus Cristo são, na verdade, reais".

Curiosamente, Melquisedec é aparentemente identificado como sendo o próprio Cristo, obviamente em outra existência, envolvida esta em mistérios, mas com satisfatórios apoios históricos. Em frases inequívocas, a entidade alerta seus ouvintes quanto aos que viriam mais tarde dizer que...

> ...ele é não-gerado (agênere) apesar de ter sido gerado, que ele não come apesar de comer, que não bebe, apesar de beber, que é incircunciso apesar de ter sido circuncidado, que ele é não-carnal apesar de ter vindo para a carne, que não veio para o sofrimento, apesar de ter vindo para o sofrimento, que não se levantou de entre os mortos, apesar de que se levantou de entre os mortos.[6]

É também não-docetista a postura do *Tratado Tripartite*,[7] segundo o qual o Cristo não apenas veio para a carne, mas anunciou sua própria vinda à Terra através dos profetas, ainda que nenhum deles fosse capaz de dizer "quando ele viria e quem o geraria", mas que seria gerado e sofreria, tendo "recebido sua carne" do Logos eterno.

Pouco adiante, no estilo dos velhos textos, o autor volta à idéia nuclear da sua exposição nesse módulo, para dizer:

> Não apenas ele tomou para si a morte daqueles que pretendia salvar, como aceitou a pequenez deles para os quais ele havia descido, quando eles jejuavam em corpo e alma. Ele assim fez porque deixou-se conceber e nascer como um infante, em corpo e alma.[8]

O autor informa, portanto, que o Cristo não desejou privilégios nem se valeu de recursos excepcionais para realizar sua missão redentora, assumindo em todas as suas implicações a condição humana, desde o processo biológico da geração de um corpo físico, embora preservando sua elevada condição espiritual. "O Salvador – prossegue a exposição, mais adiante – era a imagem corporal do unitário. Ele é a Totalidade em forma humana". Sua tarefa começou, portanto, entre "os homens que estavam na carne", com a doação da redenção, mas também de seu amor, ele "o filho que se encarnou".[9]

Também o *Testemunho da Verdade*,[10] é não-docetista, sendo o Cristo reconhecido como aquele que "tomou a carne", nascendo de uma virgem para o mundo.

Em *Protennoia Trimórfica*,[11] texto de difícil acesso, a entidade manifestada identifica-se com o Logos (o Verbo) que "habita o Silêncio inefável" e parece indicar que por mais de uma vez teria estado entre as criaturas humanas, ainda que não necessariamente pelo processo do nascimento. Pelo que posso depreender, da primeira vez, revelou-se em silêncio, ou seja, pelo pensamento. É que, oculta no pensamento, vive a luz e foi esta luz que se revelou pela primeira vez. Em seguida, o Logos teria se revelado pelo som de sua voz. Entendia o misticismo antigo – e isso está preservado no gnosticismo – que Deus, como vimos, é silêncio e imutabilidade, e *que falando, cria*. Não é difícil buscar alguns fundamentos dessa idéia, que se oculta atrás de símbolos e chaves que se perderam, mas que podem ser entrevistas, intuídas ou adivinhadas. É o Verbo (Logos, Palavra) que expressa a ação de qualquer sentença. Não há pensamento completo formulado que não contenha verbo, o indicativo por excelência da ação. A sentença pode abrir mão de tudo o mais e até deixar de explicitar o sujeito e o objeto da ação, mas não o verbo, se é que deseja expressar alguma forma de ação. Basta dizer, por exemplo, "escrevo". O sujeito está oculto e o objeto não declarado, mas o ato de escrever está caracterizado.

Ensina a entidade em *Protennoia Trimórfica*: "A segunda vez eu vim pelo Som de minha Voz. Dei forma àqueles que tomaram forma até a consumação deles."[12]

Ou seja, a ação de criar as formas resultou de um ato de vontade concretizado no Verbo.

Na terceira vez, o Cristo se revelou como o Verbo, "na semelhança de suas formas", ou seja, tomou forma humana. "Usei a roupagem de todos e escondi-me entre eles e eles não souberam de quem vinha o meu poder".

Como se pode verificar, portanto, docetismo e antidocetismo vêm mantendo longa e inglória batalha de palavras que nada tem a ver com a mensagem de Jesus e nada acrescenta a ela, senão as turvas tonalidades da polêmica, da qual cada um dos debatedores se serve para exibir suas erudições e vaidades.

PARTE II

O Evangelho de Tomé

I – Quem é Tomé?

Conforme temos observado, o *Evangelho de Tomé* constitui um dos mais importantes documentos do histórico achado de Nag-Hammadi. Antes de examiná-lo mais de perto, contudo, torna-se necessário estudar com maior atenção os informes de que dispomos a respeito do próprio Tomé, admitindo-se, preliminarmente, como autêntica a sua autoria para aquele texto.

Mas não é tão fácil como pode parecer desenhar-se com a desejável nitidez o perfil das personalidades envolvidas no grande drama do cristianismo nascente. No caso dos parentes de Jesus, houve deliberada intenção de criar uma atmosfera de mistério, como se não fosse do melhor interesse dos que assim decidiram caracterizar certos protagonistas e deixar à mostra vinculações pessoais entre eles.

Uma consulta aos evangelhos canônicos e ao Atas *dos Apóstolos* revela que, ressalvadas duas discrepâncias, dez nomes aparecem regularmente em todas as listas dos apóstolos. Tomé é um deles. Mesmo João, que não reproduz a lista, esclarece (20,28) que Tomé faz parte dos doze.

Ainda que aparentemente irrelevantes, as discrepâncias merecem atenção. Um dos apóstolos figura como Simão (ou Simeão), *o Cananeu,* em Mateus (10,2-4) e em Marcos (3,16-19), e como Simão, *o Zelote,* em Lucas (6,14) e em Atos 1,13. Embora Hennecke não pareça disposto a definir a questão, trata-se, ao que tudo indica, da mesma pessoa, uma vez que recolhemos na Britânica (verbete *Apostles)* a informação de que o termo Cananeu equivale ao aramaico Zelote. O que ocorre, portanto, é que Lucas transplanta a palavra para o grego, no qual escreveu, ao passo que os dois primeiros evangelistas utilizaram-se do termo aramaico. Previne ainda o autor do verbete da Britânica que o explicativo não deve ser tomado em seu sentido político. O termo quer dizer apenas que Simão era um zeloso cumpridor da lei judaica, não um ativista empenhado em desestabilizar o domínio romano. Acrescenta o informe que esse Simão não deve, igualmente, ser tomado como um dos irmãos de Jesus mencionados em Mateus (13,55), aquele que sucedeu a Tiago como bispo de Jerusalém. Seja como for, a história pessoal desse Simão é bastante obscura e "envolta em lendas". E prossegue:

> Se ele for identificado como Simão (ou Simeão), o irmão do Senhor, então foi ele que liderou a Igreja de volta a Jerusalém, após a permanência em Pela e a dirigiu, como bispo, até o seu martírio no ano 107. (Há dúvidas quanto a essa data. Para viver até essa época, Simão teria 120 anos de idade, o que é pouco provável).

Convém acrescentar em proveito dos que não estejam familiarizados com esse período que a ala mais conservadora, que entendia o cristianismo como seita judaica (os ebionitas) refugiara-se na Peréia para escapar às pressões que sofriam em Jerusalém.

Eusébio[1] nos diz que esse Simeão não era irmão de Jesus e sim seu primo, "filho do Clopas mencionado na narrativa evangélica". A referência lembrada está em João 19,25, que identifica como "Maria, mulher de Clopas", uma das pessoa que permaneceram perto da cruz em que Jesus era martirizado.

Buscando ainda mais longe, lemos em Hennecke[2] que, segundo Hegesipo, esse Clopas era irmão de José, o carpinteiro e, em consequência, tio de Jesus. Simeão era, portanto, primo de Jesus e de Tiago, sobre o qual temos algo a dizer daqui a pouco.

Já a outra discrepância oferece margem para mais amplas especulações. O apóstolo que figura como *Lebeu* no texto "ocidental" de Mateus (10,3) e *Tadeu*, em Marcos, é *Judas, filho de Tiago,* em Lucas, embora não se encontre a palavra *filho* na *Bíblia de Jerusalém*. Declara esta, em nota, que a expressão "Judas de Tiago" pode ser tomada como *filho* ou como *irmão*, mas acrescenta prudentemente que esse Tiago não deve ser confundido com o irmão de Jesus do mesmo nome. Parece com isso, admitir que Jesus tenha tido irmãos, mas a idéia é rejeitada alhures, em mais de uma oportunidade, com a óbvia intenção de preservar o dogma do nascimento virginal.

Eusébio[3] coloca-o entre os setenta e conta uma história a seu respeito, segundo a qual, após a ressurreição e ascensão de Jesus, "Tomé, um dos doze apóstolos, impulsionado pela inspiração, enviou Tadeu, integrante da lista dos setenta discípulos, a Edessa, como pregador evangelista". Em nota ao pé de página 66 do livro de Eusébio, os editores lembram que "o único Tadeu na Bíblia era um dos doze, chamado por Lucas *de Judas filho de Tiago* e por Mateus e Marcos como *Tadeu,* segundo os melhores manuscritos, e *Lebeu,* segundo outros".

Encontramos, por conseguinte, uma variação sobre Simeão, o Cananeu ou Zelote, e uma considerável turbulência à volta de Tadeu. Para uma só pessoa, atribui-se a ele um número surpreendente de nomes: Lebeu, Tadeu, Judas e Dídimo, ao mesmo tempo em que é vinculado por algum laço de parentesco (filho ou irmão) a Tiago que, por sua vez, é tido como filho de Alfeu.

A introdução de Tiago, no esquema, traz complexidades adicionais. Quem seria esse Tiago?

Mesmo ao risco de certa redundância, vejamos de perto a estrutura do grupo dos doze.

Mateus relaciona os apóstolos em seis pares de dois, destacando duas duplas de irmãos: Pedro e *seu irmão* André, Tiago de Zebedeu e *seu irmão* João. O outro Tiago é identificado como "o de Alfeu". Em Marcos, João é chamado irmão de Tiago e este, filho de Zebedeu. Não há referência específica à irmandade de André e Pedro, creio que por esta relação ser por demais conhecida do público leitor visado por Marcos, dado que seu Evangelho é o de Pedro, a quem servia de intérprete. O outro Tiago é também "o de Alfeu", como em Mateus.

Lucas menciona André como irmão de Pedro, repete a expressão "Tiago de Alfeu", mas em lugar de Tadeu, como em Mateus e Marcos, apresenta *Judas de Tiago,* sem definir o vínculo de parentesco. Há um consenso entre os estudiosos no sentido de que se trata de irmão de Tiago e não de filho. Embora a corrente ortodoxa prefira continuar protegendo o dogma do nascimento virginal de Jesus, o próprio Judas se declara *irmão* de Tiago, na epístola que lhe é atribuída.

Quadro idêntico ao do terceiro Evangelho consta do *Atos dos Apóstolos,* mesmo porque o autor originário deles é o mesmo: Lucas.

João (14,22), observa que esse Judas, tão envolvido com Tiago, é o Dídimo (Gêmeo) e não o Iscariotes. Com o que introduz nova complicação, revelando uma vinculação de parentesco com alguém, de quem seria irmão gêmeo. (Voltaremos ao problema mais adiante).

Há, portanto, dois Tiagos, um tido por filho de Zebedeu e outro como filho de Alfeu, mas isso nos leva a outra pergunta: quem é Alfeu? O *Evangelho de Pedro,* um dos inúmeros apócrifos, menciona um Alfeu que seria pai de Levi, aquele que, no seu dizer, Jesus convidou quando ainda trabalhava na alfândega. Trata-se, obviamente, de Mateus, que, como se sabe, era um publicano, isto é, funcionário a serviço do governo romano, como coletor de impostos. Se esse Alfeu é o mesmo citado nos livros canônicos como pai de Tiago, então Mateus seria irmão desse último, o que não parece correto.

Ainda no encalço de explicação para esse mistério, vamos encontrar em Hennecke[4] importante chave. Conta ele que, contestando a postura oficial da Igreja, Helvidio "revigorou a antiga opinião" de que os discípulos identificados como irmãos de Jesus eram exatamente o que diziam os textos: irmãos de verdade e não primos, como se queria fazer crer.

Jerônimo "introduziu a teoria" – escreve Hennecke – de que os apóstolos Tiago, e Judas de Tiago eram filhos de Alfeu, casado com Maria de Clopas, irmã da mãe de Jesus. O que leva a uma identificação improvável de Clopas com Alfeu, cujo nome, aliás, nem figura em Eusébio.

Sem meias palavras, Hennecke considera isso uma "construção dúbia", mas que mereceu entusiástica aprovação e se tornou a postura dominante na Igreja. Não deixa de acrescentar que "antes de Jerônimo, uma nítida distinção costumava ser feita entre Tiago, irmão de Jesus, e os apóstolos".

Em suma, para apagar os traços documentais de uma indesejável vinculação de parentesco, ou melhor, de irmandade entre Jesus, Tiago e Tadeu, Jerônimo criou ou adaptou uma personagem de nome Alfeu, como sendo o pai desses discípulos, resultantes de seu casamento com Maria, irmã da mãe de Jesus. Ora, não encontramos em Eusébio, como já vimos, qualquer identidade entre Clopas e Alfeu que, a crer-se na teoria de Jerônimo, seriam a mesma pessoa. Loisy[5] acha pouco provável que duas irmãs – a mãe de Jesus e a mulher de Clopas – tivessem o mesmo nome e, podemos acrescentar, um conjunto de quatro filhos com nomes também idênticos: Tiago, Simeão, José e Judas. Nesse mesmo trecho, Loisy rejeita como "não menos gratuita" a alegada identificação entre Clopas, irmão de José (como está em Hegesipo, através de Eusébio), e Alfeu, pai do apóstolo Tiago Menor, um dos "primos" de Jesus.

Ora, se Tiago é irmão de Judas e também de Jesus, como está bem documentado nos textos canônicos, então o pai deles é José e não Alfeu. Nesse caso, não restaria como alternativa senão a hipótese de que o nome de José tenha sido substituído pelo de Alfeu. O que seria coerente com a clara intenção de apagar os traços que pudessem evidenciar as vinculações de Jesus com sua família, que ficou reduzida, para fins mais teológicos do que históricos, a Maria e José.

Em verdade, porém, há outros Tiagos no contexto apostolar. Vamos colocá-los todos em ordem, numa só lista:

– Tiago, filho de Zebedeu;
– Tiago, filho de Alfeu;
– Tiago, o Menor, personalidade praticamente desconhecida;
– Tiago, irmão de Judas;
– Tiago, irmão de Jesus.

Apesar de ser este nome bastante popular – corresponde a Iacobos, em grego (Jacó) – a lista parece conter pelo menos uma superposição, talvez duas. Na tentativa de descobrir a qual dos Tiagos Judas estaria ligado pelos laços de parentesco, Hennecke informa, com apoio em Clemente de Alexandria, que Tiago figura entre os apóstolos contemplados com os ensinamentos da tradição secreta, sendo difícil decidir, à vista das sumárias informações, no entanto, se esse Tiago é o filho de Zebedeu, ou o "irmão do Senhor".

Mas, levando-se em conta o *Apócrifo de Tiago,* também da biblioteca *de Nag-Hammadi,* trata-se mesmo do irmão de Jesus, tendo em vista, o "papel desempenhado pelo irmão do Senhor na tradição judeo-cristã".

Que esse papel tenha sido dos mais relevantes, não há dúvida, mas para correta avaliação das questões sob exame seria necessário conhecer-se com razoável margem de confiabilidade *quando* ele resolveu aderir às idéias de seu irmão, a ponto de assumir não apenas uma postura doutrinária, mas integrar-se no movimento em si. Ao que tudo indica, os documentos primitivos continham informações suficientes ao esclarecimento do assunto, mas um clima de mistério e segredo criou-se posteriormente em torno da família de Jesus, de vez que os dogmas do nascimento virginal e da unigenitura tornaram-se vitais, no entender dos teóricos de então, à formulação da teologia cristã. Isso fazia parte do projeto global da divinização de Jesus e sua incorporação à Trindade.

A despeito dessa atmosfera de secretismo que tudo fez para empurrar para os bastidores os parentes de Jesus e, se possível, apagar os vestígios de tais vinculações, não se conseguiu evitar que um dos Tiagos ficasse claramente identificado como irmão de Jesus, mesmo porque ele emerge com força que não pode ser ignorada dentro do movimento, após a morte do Mestre.

A formal adesão de Tiago teria sido recente ou vinha ele já fazendo parte do corpo apostolar desde algum tempo, quando Jesus ainda vivia entre eles?

Conta Eusébio que, após a morte do Senhor, os apóstolos escolheram Matias para substituir Judas Iscariotes, recompondo, assim o grupo dos doze. A questão seguinte consistia em decidir quem assumiria a liderança do grupo. Eusébio socorre-se de Clemente para informar que, após a ascensão, Pedro, Tiago (o outro, o de Zebedeu) e João não cogitaram de pleitear posições de destaque simplesmente porque Jesus os havia distinguido de maneira especial na sua preferência. Optaram por Tiago, o Justo, para o cargo de bispo de Jerusalém. Àquela altura ninguém cogitava de estabelecer um bispado em Roma, muito menos com autoridade sobre os demais, pelo mundo afora. A cabeça da Igreja nascente, ou mais precisamente, do movimento emergente, ficava plantada em Jerusalém, confiada à responsabilidade de Tiago, o Justo, irmão de Jesus. (Alguns autores mencionam até uma tendência *dinástica* nesse processo). Daí em diante é quem decide sobre os rumos do movimento, como se pode observar do autorizado depoimento de Paulo, nas suas epístolas. Quando se coloca a grave questão de pregar-se ou não o evangelho aos gentios, Paulo e Barnabé vão a Jerusalém, em busca de uma decisão, que cabe claramente a Tiago, secundado por Pedro e João. E novamente estamos falando de Tiago, o Justo, irmão de Jesus e não do filho de Zebedeu. O apelido ganhara ele pela estrita observância à lei judaica; para ele, o movimento suscitado em torno das idéias de seu irmão só poderia ser entendido e sustentado como seita judaica. Tanto foi assim que impôs como pré-condição ao entendimento com Paulo e Barnabé a circuncisão de Tito, formalidade indispensável à admissão deste ao judaísmo. Paulo reagiu como pôde, mas teve de ceder, se é que pretendia mesmo a desejada autorização para pregar aos gentios e disso ele não abria mão. Ao cabo dessas penosas e difíceis negociações, concluiu ele vitorioso:

> ... e conhecendo a graça a mim concedida, Tiago, Cefas e João, tido como colunas estenderam-nos a mão, a mim e a Barnabé, em sinal de comunhão: nós pregaríamos aos gentios e eles para a Circuncisão" (aos judeus). (Gal. 2,9).

Clemente acrescenta que Tiago, o Justo, João e Pedro receberam de Jesus, *depois da ressurreição,* "conhecimento superior", que teriam transmitido aos outros apóstolos e estes aos setenta, "um dos quais era Barnabé". Para que não fique dúvida, insiste Clemente nos seguintes termos: "Havia dois Tiagos, um o Justo, que foi atirado do parapeito e batido com um pau até morrer; e outro Tiago, que foi decapitado."[6]

Mais adiante, em seu livro, Eusébio[7] recorre a uma longa citação colhida em Hegesipo para documentar a posição de Tiago. Encontramos suas observações e a transcrição no capítulo intitulado "O martírio de Tiago, o irmão do Senhor". Segundo Hegesipo, "o controle da Igreja passou *aos apóstolos, juntamente com o irmão do Senhor,* Tiago, chamado o Justo", do que parece lícito depreender-se que Tiago *não era* um dos doze. Acrescenta Hegesipo que "havia muitos Tiagos", sendo que este estava santificado desde o nascimento: não ingeria bebidas alcoólicas, não comia alimento de origem animal, nunca uma navalha tocou sua cabeça, não usava óleo para untar-se e não tomava banho. Somente ele era autorizado a penetrar no lugar sagrado do templo (não no Santo dos Santos, exclusivo do Sumo-Sacerdote), ainda porque só se vestia de tecidos de linho, sem um fio sequer de lã. Orava tanto, de joelhos, que sua pele nesses locais tornou-se dura e áspera como a de um camelo. Era, pois, figura venerável, devotado à mais severa ortodoxia judaica. Foi sacrificado porque, ao ser publicamente questionado acerca de Jesus, respondeu com bravura:

> Por que me questionais a respeito do Filho do Homem? Digo– vos, ele está sentado nos céus à direita do Grande Poder e voltará sobre as nuvens do céu.

Foi o bastante para ser trucidado.

A esse Tiago, o Justo, primeiro bispo de Jerusalém é que sucedeu Simeão, filho de Clopas, tio de Jesus, com já vimos, também martirizado. A propósito, Eusébio menciona treze bispos em Jerusalém, a começar por Tiago, o Justo, em 106 até Judas, em 135, quando Adriano baniu os judeus de Jerusalém, pondo fim ao ciclo dos "Bispos da Circuncisão".

Somente depois da opção política por Roma como centro das decisões da Igreja é que a figura de Tiago começa a passar por um processo de esmaecimento, enquanto a de Pedro é exaltada. Implantada a hegemonia do bispado de Roma, os textos foram reescritos com o objetivo de "documentar" para os pósteros a nova realidade política cristalizada no conceito do papado. Mais uma vez, somos levados a crer que não teria sido ele um dos doze, se considerarmos a observação de Mateus (13,55-56).

> Não é ele o filho do carpinteiro? Não se chama a sua mãe Maria e os seus irmãos Tiago, José, Simão e Judas? E as suas irmãs, não vivem todas entre nós?

Ao tempo da ida de Jesus a Nazaré, quando já acompanhado pelos apóstolos, o texto sugere que seus irmãos e suas irmãs ainda estavam por ali e eram de todos conhecidos, o que parece indicar que Tiago e Judas ainda não o seguiam, pelo menos regularmente. Nem sempre, contudo, em delicadas questões como essa, o texto pode ser tomado como verdade incontestável.

Em primeiro lugar, temos na lista oficial de apóstolos um Judas, que não é o Iscariotes, e é tido como Dídimo (irmão gêmeo) e também irmão de Tiago. Este, por sua vez, seria, supostamente, filho de um Alfeu, incertamente identificado com Clopas e, neste caso, o texto deveria dizer que Tiago seria filho de Clopas e não de Alfeu. Parece admissível concluir-se à base de tais especulações, que Judas/Tadeu/Dídimo é irmão de Tiago, que seria mais tarde conhecido como o Justo, que, por sua vez, é irmão de Jesus. Será o Tiago chamado o Menor? Pouco provável.

Referindo-se ao fato de que os irmãos de Jesus eram casados, como se observa em I Cor. 9,5, Hennecke acrescenta que, segundo uma *tradição* mais tardia (na verdade ele emprega a palavra *lenda*), os "dois mais velhos", casaram-se ao tempo em que ainda vivia José, o pai. A ser isso verdadeiro, Judas Tadeu seria gêmeo de Tiago e não de Jesus.

Ou, segunda hipótese: a lista final dos apóstolos somente teria sido elaborada para figurar nos registros evangélicos depois que Tiago, o Justo, e Tadeu passaram a participar ativamente do movimento cristão nascente. Com a ressalva, neste caso, de que, segundo a tradição, Judas/Tadeu já integrava anteriormente o grupo dos Setenta.

Acho pouco provável, contudo, que Tiago, o Justo, tenha aderido às idéias de Jesus logo de início e integrado o corpo apostólico dos doze ou mesmo dos setenta. O rigor de sua fidelidade às práticas tradicionais judaicas contra-indicam a acolhida dessa hipótese, a não ser que somente mais tarde houvesse ele adotado tais práticas, o que também parece improvável, dado que ele é tido como intransigente e inflexível judeu ortodoxo desde o princípio de sua existência. Não iria abrir mão de seu modo de ser e ver as coisas para seguir seu irmão, que, embora respeitoso perante a lei e certas práticas, condenava explicitamente outras consideradas intocáveis como o sabá ou a convivência com pecadores e publicanos, bem como condenava com veemência o pensar e agir dos fariseus e escribas de seu tempo. Não. Esse não era ambiente que Tiago, o Justo, pudesse adotar como seu.

Seja como for, é convincente o testemunho de que "os irmãos de Jesus não acreditavam nele", como se lê em João 7,3-5. Houve até uma tentativa de levá-lo de volta para a tranquilidade e segurança do lar, em Nazaré (ou Cafarnaum), por acreditarem, a mãe e os irmãos, que ele não estaria bem das faculdades mentais. É também evidente que essa atitude, senão de hostilidade, pelo menos de incompreensão acerca do irmão mais velho, tenha sofrido radical reversão logo após a morte de Jesus, dado que são convincentes as referências à participação da mãe, dos irmãos e demais parentes dele nas tarefas do cristianismo nascente.

Bem, após esta longa e complexa digressão, temos de voltar a Tomé, para enfrentar outras dificuldades. Isso porque o autor do *Evangelho de Tomé* anuncia que o que se vai ler são "as palavras secretas de Jesus, o Vivo, escritas por Dídimo Judas Tomé".

Puech informa que *Didymos,* em grego, corresponde a *tauma* (Tomé), em siríaco e *tom,* em hebraico, ou seja, *gêmeo.* Do que resulta ser esse texto atribuído a uma pessoa conhecida como Gêmeo Judas Gêmeo, ou, ainda, Gêmeo Judas, o Gêmeo. Essa incongruência gramatical serve a Puech para afirmar que Dídimo e Tomé são apelidos de uma só pessoa por nome Judas que, aliás, consta como carpinteiro de profissão nos *Atos de Tomé.* Do que se depreende que o evangelho que adquiriu esse merecido *status* histórico e que vem suscitando tantas especulações *não é de Tomé, mas de Judas,* ou, mais especificamente, é um texto de autoria de Judas, o Gêmeo, ao qual se refere João.

Encontro apoio para essa afirmativa no competente e seguro Hennecke, que reproduzo, por tradução, do inglês:

> O apóstolo que nos evangelhos canônicos e na tradição ocidental é usualmente chamado simplesmente de Tomé ou Tomé Dídimo, figura, na tradição oriental e especialmente em autores ou obras de língua e origem siríacas, ter sido chamado Judas Tomé.[8]

Mas não é assim tão fácil livrar-se das complicações que envolvem a figura de Tomé.

Em João 20, 24, ele figura como discípulo da dúvida, o que desejava testar pessoalmente as chagas de Jesus para convencer-se da ressurreição. A cena é montada – segundo Loisy –[9] para "demonstrar a realidade material" – e, ao mesmo tempo, imaterial! – "da ressurreição a um apóstolo cético, tido por ausente quando da aparição anterior".

Não há como fugir a essa característica de *montagem* deliberada, no sentido de que era preciso deixar à posteridade registro convincente de que a ressurreição passara pelo teste do ceticismo de um dos próprios apóstolos.

É preciso observar, contudo, que fenômenos semelhantes de seres desmaterializados que penetram em recintos fechados e se rematerializam no seu interior têm sido testemunhados por cientistas confiáveis e competentes, como Aksakof e William Crookes, para citar apenas dois deles. O problema não está, pois, em verificar a materialidade e desmaterialidade de Jesus; o âmago do problema está na comprovação de uma realidade pouco conhecida ou admitida ainda hoje – a sobrevivência do ser humano em um corpo energético, após abandonado à decomposição o corpo físico, do qual se separou pela morte.

O objetivo da enxertia textual, portanto, não é (ou não é *somente*) o de testemunhar a sobrevivência de Jesus à morte na cruz, mas criar condições para que ele fosse reconhecido por um dos apóstolos como Deus. Isto é que é inaceitável, não a realidade da sobrevivência e a consequente manifestação dele em sua forma imaterial rematerializada.

Este seria o papel de Tomé, o Dídimo. Já sabemos, contudo, que o nome dele escrito dessa maneira é uma redundância, porque tanto Tomé como Dídimo querem dizer a mesma coisa: gêmeo.

Novamente em 11,16, ainda em João, encontramos a notícia de que "Tomé, chamado Dídimo, disse então aos outros discípulos: – Vamos também nós para morrer com ele!".

Em 14, 5 a referência é apenas a Tomé, pura e simplesmente, sem explicativos: "Tomé lhe diz: – Senhor, não sabemos para onde vais. Como podemos conhecer o caminho?"

Finalmente *no mesmo capítulo 14,* versículo 22, esta referência: "Judas – *não o Iscariotes* – lhe diz: – Senhor, por que te manifestarás a nós e não ao mundo?"

Três vezes é interrompida com perguntas a prédica de Jesus no capítulo 14 – uma vez por Tomé (simplesmente), como vimos no versículo 5, outra vez por Filipe, que pede a Jesus que lhes mostre o Pai e, pela terceira vez, por Judas – não o Iscariotes. Ora, este Judas é precisamente Dídimo ou Tomé, como temos visto insistentemente neste estudo. Portanto, a despeito de toda essa deliberada turbulência armada em torno de Tomé Judas Dídimo, o Tomé da dúvida seria Judas-Tadeu?

Portanto, o autor do evangelho copta de Tomé é Judas-Tadeu, irmão de Tiago, o Justo, e de Jesus. O que nos leva de volta a uma pergunta já formulada anteriormente. Quem é o outro Tomé que figura nas listas apostolares que passou à tradição como o dubitativo, aquele que precisou testar o corpo de Jesus para se convencer de que ele havia, de fato, ressuscitado? Judas-Tadeu, a crer-se nos documentos de *Nag-Hammadi,* instruído pessoalmente por Jesus quanto aos aspectos secretos dos ensinamentos, não poderia rejeitar de maneira tão veemente o fenômeno da sobrevivência de Jesus à morte na cruz. Isso não quer dizer que aceito pelo seu valor nominal, como válida e autêntica, a cena toda em que Tomé é satisfeito em sua curiosidade quando o Cristo ressurreto se deixa tocar por ele.

Pode ser até que exista nisso um núcleo de verdade, mas que Tomé se tenha ajoelhado e proclamado ali mesmo a divindade do Cristo é inaceitável. Isso, porém, são aspectos outros que são apenas lembrados aqui. O que nos importa para o momento é marcar esta posição: a de que Judas-Tadeu, chamado o Dídimo, era irmão de Tiago e de Jesus e é quem figura como autor do *Evangelho de Tomé*, cujo texto em copta foi encontrado em *Nag-Hammadi*. O apóstolo conhecido, nos canônicos, como Tomé, ao que tudo indica, é outra pessoa.

É preciso referir, ainda, que Gillabert propõe a hipótese de serem Judas-Tadeu, o Dídimo e Judas Iscariotes a mesma pessoa, com base, a seu ver, no intróito do *Evangelho de Tomé*. Sua tese, porém, é insustentável, à vista da afirmativa de João (14,22), segundo a qual não se trata de Judas Iscariotes, e sim o Dídimo, quando o Judas ali mencionado pergunta a Jesus por que Ele se manifesta "a nós e não ao mundo".

Quanto à vinculação de parentesco com Tiago e Jesus, algo ainda persiste por esclarecer-se. Que são irmãos não parece contestável, mas de quem Judas-Tadeu seria gêmeo? De Jesus ou de Tiago?

Em *Atos de Tomé*, capítulo 39, o apóstolo estaria pregando, quando foi interpelado da seguinte maneira: "Irmão gêmeo do Cristo, apóstolo do Altíssimo e coiniciador da palavra oculta do Cristo, tu que recebeste seus ensinamentos secretos."

Em *O Livro de Tomé, o Atleta*, também da biblioteca de Nag-Hammadi, duas novas referências indicam Tomé, ou seja, Judas– Tadeu, como irmão de Jesus.

Não fica excluída a possibilidade de ser a expressão *irmão gêmeo*, como querem alguns, apenas forma enfática de marcar um relacionamento fraterno, no qual Judas teria figurado como autêntico *alter ego* de Jesus, não, porém, como seu gêmeo. Isso, embora compreensível nos textos gnósticos, não se justificaria em João, que o chama de Dídimo sem lhe atribuir qualquer vinculação especial com Jesus ou destaque em relação aos demais apóstolos.

É compreensível a cautela com que os eruditos especializados no estudo dos manuscritos gnósticos estejam tratando esse delicado aspecto da questão. Ninguém ignora o impacto que a confirmação de vínculos tão estreitos de parentesco entre Jesus e dois de seus discípulos ou continuadores acarretaria às estruturas doutrinárias do cristianismo contemporâneo nas suas várias denominações e tendências. Há inevitáveis implicações sobre dogmas vitais à teologia tradicional, da qual as diversas igrejas não podem abrir mão, sem dramáticas consequências.

Seja como for, as manipulações com o nome de Judas-Tadeu nos textos canônicos assumem aspectos inexplicáveis, para não dizer estranhos, quando se pensa que Dídimo e Tomé não são, a rigor, nomes próprios, mas sinônimos destinados a qualificar um grau de parentesco, realidade da qual os formuladores de dogmas vêm fugindo há cerca de milênio e meio, mas que os achados de *Nag-Hammadi* como que atiram dramaticamente às manchetes.

Escrevi alhures (*Cristianismo, a Mensagem Esquecida*) que um dos aspectos mais bem documentados da sumária biografia de Jesus é a evidência de que ele teve irmãos. Em verdade, são quatro homens e duas mulheres, pelo menos. Seria temerário, a esta altura, afirmar que Jesus e Judas Tadeu (conhecido como Tomé, no Oriente)[10] tenham sido irmãos gêmeos, mas está parecendo cada vez mais difícil refutar que tenham sido irmãos consanguíneos, pois assim informa claramente o material disponível, tanto os canônicos, a despeito das manipulações de Jerônimo, como os gnósticos e outros apócrifos.

Como diz Hennecke, "o Novo Testamento fala sem hesitação ou comentário dos irmãos de Jesus, de modo que devemos pensar em irmãos mesmo. Lucas 2,7 qualifica Jesus como *primogênito*, admitindo outros a seguir."[11]

II – O Difícil Acesso ao Texto

Quanto ao *Evangelho de Tomé,* especificamente, algumas observações introdutórias são desejáveis, ainda que difícil uma colagem do amplo material que sobre ele vem se acumulando nos últimos tempos. O segundo volume do livro do Prof. Puech, por exemplo, com mais de 280 páginas, fora os índices, cuida exclusivamente do documento atribuído a Tomé. O erudito pesquisador francês ainda colocou um subtítulo modesto que denuncia a vastidão do projeto: *"Esquisse d'une interprétation systématique",* isto é, apenas um esboço de interpretação sistemática. Esboço...

Mas não é só pela amplitude que se caracteriza o trabalho de avaliação dos preciosos textos gnósticos em geral e do *Evangelho de Tomé* em particular. É também pelo alarido provocado pela multidão de especialistas que se concentrou no exame desses documentos. O choque de opiniões tornou-se inevitável e contribuiu mais para dificultar a desejada avaliação do que para facilitá-la. Como vimos alhures, Gillabert[1] queixa-se do problema, ao comparar algumas posturas pessoais dos eruditos, em capítulo que intitulou caracteristicamente como *Erros da crítica.* Após permanecer durante dezesseis séculos soterrado e ignorado, mas livre de manipulações, eis que o escrito de Tomé em "poucos decênios já se encontra sobrecarregado de comentários, sacudido em todos os sentidos, classificado, catalogado, indexado" como se desejassem "esvaziá-lo de toda substância viva". Um bando de 'aves de rapina' teria baixado sobre "texto que até recentemente mantinha-se virgem de nossas pretensiosas elucubrações", queixa-se Gillabert.

Em diferentes abordagens, Hennecke alerta para a extrema complexidade dos problemas suscitados pela documentação de *Nag-Hammadi,* que ele considera "de imensa importância", o que chega a ser inesperado na habitualmente despojada linguagem dos eruditos. No seu entender, tais problemas estão por resolver, mesmo porque o próprio texto não se encontra ainda estabilizado numa tradução definitiva, além de mutilações irrecuperáveis como falta de palavras, frase e até de páginas inteiras.

Quanto ao trabalho mais delicado da interpretação, é de prever-se muito debate e desencontro até que as opiniões consensuais comecem a cristalizar-se.

É claro que cada um desses comentaristas levará para o seu trabalho os modelos intelectuais a que está habituado e nos quais confia. Nem poderia ser de outra maneira. Sem a mínima pretensão de entrar nessa disputa entre os pesos-pesados da cultura internacional, aproximo-me dos textos gnósticos como escritor interessado na divulgação desses preciosos achados apoiado em convicções pessoais minhas acerca da realidade espiritual. Penso mesmo que a avaliação do conteúdo dos papiros de *Nag-Hammadi é* trabalho impróprio para mentes programadas pelo materialismo filosófico.

Hennecke[2] adverte, por exemplo, que, já no preâmbulo, o *Evangelho de Tomé* autodefine-se como um documento "esotérico ou para assim ser considerado". Está certo, mas não é apenas isso; as falas atribuídas a Jesus pressupõem realidades que pouco espaço têm ocupado na especulação da erudição internacional, como sobrevivência do ser, intercâmbio entre 'vivos' e 'mortos', vidas sucessivas, causa e efeito, imortalidade, e, logicamente, existência da alma, além de outras.

Vimos alhures neste livro dificuldades de Puech com palavras como *anjo* e *profeta*, ou de Gillabert com a visão pauliniana da ressurreição. Não que Puech ignore o sentido desses termos, claro, como experimentado linguista que é, com acesso até ao copta, mas porque o uso da palavra *profeta* como médium ainda constitui campo minado no meio acadêmico, tanto quanto *anjo (aggelos)* no sentido de espírito ou entidade manifestante. A simples admissão da terminologia nesse sentido suscita implicações que a erudição internacional ainda não está preparada para assumir. Ou não quer.

Escassamente mencionada pelos comentaristas é a doutrina da reencarnação, que, a uma leitura mesmo superficial dos textos coptas, mostra-se relevante para entendimento do gnosticismo e figura, explícita ou implicitamente, nos seus escritos. O termo aparece timidamente no índice remissivo de Puech, e está ausente no da Dra. Pagels ou de Gillabert. Mesmo em MacGregor, convicto da realidade das vidas sucessivas, figura apenas em uma chamada no seu livro. Como em toda a tradição esotérica, os ensinamentos contidos nos papiros de *Nag-Hammadi* em geral e *no Evangelho de Tomé* em particular são guardados atrás de símbolos e imagens secretas ou iniciáticas que somente se revelam na plenitude de seu sentido àqueles que dispõem das chaves específicas para penetrar-lhes o entendimento.

Se tais chaves são importantes para os demais documentos, para o *Evangelho de Tomé* tornam-se indispensáveis, em vista da construção mesma do texto que, além de esotérico, é sumário, quase telegráfico, espécie de lembrete para ser desenvolvido por pessoa bem informada dos enigmas e mistérios abrigados nos 114 logia. É de supor-se que tais explorações fossem praticadas oralmente diante de grupos ou de indivíduos isolados com um mínimo de preparo para recebê-las e entendê-las, como sempre ocorreu na técnica da transmissão de conhecimento entre mestre e discípulo.

Podemos ilustrar essa informação com a breve introdução do *Evangelho de Tomé* e o seu primeiro *logion* que estão assim redigidos:

> São estes os ensinamentos secretos que Jesus, o Vivo, disse e que Dídimo Judas Tomé escreveu:

E ele disse:

> – Aquele que descobrir a interpretação destas palavras não experimentará a morte.

Como se observa, o próprio texto se põe como secreto, ou seja, fora ou à margem dos ensinamentos normais do Cristo a um grupo menor de pessoas com preparo suficiente para entendê-lo. Mas por que Jesus *Vivo*? É entendido como viva não a pessoa que está necessariamente acoplada a um corpo físico, ou seja, vivendo uma existência carnal, mas aquela que alcançou elevado estágio evolutivo de conhecimento e conscientização de sua origem e destinação em Deus. Ou, ainda, em terminologia gnóstica, um ser pneumático, espiritual, libertado do ciclo tantas vezes repetido das reencarnações.

A existência do *Evangelho de Tomé* não era ignorada antes do achado de *Nag-Hammadi,* em 1945, Hennecke menciona citações encontradas nos escritos de Hipólito, aí por volta do ano 230 da era cristã, tanto quanto em referências e pequenas transcrições contidas em outros documentos dos primeiros séculos, além de fragmentos esparsos e mutilados que tornaram impraticável uma reconstituição confiável dos textos. Acha esse autor que há diferentes redações para o material, que não se livrou das inevitáveis modificações, interpolações e amputações introduzidas por copistas ou editores em diversas épocas. Na sua opinião pessoal, a redação primitiva do texto deve ser colocada aí pela altura do ano 140; "ou talvez, um pouco mais tarde".

É claro, porém, que mesmo esse texto primitivo resultou de material preexistente escrito e, no dizer insistente de Gillabert, principalmente oral. O prof. Quispel, outro dos especialistas da primeira hora, entende, segundo lemos em Hennecke, que o *Evangelho de Tomé* teria sido elaborado em cima de "uma tradição independente dos sinóticos, que talvez se reporte ao *Evangelho dos Hebreus*".[3]

Há quem admita a possibilidade de sua identificação com o famoso e perdido Documento Q, escrito básico que teria sido a fonte (do alemão Quelle, fonte) dos sinóticos, principalmente. De fato, as tradições cristãs primitivas mencionam as "anotações de Mateus" que seriam, tanto quanto podemos supor, de estrutura semelhante à do *Evangelho de Tomé,* que somente agora, no século XX, chega completo ao nosso conhecimento. Ou seja, eram também uma coletânea de ditos, postos sem qualquer intenção sequencial e sem informações biográficas ou comentários. Não mais que lembretes, provavelmente para fixar o pensamento do Cristo neles captado, e facilitar o desenvolvimento oral por parte dos pregadores da época.

Hennecke observa que o problema da idade do texto é irrelevante, ou melhor, "secundário", pelo menos por enquanto, dado que há muita pesquisa ainda a fazer; pensa, no entanto, que, embora alguns dos ditos possam ser de formação mais tardia, o *Evangelho de Tomé,* "contém outros, cuja origem pode recuar consideravelmente", na estimativa de alguns, até o ano 50, quando ainda vivia gente que conhecera pessoalmente o Cristo e ouvira dele próprio os ensinamentos.

Outro aspecto ainda por decidir-se é o da língua em que foram escritas as diversas versões. Há quem defenda com veemência a posição de que o texto copta encontrado em *Nag-Hammadi* seja tradução do grego; Puech e Pagels, por exemplo. Mas há quem, com igual convicção, opte por um texto escrito diretamente em copta, com base na tradição oral, como Gillabert.

A opinião dominante nos círculos da erudição internacional, segundo podemos ler em Hennecke, é a de que o texto copta foi elaborado a partir de uma versão grega. Garitte, também citado por Hennecke, contudo, opina, mais recentemente (1960) o contrário, ou seja, que a versão grega Oxyrinchus teria sido calcada no texto copta.

Não pretendo, como tenho repetido, entrar nessa disputa entre os monstros sagrados da erudição internacional e nem poderia fazê-lo. A intenção aqui é a de divulgar algumas informações sobre as pesquisas em torno do valioso achado de *Nag-Hammadi* e suas implicações e projeções no pensamento moderno, como lembra MacGregor.

Helmut Koester, na introdução escrita para a coletânea da Harper & Row *(The Nag-Hammadi Library)*, também adota a postura de que o texto copta atribuído a Tomé é uma tradução do grego, dado que algumas dessas versões recuam às imediações do ano 200, mas lembra possíveis versões siríacas ou aramaicas que teriam sido compostas bem antes do ano 200, "possivelmente (...) na segunda metade do primeiro século", o que nos leva de volta ao que vimos há pouco em Hennecke, que admite um recuo ao ano 50, pelo menos para alguns dos *logia*.

Também esse introdutor lembra, *no Evangelho de Tomé,* características semelhantes à Fonte O, o elo perdido, que teria servido tanto a Mateus como a Lucas. Seja como for, o documento atribuído a Tomé guarda evidências de fortes conexões com as fontes das quais emergiram os relatos do *Novo Testamento.*

Antes de serem confiados às tiras de pergaminho ou papiro, os ensinamentos de Jesus foram difundidos exclusivamente pela palavra falada, primeiro pelo Cristo e, em seguida, pelos seus apóstolos que costumavam ter em seu poder algumas notas ou lembretes, possivelmente em aramaico. Ao que parece, Pedro, por exemplo, jamais conseguiu falar outra língua que não o aramaico, motivo pelo qual levava consigo o jovem Marcos, futuro evangelista, que lhe servia de intérprete, convertendo sua palavra em grego popular, o *koiné*. Foi provavelmente à base de tais anotações sumárias que Marcos escreveu seu primeiro texto com as características de um evangelho tal como hoje o conhecemos. A tradição informa ainda que Mateus parece ter feito coisa semelhante, anotando os ditos mais importantes de Jesus que também serviriam à elaboração do *Evangelho segundo Mateus,* ou seja, um texto escrito com base nas anotações de Mateus. Numa fase posterior, os diversos textos teriam sido combinados e reescritos por Lucas, que confessa na introdução que, ao iniciar seu trabalho, tinha diante de si inúmeros documentos que circulavam à época sobre os ditos e os feitos de Jesus. Numa etapa final, todos esses textos foram recombinados, num processo de recíproca fertilização, do que resultou o grupo mais ou menos homogêneo de textos que conhecemos pelo nome de *sinóticos,* isto é, que podem ser colocados lado a lado, em três colunas distintas para exame simultâneo.

Nesse ínterim, contudo, das toscas anotações até o polimento final, os textos passaram por muitas vicissitudes e "torturas", como diz Guignebert, Obrigados a dizerem o que *convinha* ser dito mais do que aquilo que *deveria* sê-lo. Com isso, foram muitas e sérias as acomodações, interpolações e alterações introduzidas, bem como cortes e amputações mais graves. Do momento em que se tornou necessário, por exemplo, implantar nos textos pelo menos a primeira estaca do dogma da divindade de Jesus, colocam os novos escribas a inaceitável exclamação na boca de Tomé ante o Cristo ressuscitado: "Meu Senhor e meu Deus!" Ora, os apóstolos eram judeus praticantes e assim continuaram sendo, mesmo depois da partida de Jesus, como sabemos. Jamais um judeu teria proclamado a divindade de alguém. Jesus foi sacrificado, basicamente, por se lhe atribuir a condição de Filho de Deus, equivalente à de Messias.

Situação semelhante ocorre quando se faz conveniente justificar o primado de Pedro como bispo de Roma, em contraposição ao bispado de Jerusalém. A fórmula imaginada para contornar o problema foi a de introduzir nos textos canônicos uma passagem na qual o próprio Cristo credenciasse Pedro como líder da comunidade cristã. A enxertia foi feita no *Evangelho de Mateus* (16,13-20) e de maneira um tanto desastrada e incompetente, a meu ver. Sem nenhuma conexão com qualquer outra passagem evangélica, Jesus menciona uma igreja ("minha Igreja") que, obviamente, não instituiu. Sempre achou ele que, igreja por igreja, preferia deixar o culto com as sinagogas da época, nas quais pregou regularmente, como se lê nos evangelhos. O primeiro bispo de Jerusalém, contudo, foi escolhido, como se sabe, pelos apóstolos, por indicação de Pedro, Tiago (de Zebedeu) e João. Jamais os apóstolos teriam procurado fora de seus quadros um chefe para a comunidade cristã se Jesus houvesse investido Pedro de tais funções, como deseja fazer crer a interpolação há pouco mencionada.

E mais: a referência somente figura em Mateus, nada constando, a respeito, nos outros sinóticos, nem em João. Estranho isso, quando pensamos que Marcos é que foi o intérprete e secretário de Pedro e não perderia a oportunidade de documentar a investidura de seu respeitável amigo e mestre.

Acresce ainda outro aspecto da maior relevância: depois de ensinar durante todo o tempo que o Reino de Deus é a resultante de um trabalho íntimo pessoal, de um aperfeiçoamento espiritual, Jesus reverte tudo isso e coloca nas mãos de Pedro e de seus sucessores – como assim ficou entendido – o supremo poder de decidir quem se salva ou não se salva. Tão incongruente é isto que ficaria Deus na mera condição de quem não tem autoridade senão para aprovar as decisões tomadas pelos bispos de Roma. De fato, lê-se na *Bíblia de Jerusalém,* nota de rodapé a Mateus (16,19), que "sentenças e decisões serão ratificadas por Deus do alto dos Céus", o que inclui tanto condenações, absolvições como decisões doutrinárias e jurídicas.

Numa abordagem em maior profundidade aos documentos gnósticos, podemos contar com problemas semelhantes. A documentação encontrada em *Nag-Hammadi,* como vimos, reporta-se ao século IV aproximadamente, embora composta à base de textos mais antigos. É preciso estarmos atentos, ainda, para o fato de que os autores daqueles remotos tempos não se punham diante do trabalho que pretendiam realizar com o preparo técnico, a experiência e a ética de um escritor e pesquisador responsável de nosso tempo. Não se cogitava da figura, relativamente recente, do direito autoral, da propriedade literária e da preservação da verdade histórica. Fantasia e realidade misturavam-se livremente; a ausência de fatos ou evidências era suprida pela desinibida utilização de episódios ou ditos fictícios sempre que se tratasse de expor um ponto de vista, defender uma tese, apresentar uma doutrina ou relatar os feitos de uma pessoa. São abundantes os exemplos de que ainda dispomos a esse respeito, como a fantasiosa "biografia" de Apolônio de Tiana, de autoria de Damis, ou as narrativas em que Alexandre, o Grande, figura expressamente como filho de um deus que, sub-repticiamente, dormira com Olímpia, sua mãe. Ao que parece, o próprio Alexandre acreditava nessa história, tão convincente lhe parecera e tão oportuna em afagos à sua vaidade.

Referindo-se aos apócrifos em geral, embora a observação se aplique também aos canônicos, como vimos, Hennecke[4] destaca esse aspecto nos seguintes termos:

> A composição de coletâneas desse tipo, que podem ser facilmente ampliadas, reduzidas ou alteradas à vontade do compilador, é sujeita ou, pelo menos, era provavelmente sujeita, a mudanças constantes.

Com isto, torna-se difícil assegurar que o texto de que dispomos, no momento, como os de *Nag-Hammadi,* "sejam da primeira ou da versão final".

Especificamente sobre *o Evangelho de Tomé,* informa Hennecke, nesse trecho, com "as mesmas reservas", não estar convencido de que o documento encontrado na biblioteca copta seja "exclusiva ou originalmente o trabalho de um gnóstico". Ele próprio, Hennecke, para fortalecer suas desconfianças pessoais, tem conhecimento de pelo menos duas versões diferentes. Em uma delas, afirma-se a ressurreição de Jesus em seu corpo físico (*logion* 5), enquanto no *logion* 12 encontramos uma referência algo incongruente a Tiago, o Justo. Comentaremos isso no local próprio deste livro. (Devo dizer logo, que *não vejo* no logion 5 alusão, mesmo simbólica, à ressurreição física). O meticuloso pesquisador alemão está convencido de que o redator do texto disponível hoje para estudo "deve ter inserido frases, revisado passagens de maneira mais ou menos completa, ou introduzido na coleção alguns *logia* forjados por ele mesmo ou por seus companheiros de crença".

Isso tudo deve ser levado em conta à medida em que os ditos são estudados e analisados, mesmo porque as traduções estão sujeitas a modificações tanto quanto as interpretações, em aspectos de maior ou menor relevo.

Como Hennecke e outros, Koester[5] entende o livro de Tomé como "uma coletânea que pretende ser esotérica" e constitui uma chave para entendimento dos ditos secretos. Eu diria que, antes de usar essa chave, precisaríamos ter outra, a que abre os portões de acesso ao conteúdo e significado do texto que fica como que num segundo círculo interno. Em outras palavras, é preciso entender as palavras cujo sentido perdeu-se na esteira dos séculos e sob sucessivas camadas interpretativas, para então, sim, descobrir que caminhos os ditos apontam para aqueles que não desejam "provar a morte", tornarem-se pneumáticos e *voltarem para casa* de onde saíram da presença de Deus e de sua integração n'Ele, para a longa e complexa aventura da vida. Mais morte do que vida, aliás, porque mergulha a centelha divina na ignorância e no exílio da matéria.

Penso que após estas reflexões preliminares estaremos mais bem aparelhados para passar à difícil tarefa de abrir portões e portas internas, a fim de tentar surpreender na sua intimidade, os segredos que Jesus teria revelado a Tomé e que levam o iniciado à libertação definitiva sem necessidade, nunca mais, de "provar a morte".

III – Uma Releitura dos *Logia*

1. E ele disse: – Aquele que descobrir a interpretação destas palavras não experimentará a morte.

O primeiro conceito a destacar-se neste *logion* é o de que em lugar da *salvação* coletiva resultante do sacrifício do Cristo, da fé, da filiação a determinada instituição ou da prática de certos rituais e sacramentos, o *Evangelho de Tomé* propõe a *libertação* como decorrência de um aprendizado individual. Ao caracterizá-la como uma *descoberta,* o texto marca postura nítida, recomenda a metodologia da busca e indica que o sentido não está explícito, mas implícito, oculto, e precisa ser interpretado obviamente em concentradas consultas e demoradas meditações. Não é oferta gratuita; ela tem preço em trabalho individual, esforço de aprendizado, exercício intelectual. É *conhecimento* que precisa ser alcançado e assimilado.

Que é, porém, "experimentar a morte" ou deixar de experimentá-la? O esclarecimento de mais esse enigma também tem de ser procurado, meditado e interpretado. O entendimento imediato e superficial seria o conceito habitual de morte como cessação da atividade orgânica, seguida da desintegração do corpo físico, e os gnósticos tinham perfeita noção de que o corpo era apenas veículo ou instrumento de trabalho para o espírito imortal. Mas sabiam também que a morte física é inevitável ao cabo de alguns instantes ou umas tantas décadas, a partir do momento em que se renasce na carne. Como é então que o conhecimento resultante da interpretação de um conjunto de ensinamentos, por mais transcendentais que fossem, poderia impedir ou evitar a morte? Não é, pois, no seu sentido comum que ela figura no texto.

Explicações por indução o leitor atento encontrará em inúmeras passagens nos papiros coptas. No *Tratado Tripartite*,[1] porém, a informação é clara e objetiva: a morte é "... o grande mal (...) a completa ignorância da Totalidade". Está morto, portanto, o ser afastado de Deus, que se dividiu dele e nem tem consciência da separação. É a criatura hílica, material, ainda na dependência do batismo de água, ou seja, o mergulho repetido em outras tantas reencarnações.

Esse conceito de morte, contudo, não é estranho aos evangelhos canônicos, ainda que, por contraste, em menções à vida, como se pode ler em Lucas 10,28. Quando um doutor da lei interpela Jesus, perguntando-lhe matreiramente o que fazer para herdar a vida eterna, Jesus devolve-lhe a pergunta com outra: – O que está escrito na lei? O homem recita o primeiro mandamento e o Cristo limita-se a comentar:"– Bem respondido. Faze isso e *viverás*".

É *no Evangelho de João,* porém, o mais 'gnóstico' dos evangelhos, que vamos identificar outras referências à vida no sentido de despertamento para a realidade espiritual. Em 5,25 lê-se que chegaria a hora – e acrescenta que já estamos nela – "em que os mortos ouvirão a voz do Filho de Deus e os que a ouvirem, *viverão".*

Até que desta vez concordo plenamente com o comentário da *Bíblia de Jerusalém,* que informa serem estes "os mortos espirituais".

A passagem pode figurar indiferentemente nos documentos gnósticos como nos canônicos. Estaria bem em ambos, como de fato, está.

Ainda em João (6,51), em palavra (logion) atribuída a Jesus, ele se declara "o pão vivo baixado do céu", e acrescenta, "quem comer deste pão *viverá* para sempre". A Igreja aproveitou o ensinamento, retirando-o de seu contexto transcendental e esotérico, a fim de usá-lo como ponto de apoio para o sacramento da eucaristia, mas a visão retrospectiva, que ora nos proporcionam os documentos coptas restaura o dito à sua ambientação de origem e ao conteúdo gnóstico.

Mas, a fala do Cristo prossegue para ensinar que tanto o Pai vive, como ele, o Cristo, vive no Pai; assim também viverá aquele que comer daquele pão, ou seja, do nutrimento espiritual em que se converteu sua palavra. E acrescenta, para exemplificar e concluir que os antepassados, sem esse conhecimento (*gnose*), "não comeram desse pão e por isso morreram", ao passo que aqueles que o comerem *"viverão* para sempre".

Observei há pouco que *o Evangelho de João é o* mais gnóstico dos evangelhos; em verdade, porém, parece mais correto dizer que o texto atribuído a João não é apenas o mais gnóstico, e sim, um texto gnóstico que acabou por acomodar-se ao lado dos sinóticos, preservando sua identidade e suas características de origem. O quarto evangelho foi elaborado dentro de plano de trabalho diverso daquele que serviu aos sinóticos, com outras diretrizes e concepções, ainda que preservando os ensinamentos básicos de Jesus.

Ele tem a estrutura, as imagens, o tom, o estilo e o conteúdo de um documento gnóstico. O Cristo parece falar nele de uma posição póstuma, por via mediúnica, a um grupo atento de ouvintes que nem sempre alcançam toda a profundidade do seu pensamento, como, aliás, acontecia também enquanto ele viveu na carne.

A passagem que vínhamos estudando e que Igreja tomou como estrutura básica do sacramento da eucaristia caracteriza de maneira dramática o despreparo dos que o ouviam, pelo menos àquela altura, para compreensão e assimilação das imagens acerca de pão celestial, vida e morte. O texto joanino preserva a reação de perplexidade dos apóstolos, que comentaram entre si que não estavam entendendo nada daquilo que lhes dizia o Cristo. "É dura essa linguagem", observaram. Ao perceber que eles se mostravam confusos, o Mestre continua, ainda em contexto puramente gnóstico:

> Isto os escandaliza? E quando vocês virem o Filho do Homem subir para onde estava antes? O espírito é que dá a *vida,* a carne para nada serve. As palavras que lhes disse são espírito e são *vida.*

Em 11,25, a temática da vida através do conhecimento libertador é retomada. Comenta-se a ressurreição de Lázaro, manifestando-se Marta, já conformada ante a possibilidade de seu irmão somente ressurgir (ressuscitar) "no último dia", ao que o Cristo responde: "– Eu sou a ressurreição e a vida. O que crê em mim, *ainda que morto, viverá."*

Mais uma passagem que o pensamento gnóstico ilumina de maneira singular. Não apenas o Cristo insiste no ensinamento de que o conhecimento é vida e a ignorância é morte, como sugere sutilmente àqueles que ainda não têm como saber de tais coisas aceitem o primeiro estágio do conhecimento que se situa no âmbito da fé. Ele dá a sua palavra de que a vida maior, livre afinal dos vínculos com a matéria densa, é prêmio reservado àquele que trabalhou para enriquecer-se de conhecimento acerca de sua própria realidade e condição espiritual. Reconhece, contudo, que fala a pessoas que ainda não têm como entender esse mecanismo. Certamente por isso, pergunta a Marta:"– Você crê nisto?" A resposta de Marta está posta em contexto messiânico e denuncia manipulações posteriores, mas o que se pode depreender é que ela teria respondido que sim, cria, porque quem lhe falava dessas coisas ainda incompreensíveis para ela tinha autoridade para tanto. Não havia como duvidar.

Seja como for, estamos aqui diante de mais uma passagem joanina vazada em terminologia gnóstica e apoiada em conceitos gnósticos. A *Bíblia de Jerusalém,* contudo, comenta compreensivelmente que a fala de Jesus deve ser assim entendida: "O crente triunfou para sempre da morte, vitória cujo sinal é a ressurreição de Lázaro".

Ainda uma vez, em 14,19, Jesus refere-se, segundo João, ao tema recorrente da vida. A cena é de despedida e, como em outras passagens joaninas, guarda características de manifestação mediúnica, durante a qual o Cristo póstumo fala com seus amigos mais chegados num círculo íntimo, desvelando panorama bem mais amplo do que pregara enquanto vivo na carne. Diz ele:

> Não os deixarei órfãos, voltarei a vocês. Dentro em pouco o mundo já não me verá, mas vocês sim me verão porque eu vivo e vocês viverão. Nesse dia, vocês compreenderão que estou em meu Pai e vocês em mim e eu em vocês.

A despedida, portanto, não é para sempre ou nunca mais. O Cristo tem plena consciência de sua condição de ser liberto, ou seja, *vivo,* na terminologia gnóstica. ("Eu vivo" – diz ele). Diz, logo a seguir, que também eles, seus ouvintes daquele momento, um dia alcançarão estágio evolutivo semelhante. Nesse dia, ou seja, desse patamar evolutivo, terão afinal condição para verificar a verdade proclamada de que ele, Jesus, já está no Pai. E mais, que os que ali estão reunidos estarão nele, Cristo, tanto quanto o Cristo estará em cada um e todos em Deus. É a glória tão sonhada e buscada da plenitude, o *pleroma* gnóstico, na reintegração em Deus. O que estava separado voltou a se unir ao todo, o que era dois se fez um. São todos *vivos,* agora, e não mais recairão nas armadilhas da morte, que é apenas um nome a mais para a ignorância.

Também em Paulo, que Schweitzer considera, como vimos, um precursor do gnosticismo, vamos encontrar evidências do conceito gnóstico de vida, no sentido de despertamento espiritual, como este:

> Assim que, irmãos meus, não somos devedores da carne para viver segundo a carne, pois, se viverdes segundo a carne, morrereis. Mas se com o espírito fizerdes morrer as obras do corpo, vivereis (Rom. 8,13).

Acho até que a mesma conotação gnóstica pode ser atribuída à famosa observação que iria disparar em Lutero o mecanismo intelectual que produziria a Reforma Protestante.

> Porque nele (em todo aquele que crê) se revela a justiça de Deus, de fé em fé, como diz a Escritura: O justo viverá pela fé (Rom. 1,17).

A remissão escriturística leva ao texto mediúnico de Habacuc (2,4), no qual o profeta explica que "sucumbe aquele que não tenha alma reta", ao passo que "justo, pela sua fidelidade, viverá".

A *Bíblia de Jerusalém* esclarece que foi na tradução dos Setenta (a Septuaginta) que o termo *fidelidade* transplantou-se como fé, onde Paulo faria a sua leitura de salvação pela fé e Lutero, a da justificação pela fé. Sobre isso muito se tem escrito e falado. Seria redundante e inoportuno repassar aqui os argumentos em disputa. Podemos, contudo, acrescentar mais uma interpretação ao que Paulo teria desejado dizer com a sua muito citada doutrina, a de que viverá, no conceito gnóstico, aquele que, pela fé, acabou alcançando o estágio do despertamento, livrando-se da hipnose da carne, dado que "se viverdes segundo a carne, morrereis".

Para encerrar, a fim de prosseguir, é bom lembrar que um eco do *logion* 1 encontra-se no de número 108 – Quem beber de minha boca se tornará como eu e eu próprio me tornarei ele e as coisas ocultas lhe serão reveladas.

2. Jesus disse: – Aquele que procura não cesse de procurar até quando encontrar; e quando encontrar, ficará perturbado; e ao perturbar-se, ficará maravilhado e reinará sobre o Todo.

O roteiro para a condição de conhecimento anunciada no *logion* precedente é a da busca constante, até achar. O texto prevê dificuldades nessa busca e recomenda obstinada insistência. Adverte ainda que o encontro com a verdade, causa, de início, o impacto de uma perturbação emocional que se converte, posteriormente, em euforia e proporciona um estado de consciência cósmica, uma integração no todo, uma participação das potencialidades incomensuráveis do todo.

Em seus comentários ao I Ching, Richard Wilhelm[2] escreve algo que tem muito a ver com a temática do *Evangelho de Tomé* em geral, e deste *logion* em particular. Discorre o autor sobre determinadas cerimônias religiosas às quais os antepassados (falecidos) compareciam "como convidados do Senhor do Céu e como representantes da humanidade nessas esferas mais elevadas". Ao promover essas festividades, o governante "convertia-se em Filho do Céu"(= Filho de Deus?).

A propósito de tais aspectos da tradição de seu povo, escrevera Confúcio, segundo Wilhelm:

> Aquele que compreendesse plenamente este sacrifício (o sentido da cerimônia de intercâmbio com os antepassados) poderia *reger o mundo como*

se o girasse em suas mãos. (O destaque é meu, bem como a explicação entre parênteses).

3. Jesus disse: – Se aqueles que os guiam lhes disserem: Eis que o Reino está nos céus, então as aves do céu lhes precederam. Se lhes disserem que ele está no mar, então os peixes já lhes precederam. Mas o Reino está dentro de vocês e também fora de vocês. Quando vocês conhecerem a si mesmos, então serão conhecidos e saberão que são filhos do Pai Vivo. Mas, se vocês não conhecerem a si mesmos, então vocês estão na pobreza e são a pobreza.

Este é um postulado básico do gnosticismo e que se encontra em perfeita consonância com a concepção de Jesus a respeito do Reino de Deus, como vimos alhures, neste livro. O Reino, símbolo de perfeição espiritual, é uma conquista pessoal. É entendimento e autoconhecimento. É a resultante de um esforço individual, não uma salvação coletiva promovida pela imolação de um deus feito homem, segundo a concepção teológica. O Reino de Deus não é, pois, condição geográfica, nem histórica, ou social – é conquista íntima. Curiosamente, ele é também exteriorizado na projeção das harmonias interiores no ambiente onde vive a criatura evoluída confirmada na consciência de sua participação no todo. Enquanto não for atingido esse estágio, seremos espíritos ainda primários, não enriquecidos pela experiência e pelo conhecimento.

Contém ainda este *logion* uma palavra de advertência quanto aos falsos guias espirituais que poderão induzir-nos ao erro de supor que o Reino é condição externa à criatura, nos céus, no ar, no mar.

4. Jesus disse: – O homem envelhecido em seus dias não hesitará em questionar a uma criança de sete dias acerca do Lugar da Vida, e ele viverá, porque muitos dos primeiros serão os últimos, e se tornarão um só.

Este *logion* pressupõe a realidade da preexistência do espírito em uma condição ou dimensão que o texto caracteriza como o "Lugar da Vida". O espírito do recém-nascido está chegando dessa realidade invisível e traz, por vezes, experiências e conhecimentos superiores aos de uma pessoa mais idosa, na carne. O espírito de um recém-nato ainda não se encontra totalmente subordinado às severas limitações impostas pela ligação com o corpo físico, tendo assim condições de recorrer à sua memória de espírito e não à de criança que ainda não se formou.

Quanto à unificação, é entendida aqui no sentido gnóstico, como retorno a Deus. Isso não exclui a clássica interpretação de que a pessoa deve trabalhar para alcançar o estado de pureza desarmada que caracteriza a criança, a fim de tornar-se digno da convivência com aqueles que já se purificaram por meio de longo trabalho de aperfeiçoamento espiritual através de inúmeras existências corporais.

Por outro lado, os que nascem agora (os últimos) repetem experiências que tiveram no passado (os primeiros) em diferentes existências. É esse o mecanismo do progresso espiritual que leva à unificação ou re-união com Deus, sentido tradicional do termo *religião* na sua conotação de religação. Note-se a insistência na idéia da unificação, da integração na grande unidade.

A propósito da observação sobre *últimos* e *primeiros,* vamos encontrar nos sinóticos (Mateus 19,27-30, Marcos 10,28-31 e Lucas 13,22-30) convincente exemplo de que certos ditos autênticos ou atribuídos a Jesus foram utilizados para ilustrar situações ou teorias inteiramente diversas.

Em Mateus, Pedro interpela Jesus sobre que recompensa teriam os discípulos por haverem deixado tudo para segui-lo. A resposta, como se vê em Marcos, na passagem paralela, é a de que teriam generosa recompensa "agora, neste tempo", e, "no mundo futuro, a vida eterna". Coisa semelhante está dita em Mateus, segundo o qual o discípulo "receberá muito mais e herdará a vida eterna". Isso, contudo, somente figura no texto de Mateus, após uma resposta dada no contexto messiânico, evidentemente interpolada, para dizer que os apóstolos sentar-se-iam em doze tronos investidos do poder de julgar as doze tribos de Israel.

Já em Lucas, o dito acerca dos *primeiros* e *últimos* é usado para combater a resistência dos judeus ortodoxos à pregação cristã, advertindo de que é estreita a porta da salvação e muitos os que desejariam, no devido tempo, entrar por ela. Como a imagem da porta estreita figura também em Mateus, é provável que seja autêntica. Novamente, contudo, encontramos aplicações diversas para a mesma idéia. Enquanto em Lucas o enfoque é sobre a salvação, conceito que a Igreja começou a desenvolver logo cedo a fim de sobre ele erigir a doutrina da exclusividade, em Mateus a conotação é outra: Jesus adverte que largo é o caminho que conduz à perdição e muitos são os que entram por ele, ao passo que é apertado o que "conduz à vida. E poucos são os que o encontram".

Além disso, o redator final de Lucas aproveita um Salmo (6,9) para criar uma atitude impensável em Jesus, que teria dito aos que tentaram entrar no Reino e não o conseguiram, porque não quiseram segui-lo: "Não sei quem sois; afastai-vos de mim, vós todos, que sois malfeitores!"

Não encontramos nenhum desses aspectos no *logion* recolhido por Tomé que apenas menciona o fato de que o ser recém-nascido é um espírito dotado de conhecimentos e experiências que podem até ajudar a uma pessoa mais velha, na carne, a encontrar seu próprio caminho para que também se torne um com Deus. Nesse intercâmbio com pessoas em diferentes faixas evolutivas, seres supostamente mais antigos (envelhecidos, os primeiros) podem estar, em realidade, menos preparados do que outros espiritualmente mais jovens (os últimos) que tenham aproveitado melhor as lições da vida.

5. Jesus disse: – Conhece o que está diante de tua face, e o que estiver oculto lhe será revelado; pois nada há oculto que não seja descoberto.

Aprendendo a observar a realidade visível, estamos treinando nossos recursos para o trabalho de apreensão da realidade oculta que nos será revelada à medida em que progredimos espiritualmente. Esta palavra nos assegura ainda que todo conhecimento oculto está permanentemente à nossa disposição na exclusiva dependência de uma abordagem atenta, amadurecida e inteligente.

6. Seus discípulos interrogaram-no, dizendo: – Queres que jejuemos? Como devemos orar? Devemos dar esmolas? E que normas observaremos ao comer? Jesus disse: – Não mintam e não façam aquilo que é odioso, porque tudo será desvelado perante o Céu. Nada há, com efeito, oculto que não venha a tornar-se manifesto, e nada encoberto que permaneça sem ser descoberto.

Às perguntas sobre alimentos e sobre a maneira de orar ou distribuir esmolas, Jesus prefere responder com normas básicas de procedimento: a prática da verdade e do amor, dado que tudo se documenta nas leis cósmicas aqui simbolizadas pelo céu. Por isso, de nada adiantaria tentar mascarar com atos externos de jejum, caridade material e preces, a realidade oculta da mentira e do desamor.

Há uma articulação entre esse *logion* e o precedente. Aquele cuida da busca e do aprendizado, tornando conhecido o que está oculto (mas não inacessível), enquanto este ensina que nossas ações, por mais secretas, não passam despercebidas aos registros cósmicos, que nos exigirão o reparo e a rearmonização sempre que houver uma desafinação. Prevalece em ambos o princípio de que nada permanece oculto que não seja revelado ou conhecido. Em outras palavras, no primeiro caso, trata-se de uma revelação de conhecimento *(gnose)* de coisas que ignoramos; no segundo, de ações pessoais de nossa inalienável responsabilidade, que suscitam inevitáveis consequências e exigem reparação.

7. Jesus disse: – Bem-aventurado o leão que o homem comerá, e o leão se tornará homem; maldito seja o homem que o leão comer e o leão se tornará homem.

Embora o texto original mencione, na parte final, que "o leão se tornará homem", Puech adverte,[3] em nota de rodapé, que, evidentemente, deve-se ler "o homem se tornará leão".

Purifica-se e evolui a pessoa que domina seus sentimentos e sua animalidade, simbolizados na imagem do leão, mas quando a pessoa se deixa dominar por esses impulsos, põe-se ao nível da fera e se torna maldito, ou seja, alia-se ao mal, sujeita-se a ele.

Não há nos canônicos, referência que se identifique com este *logion*.

8. E ele disse: – O homem é como um sábio pescador, que lançou sua rede ao mar e a puxou para fora cheia de pequenos peixes. Entre eles encontrou um peixe grande e bom. Atirou todos os peixes pequenos ao mar e, sem dificuldade, escolheu o peixe grande. Aquele que tiver ouvidos de ouvir, que ouça.

No intercâmbio no dia-a-dia com o mundo, recolhemos enorme quantidade de coisas sem importância. É preciso exercer o bom senso de relegá--las ao esquecimento, retendo apenas o que realmente importa. Isso evita o envolvimento com miríades de problemas irrelevantes em prejuízo de aspectos significativos.

Mais uma vez encontramos em Mateus (13,47-50) a utilização deste *logion* (ou de outro muito parecido) com a finalidade de apoiar as nascentes formulações dogmáticas, em lugar de ser interpretado como singelo ensinamento acerca da necessidade de hierarquizar os problemas, a fim de não perder tempo e energia com detalhes irrelevantes.

Realmente, diz a parábola em Mateus que, puxada a rede para a praia, os pescadores "juntam o que é bom em vasilhas, mas o que não presta, deitam fora". Vem, a seguir, a inferência escatológica, na qual a parábola é aproveitada para pregar a doutrina da punição infernal:

> Assim será no fim do mundo: virão os anjos e separarão os maus dentre os justos e os lançarão na fornalha ardente. Ali haverá choro e ranger de dentes.

9. Jesus disse: – Eis que o semeador saiu, encheu suas mãos e atirou (as sementes). Algumas caíram no caminho; vieram os pássaros e as recolheram. Outras caíram sobre a rocha, e elas não soltaram raízes pela terra à dentro, nem fizeram os brotos crescerem para o céu. E outras caíram entre os espinhos, que sufocaram as sementes, e os vermes as comeram. E outras caíram em terra boa e produziram bons frutos lá em cima: ela produziu sessenta por medida e cento e vinte por medida.

A redação é semelhante à da mesma parábola nos evangelhos canônicos. O conhecimento é distribuído generosamente pelos missionários divinos (os semeadores), mas o aproveitamento depende do preparo de cada um para recebê-lo, seu grau de maturidade e bom senso na utilização do que aprende. Alguns se deixam convencer por predadores intelectuais; outros apresentam precárias condições íntimas de cultivo; outros rejeitam a mensagem e até a combatem. Finalmente, há os que estão amadurecidos e preparados; nestes, o conhecimento encontra solo fértil e se desenvolve satisfatoriamente. E eles próprios produzem novas sementes, com as quais prosseguem a semeadura da verdade.

10. Jesus disse: – Lancei o fogo sobre o mundo, e eis que o observo até que ele esteja em chamas.

Versículo semelhante figura em Lucas 12,49. É difícil atinar com adequada interpretação de uma frase assim enigmática, fora do contexto em que teria sido proferida. Fala-se no fogo do amor que purificaria os seres, como também no conflito gerado pelas divergências em torno da própria doutrina de Jesus em choque com as demais. A julgar-se pelos versículos 51-53, a interpretação mais adequada é esta última, de vez que Jesus se refere às disputas entre membros da mesma família em torno das idéias que ele pregou. Examinando em conjunto os *logia* 10, 16, 58 e 69, Puech[4] propõe uma engenhosa interpretação, segundo a qual a opção por Jesus acarreta "tão inelutáveis quanto pesadas consequências", no sentido de que significa submeter-se "a uma prova de fogo, suportar sofrimentos, tribulações e perseguição" para alcançar o Reino, ao passo que afastar-se dele é renunciar ao Reino para recolher-se à morte, ou seja, à alienação na matéria, que Jesus caracteriza como *estado de embriaguez* (cegueira, ignorância, inconsciência).

11. Jesus disse: – Este céu passará e também aquele que está por cima deste. Os mortos não estão vivos e os vivos não morrerão. Ao tempo em que vocês comiam o que estava morto, tornavam-no vivo. Quando se encontrarem na luz, que farão? Quando eram um, vocês se tornaram dois, mas quando se tornarem dois que farão?

A imagem segundo a qual céu e terra passarão é utilizada nos canônicos (Mateus 24,35, Marcos 13,31 e Lucas 21,33) novamente em contexto messiânico, quando se anuncia que, ainda naquela geração, o Reino de Deus seria implantado na Terra. Dificilmente teria Jesus formulado essa projeção que não se realizou. Como tantas outras que lhe foram indevidamente atribuídas, a idéia da iminência do Reino de Deus é incongruente com o conteúdo e sentido de sua pregação. Seja como for, o dito sobre a eventual passagem dos céus foi utilizado com esse propósito.

Em Tomé, como vemos, confronta-se uma realidade cósmica que se afigura eterna, mas é também transitória, com a imutabilidade das leis divinas orientadas para conduzir os seres à perfeição espiritual simbolizada na luz.

A matéria densa é transitória. Resultante de uma condensação de energia ("luz coagulada"), poderá reverter, a qualquer tempo, à condição de energia pura, em liberdade. Por isso, os mundos que povoam o cosmos (o céu) estão fadados a desaparecer, ao reverterem à situação anterior. Os mortos não vivem (em seus corpos físicos), porque o espírito já abandonou tais corpos, mas, a vida é eterna e os seres, uma vez criados, são imortais. O espírito vivifica a matéria inerte ("A função da mente" – diz Bergson, *in l'Evolution Créatrice* – "é pensar a matéria"). Vindos da luz estamos unidos a ela, éramos um com ela; tornamo-nos dois, separando-nos dela. O que temos a fazer é trabalhar para retornar ao "local" de onde viemos e voltarmos a ser um com ela. O conceito fundamental da gnose é a busca de Deus através do autoconhecimento.

12. Os discípulos disseram a Jesus: – Sabemos que tu nos deixarás. Quem será grande entre nós? Jesus lhes disse: – Do lugar para onde vocês vão, procurarão Tiago, o Justo, por quem o céu e a terra foram criados.

13. Jesus disse aos seus discípulos: – Comparem-me e digam-me com quem pareço? Disse-lhe Simão Pedro: – Tu pareces com um anjo justo. Disse-lhe Mateus: – Tu pareces com um sábio filósofo. Tomé lhe disse: – Mestre, minha boca não aceitará absolutamente que eu diga a quem te assemelhas. Jesus disse: – Não sou seu mes-

> tre, pois que você bebeu e se embebedou da fonte borbulhante que lhe proporcionei.
>
> E ele o tomou à parte e lhe disse três palavras. Ora, quando Tomé voltou à presença de seus companheiros, estes lhe perguntaram: – Que te disse Jesus? Tomé lhes disse: – Se lhes dissesse uma só das palavras que ele me disse, vocês tomariam pedras nas mãos e as lançariam contra mim e um fogo sairia das pedras e queimaria vocês.

Esta passagem, excepcionalmente longa em confronto com a maioria dos *logia* coligidos neste documento, é uma das que nos leva a dar razão a Hennecke, quando nos previne acerca de interpolações, acréscimos e alterações no texto original. Eu diria que tanto este como o *logion* anterior, de número 12, constituem enxertias textuais com finalidades "políticas". O de número 12 pretende exaltar a figura de Tiago, o Justo, irmão de Jesus e bispo de Jerusalém. O escriba, contudo, sobrecarregou nas tintas. Ainda que legítima a indicação de Tiago como líder da comunidade e digno de todo o respeito, não caberia a hiperbólica declaração de que céu e terra foram criados por causa dele.

No de número 13, a figura exaltada é Tomé. O autor pretende passar a idéia de que Tomé teria sido distinguido pelo Cristo com ensinamentos tão secretos que nem mesmo aos demais apóstolos e discípulos foram revelados. E seriam tão explosivos tais ensinamentos que o próprio Tomé não se teria arriscado a transmiti-los. Topamos novamente aqui com imagens hiperbólicas de pedras em fogo.

Estão estes dois ditos entre os raros em que nomes de discípulos são mencionados.

Não há neles, a meu ver, nenhum sentido secreto, esotérico ou misterioso, apenas a promoção de Tiago, o Justo, e de Tomé, por alguém que os admirava e os desejava fortalecidos em suas respectivas autoridades e poderes.

Creio, ainda, que essa turbulência invadiu o *logion* seguinte, de número 14, no qual se lê o seguinte:

> 14. Disse-lhes Jesus: – Se vocês jejuarem, cometerão pecado; se orarem, serão condenados; se derem esmolas, causarão danos aos seus próprios espíritos. E se entrarem em qualquer região, em viagem pelos campos, e forem recebidos, comam do que for posto diante de vocês e cuidem dos que estiverem doentes entre eles. Na verdade, o que entrar pela boca não os tornará impuros, mas o que sair da boca, isso os tornará impuros.

Como se vê, as três primeiras recomendações à entrada do *logion* nada têm em comum com o que se segue. O *logion* cuida basicamente de instruir os discípulos nas suas andanças pelo mundo. Onde fossem recebidos, aceitassem o alimento oferecido e cuidassem dos doentes. Não se preocupassem com o tipo de alimento servido, mas com o que diriam àquela gente. A recomendação quanto à alimentação é compreensível, de vez que os discípulos primitivos eram judeus, formados na rígida tradição da lei de Moisés, que proibia expressamente a ingestão de determinados alimentos. Jesus os libera dessas restrições, não só porque não encontrariam por toda parte onde fossem alimentação prescrita em lei, mas também para deixar bem marcado que estavam levando uma mensagem nova, que era preciso transmitir com clareza e responsavelmente. Era importante, pois, o que *diriam* não o que *comeriam*.

Nesse contexto, não fazem o menor sentido as primeiras observações acerca do jejum, da oração e da esmola. Esta parte do *logion* parece prender-se ainda ao anterior, sendo-lhe como que uma conclusão. Podemos supor que alguém, intrigado com o impenetrável mistério das três palavras (*logia*) secretas de Jesus a Tomé, resolveu, por sua conta e risco, "esclarecer" o enigma. O raciocínio pode ser imaginado da seguinte maneira: o que poderia ter dito Jesus que causaria tanta revolta nos demais discípulos a ponto de apedrejarem Tomé e entrarem as pedras em combustão? Teria de ser algo em total contradição com tudo quanto Jesus tenha pregado até então. Daí essas expressões absurdas contra o jejum, a prece e a esmola, incompatíveis com toda a filosofia do Cristo e com sua exemplificação. Esse corpo estranho dentro do *Evangelho de Tomé* está em choque com o dito número 27, no qual Jesus recomenda precisamente o jejum "em face do mundo", como condição para chegar-se ao Reino de Deus. Pode-se dizer que este jejum é no sentido espiritual de não envolvimento nas coisas do mundo, não jejum de alimentos, mas a idéia de privação é a mesma. Aliás, o *logion* 107 é ainda mais explícito, quando Jesus é convidado a orar e jejuar e responde no entendimento de que, não tendo erros a resgatar, não está obrigado a penitências como a do jejum.

Trechos assim incongruentes, que introduzem turbulências no documento e se chocam com outras passagens mais nítidas, contêm, usualmente, elevada carga de suspeição. Não é tarefa dos textos evangélicos exaltar esta ou aquela figura humana associada a Jesus. Sempre que isso ocorre, a passagem fica sob suspeita como concebida para dar suporte a interesses mundanos ou a doutrinas estranhas. É o caso do famoso *Tu es Petrus*, por meio do qual Jesus teria atribuído a Pedro poderes incompatíveis com a sua própria pregação e com a verdade dos fatos históricos, como vimos alhures. Na mesma ordem de idéias, a exaltação à respeitável mãe de Jesus é anseio até compreensível, mas inadequado, que a leva a semidivinização e a faz "subir aos céus" em corpo material, como conclusão à fantasiosa narrativa da concepção e do nascimento de Jesus.

Em suma: no meu entender, não há a mínima condição de aceitar como autênticos os *logia* número 12,13 e mais a parte inicial do 14, que surgem como evidentes e incompetentes enxertias.

15. Jesus disse: – Se vocês virem alguém que não seja filho de mulher, prostrem o rosto em terra e adorem-no – ele é Pai de vocês.

Também muito estranho é este *logion*, sem as chaves apropriadas para abri-lo ao entendimento. Raras vezes, nos canônicos, Jesus se refere a Deus como "vosso Pai". Prefere chamá-lo de "meu Pai", ou "nosso Pai", como na prece dominical. Aqui, porém, não parece referir-se a Deus e sim a um ser de extraordinária condição evolutiva, espírito redimido, senhor de perfeições inconcebíveis, conquistadas ao longo de muitos milênios de trabalho pessoal. Este ser estaria em condições de orientar e transmitir conhecimentos superiores como um bom pai o faria.

Mas, que é, precisamente, ser *filho de Mulher* ou *filho de Homem'?* No *logion* 46 vamos encontrar novamente a expressão aplicada a João Batista, em passagem semelhante à dos canônicos, ao dizer que, "entre os nascidos de mulher", ninguém era maior do que o Batista.

Para mais amplos esclarecimentos, o leitor é encaminhado ao capítulo IX, Parte 1 deste livro.

Para o âmbito deste *logion*, é suficiente observar que:

a) *Filho de Homem* é um ser que superou em si mesmo a polaridade sexual, reuniu-se à divindade e assumiu o lugar devido na escala evolutiva própria ao ser redimido, ao *Eleito* e ao *Vivo,* a que se refere o texto de Tomé. Sobre essa criatura, somente Jesus teria precedência, como "irmão mais velho", primogênito, ou seja, aquele que primeiro entre nós atingiu tão elevada condição, tornando-se um com a divindade.

b) *Filho de Mulher é* o espírito sujeito à condição carnal, prisioneiro intermitente da matéria, como que adormecido nela, inconsciente de sua realidade espiritual *(morto),* sujeito a ciclos de vida e morte, na dependência de que uma mulher gere para ele um corpo perecível e, por tudo isso, dividido, separado, "dois" consigo mesmo e com a divindade.

16. Jesus disse: – Talvez os homens pensem que vim para trazer a paz ao mundo, e não saibam que vim para trazer as separações sobre a terra, o fogo, a espada, a guerra. Haverá cinco numa casa; três estarão contra dois e dois contra três, o pai contra o filho e o filho contra o pai. E eles continuarão solitários.

Novamente, como no *logion* 10, refere-se o Cristo aos conflitos e atritos que sua palavra suscitaria até mesmo na intimidade das famílias. O sentido, contudo, não é o mesmo nos dois *logia*. No de número 10, Jesus se declara feliz com o fogo que sua presença e seus ensinamentos suscitam, o que significa que esse fogo constitui algo positivo no esquema evolutivo da humanidade. É uma energia renovadora e criativa, pois ele deseja que se propague o quanto antes. Não é fogo que consome e causa transtornos e malefícios, mas a chama que aquece e ilumina.

No *logion* 16 a situação é outra. Ele parece lamentar que sua palavra pacífica e ordeira suscite discórdia, destruição, conflitos pessoais e coletivos, como guerras. E mais: que tais conflitos ocorram até na intimidade dos lares, entre grupos que concordam com seus postulados e procuram adotá-los como norma de vida, e aqueles que discordam e preferem seguir seus próprios caminhos, sem intentar esforço algum de aprendizado e auto-reforma. Paira sobre o texto uma sensação de desconforto ante a expectativa de divergências em torno de uma mensagem de paz quando bastaria pequena dose de tolerância para convivência pacífica, mesmo entre os que se põem em territórios ideológicos diferentes. O filho não é obrigado a pensar como o pai, ou a mãe, igual à filha ou ao marido. É perfeitamente possível discordar e conviver em atmosfera de respeito mútuo. Ademais, estava o Cristo bem consciente de que a apreensão correta da verdade e sua utilização adequada exigem certo grau de maturidade, como ficou nitidamente conceituado na parábola do semeador. Não é de se esperar que todos, mesmo dentro do reduzido círculo familiar, compreendam, aceitem e pratiquem o mesmo código de ética religiosa. Os espíritos que integram uma comunidade, seja ela família, nação ou planeta, são seres em diferentes níveis evolutivos. A convivência pacífica precisa ser trabalhada, tem de resultar de um esforço de compreensão, de um exercício de tolerância.

Infelizmente não é essa a realidade e Jesus sabia bem da dolorosa condição que aqui vinha encontrar. Está consciente, portanto, de que a sua mensagem provocará conflitos.

E conflitos houve mesmo. Abundantes, sangrentos, interpessoais e coletivos, brigas de família, perseguições inquisitoriais, turbulências internas, cruzadas, e até guerras de maior porte, em torno de seus ensinamentos ou que lhe tenham sido atribuídos.

Mais uma de suas importantes contribuições oferece Puech[5] a propósito do *logion* 16, ao retomar para exame o termo *solitário (monakhos,* em grego) que também figura nos *logia 4* e 23:

> *Monakhos é,* definitivamente e por certo, segundo nos parece, a palavra-chave do vocabulário técnico específico ao nosso documento *(Evangelho de Tomé).* Nela se condensa e culmina todo um sistema de especulações, que se definiria muito bem como uma espécie de "gnose encrática".

Em outras palavras: a gnose seria um sistema de idéias dominado pela "mística da Unidade".

Cautelosamente, adverte o erudito autor que essa é uma conclusão algo prematura ou, pelo menos, provisória. De minha parte, entendo-a perfeitamente admissível como proposta interpretativa. Para o gnóstico, o grande problema do ser é estar separado da divindade e a meta, intensamente desejada, a re-unificação com ela.

17. Jesus disse: – Eu lhes darei o que nenhum olho viu, o que nenhum ouvido tenha ouvido, o que a mão jamais tocou e o que não alcançou o coração do homem.

Não resta dúvida de que, mesmo dentro do quatro ético-religioso que encontrou no seio do povo que escolheu para recebê-lo, Jesus tinha consciência do poder renovador de sua mensagem. Respeitou a estrutura básica da religião praticada em Israel, pregou nas sinagogas por onde andava, cumpriu até alguns dos ritos e preceitos que a lei mosaica impunha. Ao mesmo tempo, contudo, trabalhou ativamente para mudar a idéia que se fazia da divindade. Em lugar de um Deus severo, rígido, belicoso, implacável e ciumento, propunha a figura de um Pai austero, sim, mas amoroso, pronto a compreender e perdoar nossas fraquezas. Sem faltar ao respeito com os procedimentos básicos do culto judaico, combateu com veemência o excesso de legalismo, a submissão cega ao ritualismo e a maneira hipócrita adotada por muitos que mantinham as aparências, mas eram como "sepulcros caiados", cheios de podridão íntima.

Por isso, propunha uma filosofia de vida profundamente renovadora, como *nunca tinha sido vista* ou praticada. Dizia coisas que *ninguém ouvira* até então. Ofereceu às multidões carentes situações concretas que ninguém testemunhara, como poder *tocar com as mãos* o corpo sadio de um ex-leproso. O impacto de sua mensagem foi tão significativo que colocou no coração de muitos, emoções e propósitos que *nunca ali haviam estado*. O *logion* é de grande beleza e transparência.

> *18. Os discípulos disseram a Jesus: – Dize-nos como será o nosso fim. Jesus disse: – Já descobriram vocês o princípio para procurarem saber como é o fim? Pois onde está o princípio, aí estará o fim. Feliz aquele que se coloca no princípio, ele conhecerá o fim e não provará a morte.*

O problema aqui suscitado é amplo e complexo. Os discípulos desejam saber da destinação final do ser, ao cabo do longo processo da busca. Jesus está ciente, contudo, de que não encontrará neles condições suficientes de conhecimento para explicar-lhes em que consiste essa destinação última que corresponde a uma integração do ser evoluído em Deus. Para que pudessem entender esse mistério seria preciso conhecer, na sua insondável profundidade, o mistério maior das origens. A vida é cíclica: sai de Deus e a Ele retorna. Sem ter conhecimento de como se passaram as coisas naquele momento inicial em que o primeiro passo é dado para imensa jornada cósmica, como entender a condição da chegada?

O conhecimento dessas verdades supremas constitui objetivo maior do processo evolutivo. Alcançado esse patamar de sabedoria, o ser não mais "provará a morte", ou seja, liberta-se da necessidade de retornar à condição carnal, na qual está sujeito à morte, tanto no seu aspecto biológico como na sua conotação tipicamente gnóstica de bloqueio intelectual acarretado pelo envolvimento com a matéria.

No *logion* de número 49, o mesmo conceito cíclico da vida é destacado. "Felizes os solitários e os eleitos, porque encontrarão o Reino. Vocês, de fato, saíram dele e a ele retornarão."

Puech[6] confessa a dificuldade em traduzir corretamente o termo copta correspondente e admite que a palavra francesa – *solitaire* – não é a melhor, mas a que mais se aproxima. A versão em língua inglesa, publicada por Hennecke[7] também decidiu por essa palavra – *solitary* –, embora não lhe faça ressalvas, como Puech. Este é que propõe outros termos e expressões igualmente cabíveis, como "sozinho, isolado, celibatário, continente, único ou unificado, revertido a si mesmo e à unidade".

No contexto do gnosticismo, creio mais adequado o sentido último, ou seja, o de que *solitários* são os que conseguiram, segundo a terminologia gnóstica, fazer de dois um, voltar à unificação como o todo, depois de estar separado dele.

O que, aliás, está sugerido na frase com a qual o *logion* se encerra. É, porém, no *logion* número 50 que a poesia alcança o seu mais alto nível de transcendência, ao apresentar em linguagem de insuperável beleza o conceito cíclico da partida e do retorno. Assim:

> **50.** *Jesus disse: – Se lhes disserem: – De onde vêm vocês? Respondam: – Nascemos da luz, lá onde a luz nasce de si mesma; ela se ergue e se revela na sua imagem. Se lhes disserem: – Quem são vocês? Digam: – Somos seus filhos e eleitos do Pai Vivo. Se lhes perguntam: – Qual o sinal do Pai que está em vocês? Digam-lhes: – é um movimento e um repouso.*

Esse texto de singular plasticidade é também de insondável profundidade. Sem tentar explicar a quem não o poderia entender, a origem e destinação final dos seres, o dito informa que todos viemos da luz e a ela voltaremos. Não a luz criada, mas a incriada, gênese e causa primeira da vida, energia pura, inteligente e criadora que está ali, majestosa, mas invisível. Ela é intocável e inatingível na sua essência, dado que somente se revela naquilo em que se manifesta, na projeção de sua imagem. Podemos, pois, entender essa energia criadora como um Pai vivo que coloca um pouco de si mesmo (sua imagem) em tudo quanto nele tem sua origem. E como se demonstra que viemos todos desse Pai, *que está em nós,* como diz o texto? Pela evidência de que pulsamos nele, como coisa viva. Só a luz central nasce de si mesma: as outras manifestações de vida existem no Todo, sustentadas pela fagulha que vive em cada um. Movimento não há sem uma força que o produza. Cessada a aplicação da energia, cessam a força e o movimento. O movimento do ser humano é, contudo, incessante, sendo, portanto, sustentado por um impulso permanente. Mas há nele fases de repouso, como o coração, que descansa uma fração de segundo entre uma batida e a seguinte.

O termo *repouso* merece algumas reflexões. Ao que se depreende do exame das diversas situações em que ele é empregado, o repouso está na integração na Divindade, transitoriamente em breves momentos de meditação ou definitivamente quando, percorrida toda a caminhada evolutiva, o ser volta para Deus. Do que parece legítimo inferir-se por contraste que movimento é o processo mesmo da busca, durante o largo espaço de tempo em que o ser trabalha seu espírito a fim de redimir-se.

Depreende-se, aliás, do *logion* seguinte, o de número 51, que os estágios de repouso parcial convertem-se, um dia, em repouso final, no seio da luz, quando nos tornamos um com ela. Não um repouso beatífico, ocioso, apático, mas o repouso na paz, afinal conquistada para sempre. Vejamos.

51. Seus discípulos lhe disseram: – Quando chegará o repouso dos que estão mortos e quando virá o novo mundo? Ele lhes disse: – Aquilo que vocês esperam já veio, mas vocês não o conhecem.

Confirma-se, portanto, que a conquista final, a paz definitiva está ao alcance de todos aqui e agora, ainda que transitória, sem necessidade de esperar por um dia especial ou ir a um local específico. Toda a questão se resume em saber buscar esse repouso através da ampliação incessante do conhecimento. A resposta, como se observa, é dada no contexto da pergunta, que coloca em discussão também a realização externa do Reino, ou seja, "quando virá o mundo novo?" Que seria esse mundo novo senão a projeção externa do Reino de Deus, afinal construído na intimidade de cada um? Renovado o ser, renova-se também o mundo em que ele vive. A repetida experiência histórica confirma essa verdade elementar: a de que será sempre infrutífera a tentativa de renovar os mecanismos de interação social, política, econômica e religiosa de fora para dentro, implantando reformas ditadas por leis humanas sem que o ser atinja na sua intimidade, a maturidade e o "repouso" na paz de Deus. A harmonia externa será decorrência da que se construir na intimidade do ser, não a promotora desta.

O termo *repouso* tinha relevante significação no sistema de idéias do cristianismo primitivo e, logicamente, do gnosticismo.

> Arrependei-vos, pois, e convertei-vos, a fim de que vossos pecados sejam perdoados e deste modo venham da parte do Senhor *os tempos do repouso...* (At. 3,19).

Traduções mais recentes, como a *da Bíblia de Jerusalém,* preferem o termo *refrigério,* bem menos expressivo. Minha preferência fica com *repouso,* com a ressalva de que não se trata do repouso celeste da teologia tradicional. Este se reduz a uma bocejante e interminável ociosidade. Os teólogos esqueceram-se de inventar uma atividade para o habitante do céu.

Observamos, assim, que, abstraídas incongruências, enxertias e deformações, deliberadas ou involuntárias, sempre tão difíceis, mas não impossíveis de identificar, há notável coerência e unidade de concepção na filosofia exposta no texto copta atribuído a Tomé.

O ser traz, em germe, toda a sua potencialidade evolutiva, tanto quanto a intuição da meta a atingir, que se resume em seu retorno à luz, de onde saiu. Esse *modelo* ou *projeto* preexiste à manifestação do ser na carne e seria, na terminologia gnóstica, a *imagem* que nos cabe traduzir em realidade.

A certeza da preexistência independente de espaço, tempo e matéria assegura ao ser esclarecido e alertado (o Vivo) uma visão ampla e tranquila do processo mesmo da vida, que falta àquele que se mantém envolvido na matéria (o Morto).

A existência na carne é meramente episódica, de vez que mesmo nela todos estão mergulhados no contexto da eternidade, ainda que não na co-eternidade divina. Somos imortais e eternos *depois* de criados, não antes de sê-lo; depois de saídos da luz, individualizados e dotados de um plano evolutivo que prevê o retorno como que compulsório às nossas origens.

Os caminhos a percorrer, o ritmo a imprimir ao processo, as opções a fazer e as responsabilidades a assumir constituem decisão pessoal de cada um, deixada ao sabor de seu livre-arbítrio. A compulsoriedade da destinação é o elemento de controle, a presença do determinismo finalista, sem o qual o livre-arbítrio seria absoluto, a ponto de subverter a ordenação cósmica que prevalece tanto nas leis da física como nas da ética.

Esse mecanismo evolutivo seria impraticável sem o dispositivo das vidas sucessivas, tantas quantas necessárias ao aprendizado e às correções de rumo. Isso porque, embora possível em princípio a evolução em linha reta, (sem erros ou vacilações), as responsabilidades assumidas em decorrência dos desvios cometidos ao longo da jornada reduzem, com as reparações, o ritmo de amadurecimento espiritual, retardando, por via de consequência, a reintegração na luz.

Sintomaticamente, nada encontramos nos canônicos que corresponda, em importância e profundidade, ao conteúdo dos *logia* 18, 49, 50 e 51. Vagas referências aos filhos da luz figuram em Lucas (16,8) e em João (12,36). Neste, mais aproximada da concepção gnóstica: "Enquanto tendes a luz, crede na luz, para vos tornardes filhos da luz".

Na verdade, conceitos como o da preexistência de todos os seres – e não apenas de Jesus –, da redenção resultante de um trabalho pessoal – em vez de coletiva, suscitada messianicamente das vidas sucessivas – em lugar da criação de um espírito para cada nascimento na carne – são inaceitáveis à teologia ortodoxa. A admissão de qualquer desses preceitos acarretaria danos irreparáveis às estruturas doutrinárias da Igreja, em consequência da invalidação de dogmas vitais à estabilidade do edifício teológico.

As teologias não mudam nem evoluem depois do longo e sofrido processo de consolidação – elas simplesmente se tornam obsoletas e morrem após não menos longo e sofrido processo agônico, apegadas às suas bases administrativas, políticas, sociais e econômicas, que costumam sobreviver às idéias para cuja sustentação foram criadas e implantadas.

19. Jesus disse: – Feliz aquele que era antes de ter sido. Se vocês se tornarem meus discípulos e ouvirem minhas palavras, aquelas pedras lhes servirão. Há, em verdade, cinco árvores no Paraíso que não se movem no verão nem no inverno e suas folhas não caem. Aquele que as conhecer não provará a morte.

Este *logion* também ensina a doutrina da preexistência do ser, em outras dimensões, antes de se ligar a um corpo de carne. Está nele implícito o conceito das vidas sucessivas ou, no mínimo, o da preexistência do ser. Entre uma existência e outra há uma pausa, durante a qual o espírito realiza profundo trabalho de auto-exame e reflexão a fim de avaliar o que fez até então e o que precisa e pretende fazer dali em diante para dar prosseguimento ao seu processo evolutivo.

Poucos, no entanto, têm consciência dessa vida intermediária, ou seja, do que ocorre durante essa pausa no mundo póstumo, na condição que antecede à existência seguinte. Em verdade, a vida é um só fluxo, contínuo e ininterrupto, com uma fase em que o espírito imortal está acoplado ao corpo material, na terra ou em outros sistemas, alternada com outra, fora do contexto material.

Como era de se esperar, não encontramos nos canônicos um dito correspondente a este *logion,* como os há em relação a tantos outros. Coincidência ou não, este também cuida da preexistência do ser, idéia que os fundadores da teologia ortodoxa rejeitaram inapelavelmente. É que, no entender desses teóricos, havia necessidade de reservar o conceito para construir a doutrina da divindade de Jesus.

A idéia de movimento sugere a de transitoriedade. Quem se move está a caminho, em busca de algo que ali não se encontra; do contrário, se deteria. Já a idéia de repouso após a busca indica que foi encontrado, afinal, aquilo que se procurava, tanto quanto a pausa mais curta sugere o achado de uma verdade parcial, de um conceito digno de exame, mas que ainda não é a verdade final. Dentro desse esquema, as pausas vão se alongando gradativamente, enquanto se espaçam as existências na carne, sempre restritivas e educativas. Atingida a meta do processo evolutivo, o ser encontra o *repouso* final em Deus, "lá onde a luz nasce de si mesma", como diz de maneira irretocável o *logion* 50.

O conceito da transitoriedade da vida na carne está contido na maravilhosa síntese do *logion* 42, quando Jesus diz a seus discípulos apenas duas palavras da maior relevância e profundidade: "Sejam transeuntes".

Estamos aqui de passagem, trabalhando, aprendendo, construindo um futuro de paz. Não estamos aqui para ficar, para deitar raízes, agarrarmo-nos à matéria, sermos por ela dominados e manipulados, mas para nos libertarmos dela para sempre. Este, aliás, é conceito essencialmente gnóstico e que foi levado ao exagero, pois a matéria passou a ser considerada uma espécie de maldição ou castigo, quando é instrumento de trabalho que serve ao processo evolutivo. A consciência dessa transitoriedade proporciona visão mais nítida da realidade espiritual e consequente desapego aos apelos da matéria: riqueza, poder, dominação, busca obsessiva de prazeres.

A partir de um patamar mais elevado de evolução, o ser começa a ter consciência desse estado de coisas e sabe que já existiu alhures, na carne ou fora dela, antes de outra vez mergulhar em novo corpo físico para mais uma experiência na Terra.

É a esse aprendizado em busca de conhecimento mais amplo e profundo dos enigmas abertos da vida que Jesus convida aqueles que não apenas desejarem ser seus discípulos, mas os que quiserem *ouvir* o que ele tem a ensinar e *aplicar* o aprendido às diversas situações da existência. Ele se dirige, pois, como afirma em várias outras oportunidades, não apenas aos que *escutam,* mas aos que têm ouvidos de *ouvir.*

Alcançado o nível libertador da evolução, a criatura aprende a utilizar-se corretamente das forças e leis da natureza, tratando-as com o respeito que merecem sem usá-las para promover interesses pessoais egoísticos. O simbolismo dessa conquista figura na imagem de que até as pedras servirão àqueles que sabem delas se utilizar adequadamente.

Não me arrisco, porém, a uma tradução para o símbolo das cinco árvores do Paraíso. Podem ter algo a ver com os cinco sentidos da percepção como querem alguns. Puech[8] fala dos cinco "sentidos espirituais", ou "cinco membros da alma", ou, conforme consta de um texto maniqueu preservado em chinês, "a natureza luminosa e primitiva" imanente no ser. Este último entendimento é o que me parece mais aceitável.

Pelo que entendo, a expressão "cinco árvores do Paraíso" significaria, portanto, a correspondência, no espírito, dos sentidos básicos do ser enquanto na carne e que serviriam para avaliar os progressos feitos contra um modelo arquetípico ideal, que cada um de nós teria em si mesmo à espera da realização.

Confesso, porém, que me faltam as chaves apropriadas para abrir o sentido desta passagem.

> 20. *Disseram os discípulos a Jesus: – Diga-nos a que se assemelha o reino dos céus: – Ele lhes disse: – Assemelha-se a um grão de mostarda, a menor de todas as sementes; mas que, ao tombar sobre a terra cultivada, produz um grande galho e se torna abrigo para as aves do céu.*

O enunciado da parábola não difere muito do que consta dos sinóticos e o sentido é, sem dúvida, o mesmo: o de que a verdade é qualitativa e não quantitativa e que mesmo parcial, fragmentária, poderá produzir surpreendentes resultados. A enganosa insignificância da semente de mostarda serve para chamar a atenção para aspectos aparentemente irrelevantes que podem ser de grande valor. É situação diversa daquela figurada no *logion* 8, que aconselha jogar fora o peixe miúdo, a fim de aproveitar corretamente o peixe grande. Em confronto um com o outro, podemos entender que não se deve decidir pela simples aparência. Coisas minúsculas podem ser muito importantes ou sem nenhum valor, conforme a situação em que se apresentam. Tanto na parábola dos peixes miúdos, porém, quanto na da semente de mostarda, os diminutos fragmentos de sabedoria e conhecimento somente se tornam úteis quando desenvolvidos, trabalhados, amadurecidos – o peixe grande e o galho – de vez que há sempre uma finalidade útil em vista. O peixe, para alimentar, o galho de mostarda, para abrigar os pássaros, mas desde que tenham crescido.

> 21. *Disse Maria a Jesus: – A que se assemelham teus discípulos? Ele disse: – Assemelham-se a crianças que residem num campo que não lhes pertence. Quando chegar o dono do campo, ele dirá: Saiam do meu campo. Eles se desnudam na presença do dono e lhe entregam o campo. Por isso eu digo: Se o dono da casa sabe que o ladrão*

> *virá, ele velará enquanto este não vem e não deixará que ele penetre na casa de seu reino ("mansão real", segundo Puech), a fim de carregar seus bens. Vocês, contudo, velem à face do mundo, cinjam a cintura com grande força para que os ladrões não encontrem meio de chegar até vocês. Porque, a vantagem com a qual vocês contam, eles a encontrarão. Que haja entre vocês um homem prevenido. Quando o fruto amadureceu, ele veio rápido, com a foice na mão e o colheu. Quem tenha ouvidos de ouvir que ouça.*

O logion é extenso e hermético, dando a impressão de que dois ditos diferentes foram postos juntos, sem conexão aparente de sentido entre eles. Por entender assim, Rohden desdobrou-o em dois – 21 e 21 – A.

O sentido do primeiro afigura-se de mais fácil compreensão. Os aprendizes da verdade devem agir com a pureza e a inocência das crianças, conscientes, no entanto, de que trabalham em campo que não lhes pertence e que nem precisa pertencer-lhes, pois já vimos no *logion 42* que somos transeuntes, passageiros na face da Terra. Nada nos pertence aqui; recebemos por empréstimo, como posseiros, aquilo de que necessitamos para desempenhar a tarefa que nos cabe enquanto mergulhados na matéria. No momento em que o dono da seara precisar do campo para outra qualquer finalidade ou para doá-lo a alguém mais, cabe-nos entregar prontamente o terreno emprestado, mas não apenas isso: até as vestes que nos cobrem. Ao partir desta vida, o espírito despe o corpo de carne. A dramática observação acerca do desnudamento oferece curiosas implicações. Foi o que fez Francisco de Assis, por exemplo, ao deixar cair as roupas ricas, que ficavam naquela fase da vida que ele abandonava para sempre, a fim de prosseguir seu trabalho alhures, sem rancores, sem temores, sem falsos pudores, na luminosa pureza da inocência. Esta, aliás, é frequentemente associada à espontaneidade da infância, fase em que o espírito retornado à carne ainda não se revelou na plena força de suas virtudes ou imperfeições.

Esse estado de renúncia e de total desapego às coisas materiais é condição que Jesus fixa para o aprendizado daqueles que desejam honestamente tornar-se seus discípulos.

Ainda uma palavra: neste *logion,* em vez de Jesus dizer espontaneamente uma frase, narrar uma parábola ou, ainda, responder a uma pergunta dos discípulos, quem pergunta é Maria. Outra referência a Maria aparece no último *logion,* o de número 114. Rohden[10] lembra –se, em primeira opção, de Maria, a mãe de Jesus e admite que possa ter sido outra das várias

Marias mencionadas nos evangelhos. Não há dúvida, porém de que se trata de Madalena, que desempenha importante papel, segundo testemunho de vários textos gnósticos. O tema tem amplitude que ficaria fora de proporção no contexto de simples comentário aos *logia,* que desejamos manter em limites aceitáveis.

Quanto à segunda parte do *logion* 21 – a parábola dos ladrões – vamos encontrar no *logion* 103, uma observação que parece ajudar na decifração daquele. Diz o de número 103:

> *103. Jesus disse: Feliz o homem que sabe a que horas da noite virão os ladrões, pois assim ele se levantará, reunirá suas (forças?) e cingirá sua cintura antes que eles entrem.*

O texto, mesmo um tanto mutilado, deixa entender a importância de que se reveste estar o ser alertado e na expectativa do que possa acontecer de mau, para se defender com propriedade. Encontramos em Mateus (24,42-43) dito semelhante, mas não aplicado da maneira que se depreende dos *logia* 21 e 103 e sim como um estado de alerta para a hora em que o Messias bíblico, representado pelo Cristo ressurreto, voltaria para estabelecer o Reino de Deus na Terra. Está em Mateus:

> Vigiai, portanto, porque não sabeis em que dia vem o vosso Senhor. Compreendei isto: se o dono da casa soubesse em que vigília viria o ladrão, vigiaria e não permitiria que a sua casa fosse arrombada. Por isso, também vós ficais preparados, porque o Filho do Homem virá numa hora que não pensais.

Este é um excelente exemplo para demonstrar-se que situações e ditos autênticos podem ter sido utilizados nos canônicos para dizer coisa bem diferente do que significaram originariamente. A advertência sobre a vigilância também no "orai e vigiai" é ensinamento de caráter geral para que não nos deixemos envolver pelo mal e não regra transitória passada àqueles que, no primeiro século, ficaram na expectativa do retorno do Messias glorificado, segundo profecias adaptadas à situação. O mal parece sempre à espreita porque ainda trazemos no acervo de nossas imperfeições os encaixes aos quais ele se acomoda com facilidade se não estivermos atentos e vigilantes. Por isso, a hora em que podemos nos deixar envolver é incerta e perigosa como o ladrão; este porque nos rouba os haveres, a invigilância porque nos priva da paz de espírito.

Vemos, ainda, no *logion* 21, *in fine*, que mesmo a pessoa razoavelmente evoluída (fruto maduro) corre o risco de pôr a perder importantes conquistas espirituais, porque, em momento de invigilância, alguém chegou rápido e a envolveu nas teias do mal.

> *22. Jesus viu umas crianças que mamavam. Ele disse aos seus discípulos: – Estas crianças assemelham-se aos que entram no Reino. Eles lhe disseram: – Então, tornando-nos crianças, entraremos no Reino? Jesus lhes disse: – Quando vocês fizerem de dois um e fizer em o interior como o exterior, o exterior como o interior, e o que está em cima como o que está embaixo, e quando fizerem do masculino e do feminino uma só coisa, de sorte que o masculino não seja masculino e que feminino não seja feminino, quando fizerem dois olhos em lugar de um olho, e uma mão em lugar de uma mão e um pé em lugar de um pé, uma imagem em lugar de uma imagem, então entrarão (no Reino).*

O *logion* 22 proporciona todo um programa de trabalho e não apenas de aprendizado, dado que pressupõe a correta aplicação do conhecimento (*gnosis*) adquirido. Ele tem de suscitar na intimidade do ser as modificações sem as quais não se conquista o estado de espírito caracterizado como Reino dos Céus, ou seja, o império das leis cósmicas ou divinas, não apenas em nossa intimidade, mas no ambiente em que vivemos.

Como se observa, as modificações são profundas e radicais. Não basta o estado de inocência desarmada da criança; primeiro porque esta ainda não demonstrou o que realmente traz em si de um distante passado: pode ser um santo ou um celerado. Segundo porque, mesmo tomada nas limitações de uma existência, a criança ainda nada fez que a credenciasse ao que os gnósticos chamam de o repouso (em Deus). E isso ficou bem claro quando os apóstolos formulam a segunda pergunta, no pressuposto de que bastaria tornarem-se crianças para alcançar o Reino. Jesus responde com uma extensa e complexa programação de auto-aperfeiçoamento.

Vamos tentar colocá-las em interpretação ordenada. Antes, porém, a observação de que Rohden opta pela condicionante *se* no início de cada frase. *"Se* reduzirdes dois a um ... *se* fizerdes o de cima como o de baixo..." etc., prefiro manter o *quando* da versão francesa de Puech (*lorsque*), bem como o da versão inglesa publicada por Hennecke (*when*). O *se* é uma possibilidade, o *quando* uma certeza. O que significa que *todos* podem conseguir a

realização final do Reino de Deus.
Vejamos, então:

1. *"Fazer de dois um."* O ser humano é considerado, como em outras oportunidades, desligado da luz que o gerou ou, pelo menos, afastado dela. Embora nada exista senão em Deus, o mergulho na matéria cria bloqueios que arrastam o ser desprevenido e não-evoluído a uma espécie de alienação (de Deus). Há passagens, que ainda veremos, nas quais Jesus fala do estado de embriaguez em que encontrou praticamente toda a humanidade. Essa embriaguez ou alienação precisa ser extinta, num esforço de reunificação com a divindade. Em outras palavras, temos de, pelo menos, manter viva a consciência de que somos parte integrante daquele que nos criou e nos sustenta. E isto fazer de dois – Deus e a criatura – uma só coisa. Como se poderia, de fato, chegar ao estado de maturidade caracterizado como Reino dos Céus sem esta noção básica?

2. *"Fazer o interior semelhante ao exterior e vice-versa."* Entendo que isso signifique trazer para dentro de si a ordem, a paz e o equilíbrio implícitos nas leis naturais e, em seguida, projetar esse estado de coisas nas estruturas sociais e políticas que regulam, enfim, o sistema de intercâmbio na comunidade em que vive a pessoa. Em suma, projetar, no exterior, o Reino dos Céus construído na intimidade do ser.

3. *"Fazer o que está em cima igual ao que está em baixo."* É uma complementação do dito anterior, dado que a unificação implica uma integração cósmica, na qual não existe *em cima* nem *embaixo,* como aprendemos em Einstein.

4. *"Fazer do masculino e do feminino uma só coisa."* Este constitui outro ponto importante do programa evolutivo e consta também no *logion,* número 114, que para aqui trazemos, a fim de comentá-lo em conjunto com o de número 22 que estamos analisando. Diz o 114, o último, aliás:

> *114. Simão Pedro lhes disse: – Que Maria saia do nosso meio, pois as mulheres não são dignas da Vida. Jesus disse: – Eis que eu a guiarei para fazer dela homem, a fim de que ela também se torne um espírito vivo, semelhante a vocês, homens. Pois toda mulher que se fizer homem entrará no Reino dos Céus.*

É um tanto chocante a entrada deste *logion* pela expressa hostilidade de Pedro em relação a Maria, evidentemente, a Madalena. De fato, a mentalidade da época considerava a mulher ser inferior. Eram muitos os que chegavam a pensar que a mulher não era dotada de alma, de vez que a narrativa da Gênese a caracteriza tão irrelevante que Deus se esquece de a criar e só percebe que era uma espécie de mal necessário quando notou que Adão precisava de uma companheira. Numa improvisação de última hora, resolveu retirar um pouco do material de que fora feito Adão – no caso, uns pedaços de costela – para elaborar o corpo de Eva.

Paulo também é acusado de confinar a mulher na sua posição de sujeição, uma presença, mas não uma voz, pelo menos em público. Era para ser vista, não ouvida e, mesmo vista, discretamente, motivo pelo qual não deveria enfeitar-se demais nem vestir-se com espalhafato. Eram severas as normas de comportamento ditadas à mulher naquela época. Paulo recomenda que, se não entendessem alguma coisa na Igreja, deixassem para perguntar aos maridos, em casa. Nas sinagogas ficavam segregadas e sem acesso à área reservada aos homens.

Mesmo dentro desse contexto rígido, a atitude atribuída a Pedro é hostil. Aliás, parece mesmo ter havido problemas de relacionamento entre Pedro e Madalena, segundo outros escritos gnósticos, como o *Evangelho de Maria*.

A Dra. Elaine Pagels[11] observa que, à vista deste *logion,* "os homens formavam o legítimo corpo da comunidade, ao passo que a participação das mulheres somente era permitida depois de assimiladas aos homens". É realmente o que diz o texto, mas em confronto com o *logion* 22, notamos que o 114 não está redigido de maneira correta. Não é que a mulher tenha de *transformar-se* em homem para tornar-se *digna da Vida,* o que é preciso é que o masculino não seja masculino e o feminino não seja feminino. Em outras palavras: há que superar a fase de polarização sexual. Melhor ainda: que as energias habitualmente canalizadas para a atividade sexual tenham outra destinação.

No mito da criação de Adão e Eva, Deus desdobrou o ser em dois, macho e fêmea, porque assim exigia o processo de reprodução da espécie. Os gnósticos entendiam que a reunificação constitui importante etapa do processo evolutivo. Não para fazer da mulher um homem e deste uma mulher, mas promovendo em ambos um equilíbrio de forças. Esta doutrina é coerente com o que se sabe do mecanismo das vidas sucessivas, segundo a qual o ser renasce num sexo ou noutro para que adquira as experiências correspondentes. Mesmo porque, nos estágios mais elevados da carreira evolutiva, não estará o ser sujeito aos repetidos renascimentos na carne e, portanto, não terá mais necessidade do dispositivo reprodutor.

Não é sem razão que se caracteriza aqui um debate estéril como a discussão em torno do sexo dos anjos. Se considerarmos o anjo como ser altamente evoluído, de fato, não será homem nem mulher e sim uma criatura espiritual, na qual o problema do sexo não mais ocorre da forma e com as funções com as quais o conhecemos.

Nesta mesma ordem de idéias, lembra a Dra. Pagels[12] que, mesmo em linguagem "especificamente cristã", certos textos gnósticos "em lugar de descrever um Deus monístico e masculino... falam de Deus como uma díade, que integra tanto o componente masculino como o feminino".

Logicamente que para tornar-se um com este Ser Supremo, a criatura também precisa sintonizar-se com essa condição, nem bissexuada, nem assexuada, na qual não há ocorrência caracteristicamente sexual, menos ainda qualquer espécie de polarização. Deus cria porque tem em si mesmo as energias apropriadas para isso, ao passo que na criatura o processo de cocriação precisou ser desdobrado para que, da união dos complementares, surgissem condições para o prosseguimento das oportunidades de vida na matéria. Cessada essa necessidade, o ser reverte à sua primitiva condição de não-polarizado.

Fazer olhos em lugar de um olho é ter a visão ampliada, apta a contemplar adequadamente as duas faces da vida – a espiritual e a material.

Quanto a transformar mão, pé e imagem em mão, pé e imagem, não me atrevo a uma interpretação. Faltam-me as chaves certas para abrir o segredo.

23. Jesus disse: – Eu os escolherei um em cada mil e dois em dez mil e eles serão um só.

Este *logion* parece evidenciar que a grande massa humana ainda atravessa estágios evolutivos primitivos. Somente um em mil teria condição mínima para "eleição" ou escolha como discípulo a fim de receber conhecimentos mais profundos. Os números indicam ainda que a escolha vai ficando mais difícil na massa remanescente, dado que o segundo eleito, deve sair de um grupo de dez mil e não apenas de mil, como o primeiro. Desses dois, Jesus promete fazer um, ou seja, guiar seus passos para que se reintegre na luz, tornando-se um com ela. Puech[13] adverte que a expressão *um só* está empregada no mesmo sentido em que foi usada no *logion* 16, onde vimos que o termo copta *monakhos,* não quer dizer apenas sozinho, solitário, isolado, mas também "revertido a si mesmo e à unidade". Há, portanto, dois tipos de reunificação: uma consigo mesmo, outra com Deus.

24. Seus discípulos disseram: – Faz-nos conhecer o lugar onde tu estás, pois necessitamos procurá-lo. Ele lhes disse: – Aquele que tem ouvidos, que ouça! Há luz dentro de um ser de luz e ele ilumina o mundo todo. Se ele não iluminar, as trevas se fazem.

Inicia-se o dito com uma observação curiosa, quando os discípulos se referem ao lugar onde Jesus *está,* ao que parece, no momento em que conversam. Ora, são vários os textos gnósticos que resultam de diálogos (autênticos ou imaginados) entre Jesus, *após a sua morte,* e os discípulos que permaneceram no mundo. Essa realidade, fartamente documentada em escritos canônicos, como *Atos dos Apóstolos,* epístolas de Paulo, Pedro e João, bem como no quarto Evangelho, é confirmada nos textos gnósticos, especialmente no *Evangelho de Maria.* Pagels[14] admite a possibilidade de uma comunicação direta de Jesus, através de Madalena em transe.

Em lugar de responder de maneira direta à pergunta acerca do local onde ele se encontrava, Jesus prefere dizer que a luz divina está dentro de cada um de nós, mas aquele que ignora isso continua vivendo em trevas. Em outras palavras: o "caminho" para se chegar onde ele, Jesus, está, consiste em fazer brilhar a luz que trazemos na intimidade do nosso próprio ser, carregada de um potencial quase ilimitado de expansão, dado que é capaz de iluminar o mundo todo. E isso é estritamente verdadeiro, nada hiperbólico, pois unidos ao núcleo central, onde a luz nasce de si mesma, partilhamos desta e é também nossa a luz que ilumina o mundo.

Retornamos, portanto, ao tema da *imagem* que cada um traz em si como um projeto a ser realizado através do conhecimento e da vivência.

Esse modelo ou projeto Puech[15] considera, acertadamente, a meu ver, como "próprio a cada discípulo, a cada 'Eleito' e expressamente dada como 'preexistente', 'imperecível', 'não-manifestada'".

Além disso, acha o eminente pesquisador, ainda que com reservas ditadas pela falta de uma *demonstração,* que essa *imagem* seria o próprio *anjo* ou *duplo* segundo a gnose valentiniana e que constitui espécie de veículo do espírito. Essa concepção, um tanto difícil de ser apreendida pelos que lhe são pouco familiarizados, está explicitada com clareza linear nos textos de Allan Kardec, nos quais o *anjo* ou *duplo* denomina-se *perispírito* e tem precisamente a função de atuar como elemento de ligação entre o espírito e o corpo físico e, por conseguinte, interagir com o mundo em que vive. Mais do que isso, estaria coerente o conceito do perispírito com o de *imagem,* no sentido de uma programação cármica ou projeto a ser implementado na existência terrena, naquilo em que afeta a elaboração do corpo físico em interferências com os dispositivos genéticos.

> *25. Jesus disse: – Ame seu irmão como à sua própria alma; vele por ele como pela menina de seus olhos.*

O amor fraterno apresenta-se aqui numa profunda identificação com o próximo que, mais do que irmão, deve ser considerado como nossa própria alma e cuidado como a luz de nossos olhos.

Na sua singela beleza e concisão, este *logion* tem direito a merecido destaque. Ao mesmo tempo que constitui um dos fundamentos da doutrina de Jesus, ele atesta com a sua presença no *Evangelho de Tomé* que o gnosticismo corretamente interpretado e praticado jamais seria mero conjunto de especulações filosóficas para deleite intelectual, como afirmam alguns. Em todas as instituições de natureza religiosa, no passado e ainda hoje, encontramos sempre tendências teóricas, especulativas, algo divorciadas da prática que constitui, afinal de contas, a motivação e o objetivo de qualquer sistema evolutivo.

O gnosticismo certamente não escapou a esse tipo de desvio ideológico, mas os textos de Tomé nos dão testemunho de uma doutrina de transparentes disposições éticas e humanistas, na qual a solidariedade constitui componente vital ao programa de libertação do espírito de seus vínculos limitadores com a matéria.

> *26. Jesus disse: – O cisco no olho do seu irmão você vê, mas a trave no seu olho você não vê. Quando retirar a trave dos seus olhos, então você verá como retirar o cisco do olho de seu irmão.*

O dito aparece também em Mateus (7,3-5) com redação semelhante. O sentido é claro: antes de tentar corrigir os outros, tratemos de nos consertar a nós mesmos. Atenção, porém: só porque temos defeitos, isso não quer dizer que deixemos de ajudar ao próximo. Defeitos e imperfeições não nos impedem de servir; pelo contrário, indicam que é preciso servir mais e melhor para corrigi-los em nós. É muito saudável, contudo, termos consciência deles. Como corrigi-los sem admiti-los?

> *27. Jesus disse: – Se vocês não jejuarem em face do mundo, não encontrarão o Reino; se não guardarem o sábado como sábado, não verão o Pai.*

O dito, como os demais, é uma simples anotação para ser desenvolvida oralmente. Lembrete, ou roteiro para uma palestra e, por isso, fica às vezes um tanto enigmático, quando não hermético. Jejuar perante o mundo podemos imaginar o que seja: algo como estar no mundo, mas não pertencer a ele, renunciando aos seus atrativos, que poderão fortalecer em vez de afrouxar os laços que prendem o espírito à matéria, da qual quanto mais cedo libertar-se melhor. Essa é uma das constantes da pregação gnóstica: a idéia do espírito aprisionado na matéria.

Mas que será guardar o sábado como sábado? Sabemos que o sábado era dia de repouso, de oração e de recolhimento para meditação, durante o qual não se fazia o trabalho habitual da semana. Imagino que a recomendação seja no sentido de que não fossem ultrapassados os limites do razoável na observação de tais preceitos, que muitos exageravam. Disse certa vez o Cristo que o sábado foi feito para o homem, não o homem para o sábado. Invertida a ordem natural das coisas, o sábado deixava de ser um benefício para ser mais um elemento escravizador da criatura às contingências artificiais criadas pelo severo código de procedimento vigente. Nesse sentido, o sábado não deveria ser mais do que isso mesmo: um dia da semana separado para a meditação e o repouso.

28. Jesus disse: – Estive no meio do mundo e me manifestei a eles na carne. Encontrei-os a todos bêbados e nenhum deles com sede; e minha alma sofreu pelos filhos dos homens, pois eles são cegos em seus corações e não enxergam que vieram ao mundo vazios e vazios procuram sair do mundo. Agora estão bêbados e só se arrependerão quando abandonarem o vinho.

Aí temos outro dito em que Jesus parece falar já na condição de espírito, ou seja, após a morte na cruz, dado que se refere a si mesmo em situação passada: "estive" no mundo e acrescenta que encontrou os seres humanos como que adormecidos na matéria, alienados nela, esquecidos de sua condição espiritual e, mais que isso, desinteressados de qualquer aprendizado ou conhecimento (sem sede). Confessa singelamente o sofrimento que lhe causou a observação de que não só estavam cegas as criaturas acerca da realidade espiritual como ignorantes de que vieram para um trabalho de realizações e conquistas pessoais. E, como nada faziam para cumprimento de tais programações, voltariam à vida espiritual, no mundo invisível, de mãos vazias, tal como vieram, sem nada terem realizado de concreto. Continuavam, pois, alienadas e só poderiam dar início a um trabalho regenerador em si mesmas depois de despertas, e que não voltassem a se enlear nas ilusões do mundo. Profunda lição em emocionada palavra de compaixão.

29. Jesus disse: – Se a carne foi feita para o espírito, é maravilhoso, mas se o espírito (foi feito) por causa do corpo, isso é a maravilha das maravilhas. Quanto a mim, contudo, maravilho-me disto: de que tão grande riqueza tenha sido colocada nesta pobreza.

Aqui vemos Jesus contemplando a obra de Deus. É evidente para ele que o corpo material foi organizado para servir de habitação temporária ("Sejam transeuntes!" – disse ele) ao espírito. Observa, porém, que, reversamente, o espírito foi criado para que o corpo pudesse desenvolver suas potencialidades. Aristóteles distinguia a potência do ato, ou seja, de um lado, o plano, o projeto e a possibilidade da realização e de outro, a concretização. Jesus vê com clareza a interação espírito/matéria e matéria/espírito, mas se deixa maravilhar ainda mais de que uma potência tão grande quanto o espírito, fagulha divina, de possibilidades praticamente ilimitadas de evolução e conhecimento tenha podido ser acoplado a mero bloco de matéria viva, perecível, transitória, efêmera. O ser imortal, dotado de energia incorruptível, habitando um corpo corruptível e descartável.

É também um momento de humildade este. Sendo tão grande e emancipado por completo das limitações humanas, Jesus ainda se detém aqui e ali, por um momento, para contemplar extasiado a obra insuperável de Deus...

30. Jesus disse: – Onde há três deuses, eles são deuses; onde há dois ou um, eu estou com ele.

O dito está na categoria dos herméticos e esotéricos. Ficaria mais claro, entendo eu, se sofresse pequena "cirurgia" redacional, com a exclusão da expressão *dois ou*, isto é, se a segunda frase se referisse a apenas *um Deus*. Teria havido aqui uma enxertia? Acho defensável a hipótese, dado que a palavra final do dito está no singular. Explico-me. A primeira parte condena o politeísmo, ao declarar que se trata apenas de um panteão de inexpressivos deuses pagãos, sempre que há mais de um. Na segunda frase explica-se que Deus é único e a este Deus único ele, Jesus, está unido. Da maneira que está, a frase é gramaticalmente incorreta. Se realmente fossem *dois ou um* (os deuses), ele estaria *com eles*, não *com ele*, no singular.

Puech[16] também considera enigmático esse *logion;* entende, porém, que Jesus pretendeu dizer que está sempre junto de seus fiéis, sejam dois ou três, onde quer que estejam reunidos. Se a idéia é realmente essa, teríamos em Mateus (18,20) uma redação de sentido mais claro ("... onde dois ou três estiverem reunidos em meu nome, ali estou eu no meio deles"). Com devido respeito pelo eminente Prof. Puech, não vejo a conexão entre o texto de Tomé e o de Mateus, que lê naquele a tese da "ubiquidade e onipresença de Jesus" considerando-a mesmo básica à cristologia do *Evangelho de Tomé.* É que Puech[17] estabelece estreita vinculação de sentido entre o *logion* 30 e o 77 que não vejo eu. Para mim, portanto, o *logion* 30 continua fechado ao entendimento e eu não disponho das chaves apropriadas.

31. Jesus disse: – Nenhum profeta é aceito em sua cidade. Um médico não cura aqueles que o conhecem.

O dito inicial – ninguém é profeta em sua terra – é bastante conhecido e se encontra nos sinóticos. Seu complemento acerca do médico constitui novidade, se é que se pode dizer isso de um texto que ficou preservado mil e seiscentos anos. Também essa é uma grande verdade. O médico desconhecido, de outra cidade, de um grande centro ou de outro país goza de prestígio, do qual entre os locais e familiares não desfruta.

Os sinóticos colocam o dito ao narrar a visita de Jesus a Nazaré, que os modernos pesquisadores e estudiosos acreditam ser mesmo sua cidade natal. Pelo menos, ali viveu ele alguns anos, na infância e juventude. Quem o conhecera nesse tempo poderia conceder-lhe as credenciais de um profeta, e mais, do *Messias* prometido? Pois não era ele aquele menino, filho do carpinteiro e não eram seus irmãos e irmãs dali mesmo? Então! Curiosamente, Mateus acrescenta que ele não conseguiu realizar muitos milagres em Nazaré, "por causa da incredulidade deles", o que se ajusta à segunda parte do dito, segundo a qual o médico com quem nos familiarizamos não parece suficientemente bom para cuidar de nossas mazelas. O milagre, contudo, não acontece somente àquele que crê.

32. Jesus disse: – Uma cidade construída sobre uma elevada montanha (e) fortificada não cairá, nem poderá permanecer oculta.

O sentido parece ser o de que um ser evoluído e sábio coloca-se, mesmo que não o deseje, em posição de relevo e destaque e todos o vêem, mas é preciso também que se mantenha vigilante para ficar a salvo dos ataques e, se atacado, não venha a ceder. ("Não nos deixeis cair em tentação..." – ensinou ele no Pai Nosso).

33. Jesus disse: – Aquilo que você ouve com um ouvido e com o outro, proclame-o de cima dos telhados. Com efeito, ninguém acende uma lâmpada para botá-la debaixo de um alqueire, nem pô-la em local escondido; mas no lampadário, para que quem quer que entre e saia, veja a sua luz.

O *logion* parece uma continuação do anterior ou uma explicitação dele. Realmente, aquele que atingiu nível adequado de conhecimento e sabedoria põe-se inevitavelmente em destaque e se expõe a um assédio, que pode ser incômodo e um tanto perturbador, mas não deve guardar egoisticamente para si mesmo todo o seu conhecimento. A sabedoria deve servir para iluminar também caminhos alheios. A imagem literária, segundo a qual os que "entram e saem vejam a sua luz", é muito feliz e adequada para figurar que uma pessoa desse nível é procurada por muitos que desejam aconselhar-se com ela e pedir orientação para seus problemas pessoais. Esse tipo de assistência espiritual não deve ser negado, porque é parte da tarefa daquele que já conseguiu para si um pouco de iluminação. Não se trata, pois, de exibição e sim da singela aceitação de uma realidade que a própria pessoa construiu em si mesma e que está sendo utilizada para servir ao próximo.

Tão seguro é o *status* espiritual dessa pessoa que o dito declara que mesmo estando à vista de todos, sem poder ocultar-se, é uma cidadela (fortificada) impossível de ser derrubada, mesmo porque conta com cobertura espiritual protetora.

34. Jesus disse: – Se um cego conduz outro cego, caem ambos no poço.

Parece que ainda estamos dentro do tema dos *logia* 32 e 33. Quem vai orientar o próximo com seus conselhos e sugestões, suas preces e ensinamentos, senão aquele que tem a luz e que vê melhor e mais longe, porque está no alto da montanha? Se o que não está conseguindo ver com clareza que caminhos percorrer procurar outro que também não tenha sabedoria suficiente para vê-los, ambos se dão mal – tanto o que resolve seguir o conselho impróprio do guia despreparado, como este último, que assume a responsabilidade pela desorientação proporcionada ao que o procurou para aconselhar-se.

35. Jesus disse: – Não é possível que qualquer um entre na casa de um homem forte e a tome à força, a menos que lhe amarre as mãos: dessa maneira ele poderá saquear-lhe a casa.

Continuamos, ao que parece, no contexto criado pelos ditos anteriores. Declara-se neste, novamente, como no *logion 32*, a *impossibilidade* de se derrubar a pessoa vigilante e fortalecida na sua sabedoria, a não ser que se a imobilize, atando-lhe as mãos. Como cada palavra nesta coleção de ditos tem o seu lugar e valor específicos, imagino que isso queira dizer que constitui grande risco de queda (espiritual) recusar-se a pessoa que já alcançou certo grau de iluminação, com a qual possa servir ao próximo, a essa prestação de serviço. Realmente, de mãos atadas pelo malfeitor (Preguiça? Indiferença? Comodismo? Egoísmo residual? Orgulho?), a pessoa deixa de cumprir a tarefa para qual se acha preparada e programada. Daí a queda e o "saque". O texto enfatiza, contudo, que isso só é possível se as mãos forem atadas, certamente pela ociosidade provocada por um ou mais dos fatores sobre os quais especulamos há pouco.

36. Jesus disse: – Não se preocupem de manhã à noite e da noite até o amanhecer sobre o que irão vestir.

Esta observação foi incluída também nos canônicos. O sentido é transparente, na insistência em pregar o desapego às coisas do mundo, no qual estamos apenas de passagem, em fase de aprendizado ou em resgate da faltas, como se pode ver do *logion* 104. Com efeito, neste último, convidado a orar e jejuar, Jesus responde com uma pergunta significativa, desejoso de saber em que teria errado, que falta teria cometido a ponto de estar necessitado da penitência do jejum.

Por outro lado, são muitos os que vivem inteiramente concentrados na aparência física, em como vestir-se e ornamentar-se para exibições sociais, sem nenhum interesse pelas coisas do espírito. A advertência é bem formulada e correta, conselho e não censura ou crítica. Um chamamento à realidade, ao bom senso.

37. Seus discípulos disseram: – Em que dia te revelarás a nós e em que dia te veremos? Jesus disse: – Quando vocês se despirem e não se sentirem envergonhados, tirarem suas roupas e as colocarem sob os pés como as crianças, e pisarem nelas; então (vocês verão) o Filho do Deus Vivo e nada temerão.

Novamente recorre Jesus à imagem das crianças, em estado de inocência, para lembrar que só estariam os discípulos em condição de desfrutar a presença dele quando atingissem aquele grau de pureza sem maldade ou segundas intenções. O eminente pesquisador Cel. Albert de Rochas conta em seu livro *Les Vies Successives* que podia determinar com precisão a idade em que o senso de pudor desperta na criança, após ultrapassado o período da espontânea pureza da primeira infância. Bastava, para isso, expor ligeiramente partes do corpo da pessoa posta em estado de regressão de memória, recuada às fases infantis. Até certa idade, a pessoa – especialmente a mulher – não se importava com ligeiro desarranjo das roupas, mas a partir daí recompunha-se rapidamente sempre que o experimentador tentava o expediente.

É preciso lembrar, contudo, que, conforme vimos há pouco, no *logion* 22, não basta tornar-se criança para estar preparado para a realização do Reino, há um grande programa a cumprir, além disso. O estado de pureza é decorrência, não causa. É um estado de libertação da condição material, representada, neste caso, pela vestimenta, que pode também significar o corpo físico e tudo quanto lhe diz respeito: roupas, alimentos, posições terrenas, exercício do poder e outras. Somente quando tais coisas não forem mais prioritárias, estaremos prontos para as revelações de que fala o *logion*.

Puech[18] informa que num fragmento do *Evangelho dos Egípcios,* citado por Clemente de Alexandria, lê-se algo semelhante: "Quando vocês pisotearem as vestes da vergonha e quando os dois se tornarem um, o homem com a mulher, nem masculino, nem feminino".

Aqui também encontramos, portanto, a doutrina da unificação consigo mesmo, o retorno à unidade primitiva, por um processo de síntese da díade, por eliminação da polarização sexual. Trata-se de uma transcendência da sexualidade como a conhecemos, ou seja, como mecanismo reservado à reprodução da espécie. Atingido esse ponto, o ser não é homem nem mulher e o corpo é apenas uma vestimenta que a qualquer momento pode ser despida e abandonada, em operação de rotina que superou o pudor, mas nada tem de ausência de vergonha. Ou a vestimenta já foi definitivamente descartada.

Jesus tem plena consciência, por outro lado, da sua condição espiritual e nem poderia deixar de tê-la. Menciona isto como fato óbvio, sem bravatas ou falsa modéstia. É o *Filho do Homem,* desobrigado dos ciclos do renascimento, é o *Vivo,* o *Filho do (Deus) Vivo* e, na terminologia gnóstica, o ser *pneumático* (espiritual), situado nos mais elevados patamares do processo evolutivo, irmão, sim, das demais criaturas, mas o irmão mais velho, como também assinala Puech.[19] Nesse sentido, é um filho *primogênito* de Deus, não, porém, *unigênito,* como fez constar a teologia ortodoxa.

Na imperfeita linguagem humana, menos sofisticada ainda naquele tempo do que hoje, alcançar seu patamar, pôr-se ao seu nível, entendê-lo melhor figurava-se como ter a respeito dele uma revelação, vê-lo. A vista é o recurso final daquele que duvida. Ver para crer, diz o *logion* popular. Há passagens nos sinóticos em que os discípulos desejam que Jesus lhes mostre Deus. Querem vê-lo também.

Nem este, nem o *logion* subsequente, o de número 39, figuram nos canônicos. Não teriam chegado ao conhecimento dos redatores – o que é pouco provável – ou teriam sido excluídos por alguma razão? Bem mais provável esta última alternativa, dado que este é um dos ditos que pode por em xeque a doutrina da divindade de Jesus, bem como sua integração na Trindade.

Seja como for, para vê-lo e entendê-lo melhor é preciso chegar lá, onde ele se encontra, na escala evolutiva, o que é perfeitamente possível como ficou implícito neste e noutros trechos. Em suma: é necessário que os discípulos que perguntam se tornem também pneumáticos, Filhos do Homem.

38. Jesus disse: – Muitas vezes vocês desejaram ouvir estas palavras que ora lhes digo e não tinham vocês de quem ouvi-las. Dias virão em que me procurarão e não me encontrarão.

São muitos os questionamentos e as dúvidas que trazemos e sobre estas coisas estamos constantemente a especular na intimidade de nosso ser. De onde viemos? Qual a nossa destinação? Que estamos fazendo aqui? Qual a razão do sofrimento? Que acontece com a gente depois da morte do corpo físico? Há vida em outros corpos celestes?

Perguntas como essas, das mais importantes ao nosso melhor entendimento dos mecanismos da vida, permanecem sem respostas e velados os mistérios e enigmas que nos cercam por toda parte. Pela primeira vez, tanto quanto registra a memória do ser humano, têm os apóstolos e discípulos diante de si uma pessoa como Jesus, com perfeita condição, conhecimento e sabedoria para explicar enigmas que nos atormentam. E muitos – senão todos – nem se dão conta da singularidade irreproduzível dessa oportunidade. Vemos apenas raros lampejos de situações em que parece ter brilhado com a instantaneidade do raio, um *flash* de compreensão. Vemos um caso destes quando, após a pesca milagrosa, Pedro percebe por um instante a grandeza daquele homem e diz: "– Afasta-te de mim, Senhor, pois sou um pecador".

A breve permanência de Jesus na Terra é condição transitória que o põe ao alcance de seus contemporâneos. Uma vez retornado ao seu *habitat* natural da dimensão espiritual que lhe é própria, não o teriam mais à disposição como ali.

39. Jesus disse: – Os fariseus e os escribas receberam as chaves do conhecimento (gnosis) e as ocultaram. Nem entraram nem deixaram (entrar) aqueles que queriam fazê-lo. Vocês, porém, sejam prudentes como as serpentes e inocentes como as pombas.

Esta queixa a propósito da atitude dos fariseus é repetida no *logion* 102 que assim diz:

102. Jesus disse: – Ai dos fariseus! pois assemelham-se a um cão dormindo na manjedoura do gado, porque nem come nem deixa o gado comer.

O sentido é transparente. Pelo devotado estudo das leis e preceitos religiosos, os fariseus dispunham de grande conhecimento. O dito lhes atribui mesmo a posse de certas *chaves* com as quais podiam penetrar o sentido de enigmas e mistérios. E, no entanto, colocavam-se como bloqueios vivos ao acesso de outras pessoas a essa fonte de conhecimento. Eles poderiam ter sido os intermediários, os instrutores do povo ou, no mínimo, permitir àqueles mais desejosos de aprofundar o sentido da vida, buscarem por suas próprias forças o conhecimento correspondente. Não faziam nem uma coisa, nem outra, guardando egoisticamente para si os segredos mantidos sob chave.

Jesus aconselha aos que o ouvem a prudência da serpente e a pureza desarmada dos pombos. Essa imagem figura também nos sinóticos. Sempre me impressionou a referência à serpente. E um animal que causa grande temor e parece sub-reptício e pronto a atacar mortalmente. A verdade, porém, é que a não ser pelo veneno a serpente é um animal desarmado. Não dispõe de membros para se defender e sua mobilidade é limitada. Tem, assim, inibições sérias que lhe dificultam tanto a fuga quanto a defesa, as duas opções dos animais em geral. Precisa, portanto, ser extremamente cautelosa e prudente, não se arriscando em situações que lhe possam ser fatais. Impõe-se pelo temor que inspira os seus terríveis venenos, mas não costuma tomar a iniciativa da agressão, atacando apenas quando se vê em perigo. Interessante como, até mesmo numa serpente, Jesus consegue identificar virtudes dignas de serem imitadas pelos seres humanos, como a prudência.

40. Jesus disse: – Uma muda de videira foi plantada fora do Pai e, como não se fortalece, será arrancada pelas raízes e perecerá.

Ora, nada existe senão em Deus, que ele não haja criado e sustentado, ainda que os gnósticos tenham demonstrado dificuldade em entender o problema do mal, atribuindo-o ao trabalho criativo do demiurgo, que os cátaros, no século XII, considerariam um Deus mau, em contraste com um Deus bom. Mesmo assim contudo, a presença do mal ou dos obstáculos suscitados pelo mergulho do homem na matéria seriam criações indiretas de Deus, segundo essa teoria, uma vez que os espíritos intermediários, como o demiurgo, teriam de ser criados inevitavelmente por Deus. Não se compreende Deus a criar seres incumbidos da criação do mal ou suscetíveis de assim proceder

A despeito das dificuldades dos gnósticos com o problema do mal, o ensinamento contido neste *logion* assegura a indiscutível transitoriedade do mal que, não sendo criação divina, será fatalmente erradicado e eliminado.

O mal resulta de desvio de comportamento humano. O que a lei divina prevê é um conjunto de medidas corretivas toda vez que ocorrer qualquer desvio. O plano geral do universo (físico e ético) não poderia ser tomado de surpresa por interferências desastrosas, que acabariam por levar todo o sistema ao caos.

Não que as leis tenham sido criadas para dar combate ao mal e punir os faltosos, como pensam muitos; ao contrário, a abordagem da lei é altamente positiva, criativa, redentora, no sentido de que toda a sua programação está voltada para o processo de aperfeiçoamento do ser. Sempre que este se desvia ou se rebela contra esse princípio básico, ele se atrita com a ordem universal e assume a correspondente responsabilidade, pela qual será chamado à reparação, à recomposição do equilíbrio perturbado.

Seja como for, a idéia é a de que "tudo está em Deus e nele vive", como afirmou de modo irretocável o Apóstolo dos Gentios.

41. Jesus disse: – Aquele que tem algo na mão, mais lhe será dado; aquele que nada tem, mesmo o pouco que tem lhe será tomado.

Não se trata, obviamente, de bens materiais que na doutrina do Cristo são considerados secundários e até desprezíveis. Mais uma vez, o tema oculto é o conhecimento. Aquele que dispõe de algum estará sempre em condições de adquirir mais, ao passo que o ignorante ou o escassamente esclarecido poderá 'perder' até o pouco de que disponha, por não saber que uso fazer do que sabe e se deixar confundir pelos falsos sábios.

Este logion deve ser examinado em conjunto com o de número 70, no qual a temática é a mesma, embora apresentada de maneira diversa e com diferente enfoque. Puech[20] acha até que o 70 seria "uma versão 'gnóstica' ou mais deliberadamente elaborada em sentido 'gnóstico'". Vejamo-lo:

70. Jesus disse: – Quando vocês revelarem o que está em cada um, o que possuírem os salvará. Se não o tiverem em si mesmos, o que não possuem os matará.

O objeto do *logion* é uma das constantes da visão gnóstica da vida: a da realidade interior preexistente, funcionando como modelo, projeto ou embrião a desenvolver-se por incansável esforço de autoconhecimento, a partir das potencialidades de que dispomos por herança divina. Vimos no *logion* 1 a promessa de vida àquele que atinar com a "interpretação destas palavras" e no seguinte, número 2, o mandamento da procura incessante "até achar".

O *logion 70* insiste no conceito da salvação como resultante de um trabalho pessoal na intimidade de cada um e não evento cósmico de caráter messiânico e coletivo, como propõem os canônicos. Creio mesmo que isto autoriza a supor – sem contestar a hipótese de Puech, apenas contemplando-a de outra ótica – que, em verdade, o *logion* 41 é que teria sido reescrito em contexto ortodoxo cristão, deixando deliberadamente à margem o delicado problema da salvação, ao mesmo tempo em que evita acolher a conceituação do Reino de Deus como realidade íntima, como assegurou Jesus insistentemente.

Seja como for, isso explicaria por que encontramos nos canônicos as passagens que contêm, em substância, o *logion* 41 e nada que se aproxime da redação dada ao 70. Segundo este, o ser que conseguir revelar em si mesmo a sua realidade imanente estará 'salvo', no sentido de que se reintegra em Deus, e não porque um enviado divino, teria implantado na Terra o Reino de Deus e resgatado os pecados dos que nele creram. Os que não conseguirem tal realização, continuarão 'mortos', isto é, sujeitos ao envolvimento com a matéria e às consequências que a ignorância acarreta.

Este é também o entendimento de Puech[21] para quem a ignorância – ele prefere dizer *não – conhecimento (inconnaissance)* – é a morte, ao passo que a *gnose* (conhecimento) é vida. Do que resulta, ainda na observação de Puech, que "o conhecimento tem a função essencial de salvar e, por efeito necessário, a salvação".

Convém determo-nos, por um momento, no exame da dicotomia vida/morte, outra constante da doutrina que se deduz do texto de Tomé.

O gnosticismo somente considera *vida* o período a partir do qual o ser começa a ter consciência mais clara da realidade espiritual, suas consequências e implicações. O *Vivo* por excelência é Jesus; o *Vivo* máximo, infinito em todos os seus atributos, o próprio Deus. Vida e morte, portanto, não representam, em sentido gnóstico, períodos em que o espírito vive alternadamente na carne ou na dimensão póstuma. Suas implicações espirituais são mais amplas. Como vemos neste *logion,* por exemplo, é evidente que a ausência de realização interior não acarretará a morte como a entendemos usualmente – como cessação da vida corporal e rompimento do vínculo do espírito com o corpo físico mas a continuidade da vida (aqui ou no além) num contexto em que o espírito está como que anestesiado, inconsciente de suas potencialidades evolutivas, porque as ignora. O *Evangelho de Tomé* aplica a essa situação a idéia da embriaguez, ou seja, um estado de alienação em relação às fontes, às razões, motivações e destinação da vida. O *logion* entende a vida como permanente estado de alertamento para a realidade espiritual e a morte como a ignorância ou desinteresse por essa realidade.

Vale a pena observar, por outro lado, que o dito não coloca a realização de tais potencialidades como mera *possibilidade,* mas como *certeza*. Isso está bem caracterizado no emprego do advérbio *quando,* em vez da condicional *se*. O que vale dizer que, no devido tempo – não importa a sua extensão –, *todos* alcançarão os estágios finais do processo evolutivo, mesmo aqueles que por algum tempo estiveram 'mortos' para essa realidade subjacente que, aliás, sempre esteve ali na sua intimidade, quer a pessoa tenha conhecimento dela ou não.

São transparentes, portanto, as razões pelas quais o *logion* 70 não teria sido aproveitado na redação final dos canônicos e, neste caso, o de número 41 poderia mesmo ter sido versão mais comportada e conveniente aos objetivos messiânicos que ditaram as diretrizes redacionais dos textos que chegaram até nós com o selo da aprovação oficial. É, de fato, irreconciliável a doutrina da salvação dos gnósticos com a dos cristãos ortodoxos.

42. Jesus disse: – Sejam transeuntes.

Temos neste *logion*, em duas palavras, o conceito fundamental da transitoriedade da vida junto à matéria, sempre mero patamar onde o espírito se apóia por algum tempo limitado, a fim de tentar galgar o próximo nível, na sua escalada evolutiva. Esse dito é coerente com outros ensinamentos em Tomé e nos canônicos que insistem em pregar o desapego às estruturas de poder e riqueza do mundo. Tais fascinações poderão de tal forma envolver os espíritos desatentos e invigilantes, que acabarão por retardar-lhes a marcha. De definitivo em nós, somente o espírito imortal. O corpo e o contexto em que ele vive são apenas instrumentos transitórios de trabalho. Terminada a tarefa programada, o trabalhador larga seus instrumentos e vai para casa descansar e planejar o trabalho do dia seguinte, que também será simples etapa transitória. A cada dia bastam suas preocupações – disse também ele, alhures.

O que tem de diminuto, tem de importante este expressivo *logion*.

43. Seus discípulos lhe disseram: – Quem és tu, que nos dizes tais coisas? (Jesus lhes disse): – Pelo que lhes digo não sabem vocês quem sou? Mas vocês se tornaram como os judeus, que gostam da árvore, mas detestam seu fruto, e gostam do fruto e detestam a árvore.

No *logion* 91 também vemos os discípulos insistindo em conhecer melhor a identidade real de Jesus:

91. Eles lhe disseram: – Dize-nos quem és, para que possamos crer em ti. Ele lhes disse: – Vocês examinam a face do céu e da terra e aquele que têm diante de seus olhos, vocês não o conhecem, e neste momento não sabem avaliá-lo.

Tanto quanto o povo vivia a solicitar a Jesus um sinal pelo qual pudesse decidir se ele era ou não um grande profeta, os discípulos mais chegados também se questionavam e o questionavam a respeito da identidade do Mestre. Seriam estas oportunidades apropriadas para que Jesus declarasse explicitamente sua condição, se é que desejasse mesmo identificar-se como o messias prometido nas profecias, mas não é o que faz. Os sinóticos apresentam situações semelhantes nas quais ele igualmente deixou de afirmar sua condição messiânica no estrito sentido das profecias, ou seja, messias político, belicoso, destinado a reger os destinos de Israel e não apenas a libertar a nação do jugo romano, mas ainda impor sua liderança a todos os demais povos. Não é a isso que Jesus aspira, não é isso que veio fazer entre nós. Veio trazer sua mensagem renovadora, respeitando, tanto quanto possível, as estruturas político-religiosas vigentes. Veio, como disse, para cumprir a lei, não para derrogá-la. Mesmo dentro desse quadro, porém, ele propunha reformas cujo alcance, profundidade e consequências ninguém senão ele poderia avaliar àquela época.

Sobre sua identidade, prefere ser julgado pelo que faz e diz, não pelo que estaria escrito nas profecias, que, na sua generalidade, não se aplicavam a ele, emissário pacífico da mensagem suprema do amor. Ele não desceu à Terra para disputar poderes de que nenhuma necessidade tinha, nem gosto para disputá-los.

A estatura de seu espírito e o valor de seus ensinamentos poderiam ser inferidos do que ele dizia e fazia. Lamentava que os discípulos pudessem avaliar com tanta perícia condições atmosféricas e terrenas, como plantio, colheita, pesca, mas não tivessem a mínima capacidade para estimar o nível evolutivo de uma pessoa pelo teor de seus ensinamentos e de seu comportamento.

Não sei se podemos considerar autêntica a observação atribuída à Jesus acerca dos judeus, que pode muito bem ter sido acrescida na fase em que o cristianismo se helenizava, como se vê no quarto Evangelho. Jesus não parece ter tido o hábito de criticar os judeus de modo geral, mas dentro da comunidade judaica, certas pessoas ou classes nas quais identificava defeitos de formação e procedimento, como é o caso dos escribas e fariseus.

Mais uma vez observa que os discípulos não parecem nada conscientes da importância do momento histórico que estão vivendo junto dele, com oportunidades singulares de aprendizado e progresso espiritual. Vimos há pouco que ele diz que está ali ao alcance de todos para responder a questões que sempre foram formuladas e nunca respondidas.

Em João (14,9-10) também se queixa Jesus de que há tanto tempo estava ele junto aos discípulos e estes ainda não o conheciam. O que se segue tem sido utilizado para sustentação não apenas da doutrina da divindade de Jesus, mas de sua posição na Trindade. Ocorre, contudo, que este mesmo texto pode perfeitamente prestar-se a uma leitura gnóstica. 'Quem me viu, viu o Pai. Como podes dizer: – Mostra-nos o Pai? Não crês que estou no

Pai e o Pai está em mim? As palavras que vos digo, não as digo por mim mesmo, mas o Pai, que permanece em mim, realiza suas obras.'

Pois não está aí, a doutrina gnóstica da perfeita integração em Deus? Não é Jesus aquele que se fez um com o Pai? Não é ele o que está mergulhado na "luz, lá onde a luz nasce de si mesma?"

> *44. Disse Jesus: – Aquele que blasfemar contra o Pai será perdoado e, aquele que blasfemar contra o Filho será perdoado; mas, aquele que blasfemar contra o Espírito Santo, não será perdoado, nem na Terra nem no Céu.*

O *logion* se apresenta com características altamente suspeitas de introdução posterior, em fase na qual se definira já a doutrina da Trindade. Embora somente no Concílio de Nicéia, em 325 tenha sido oficializada, já há algum tempo vinha essa teoria em formação. A Britânica entende que a formulação básica tenha ocorrido aí pela metade do terceiro século. O Credo de Justino, o Mártir, que serviu à Igreja em Roma, em meados do segundo século, menciona Jesus como primogênito de Deus e Espírito Santo *da profecia*. Caracteristicamente o termo *profecia* está no singular, pois se refere à faculdade por meio da qual os espíritos se manifestavam nas reuniões pneumáticas, tão difundidas na igreja primitiva. O credo de Esmirna, cerca do ano 200, igualmente não menciona o Espírito Santo como terceira pessoa da tríade divina.

Isso leva a depreender-se com relativa segurança que o *logion 44* sofreu influência do dogma trinitário ou talvez tenha sido mesmo todo ele introduzido clandestinamente na coleção de ditos atribuídos a Tomé. Já vimos que Hennecke admite essa possibilidade. Estranho, por outro lado, que blasfêmia contra Deus e contra Jesus pudessem ser perdoadas, mas não as pronunciadas contra o Espírito Santo. Pois não seriam todos integrantes de um só Deus? Por que um aspecto da divindade considera-se ofendido a ponto de julgar-se imperdoável a falta, ao passo que os outros não? Como os textos gnósticos *de Nag-Hammadi foram* elaborados ou traduzidos aí pelo quarto século, é quase certo que este *logion* tenha sido introduzido indevidamente, pois Jesus jamais formulou a doutrina trinitária.

> *45. Jesus disse: – Não se colhem uvas nos espinheiros e não se colhem figos entre os cardos: eles não dão frutos. Um homem bom retira coisas boas de seu tesouro; um homem mau retira coisas más*

do tesouro de seu coração e diz coisas maldosas, pois da abundância de seu coração ele produz coisas más.

Dito semelhante encontra-se nos evangelhos canônicos e com o sentido de que a bondade flui espontaneamente da pessoa boa, ao passo que o mau é fonte de maldades. Nesse mesmo sentido, observamos, ainda há pouco, o Cristo a perguntar aos discípulos: "Pelo que eu digo não me conhecem vocês?". A primeira parte do dito adverte, contudo, acerca do cuidado que deve ter o semeador para que a semente recaia em terreno apropriado, de vez que somente neste produzirá adequadamente. Mais do que isso, contudo, cabe àquele que recebe a semente do conhecimento ter sempre seu terreno bem preparado para que ela germine e produza bons frutos. Se o coração é um espinheiro de maldades, não se pode esperar que ele produza boas uvas ou figos saborosos.

46. Disse Jesus: – De Adão até João Batista, ninguém nascido de mulher é maior que João Batista, de modo que seus olhos não serão destruídos. Mas tenho dito: aquele dentre vocês que se tornar pequeno conhecerá o Reino e será maior que João.

Já tivemos oportunidade de examinar as expressões filho do homem e filho de mulher. No caso particular deste dito, precisamos nos lembrar de que João Batista foi profeta altamente respeitado pelo povo que a ele acorria para ouvi-lo e receber o seu batismo purificador. Cronologicamente antecedeu a Jesus, que se submeteu, ele próprio, ao batismo de João. Os evangelhos canônicos apresentam Jesus, no início de sua carreira, como continuador de João, com mensagem ainda mais portentosa, contudo. Alguns exegetas chegam a pensar que Jesus tenha permanecido junto de João por algum tempo, até como seu discípulo, o que não me parece correto.

Depreendemos, contudo, do logion 46, que João ainda era considerado filho de mulher, ou seja, ainda estava sujeito ao ciclo das vidas na carne. Como em outra passagem, não menos conhecida, Jesus declara enfaticamente que ele é Elias renascido, não é difícil imaginar as razões de não estar esse espírito ainda redimido. É que, ao tempo em que viveu sua existência como Elias, segundo testemunho do Antigo Testamento, João promovera pessoalmente a matança dos sacerdotes de Baal. Por isso continuava como Filho de Mulher. E por isso, qualquer um no Reino dos Céus seria maior do que ele, que ainda estava preso à necessidade de renascimentos reparadores.

Para alcançar essa condição espiritual de liberação, contudo, os caminhos a percorrer não são os da grandeza em termos humanos; grande não é aquele que conquista, que domina, que oprime e mata, mas o que se faz pequeno, que se põe a serviço do próximo. Este aspecto o Cristo demonstrou de maneira dramática e magistral ao confirmar-se como mestre, ao mesmo tempo em que vestia o avental para lavar os pés dos discípulos. A cena tem o singelo encanto e a veemência da autenticidade. Se foi imaginada, o foi muito bem, pois exprime de modo convincente que o serviço humilde nada retira da legítima grandeza, e mais, que a tarefa do grande é servir e não ser servido.

Não sei a que atribuir a expressão de que "seus olhos não serão destruídos". As línguas envelhecem e esta tem pelo menos um milênio e meio e nem é mais usada. Se alguém, daqui a um ou dois milênios, ler a expressão inglesa *it's raining cats and dogs*, (está chovendo gatos e cães) será que vai entender que se trata de um aguaceiro?

47. Jesus disse: – Não é possível a um homem montar dois cavalos, ou atirar com dois arcos ao mesmo tempo, como não é possível a um servidor servir a dois senhores: ou honrará a um e ofenderá o outro. Quem bebe vinho velho não desejará beber imediatamente vinho novo. E não se derrama vinho novo em velhos odres, temendo que estes arrebentem e não se coloca vinho velho em odres novos com receio de que se estrague. Não se cose pano velho em roupa nova, pois se rasgará.

Ditos semelhantes figuram nos canônicos, pois o Cristo utilizava-se de imagens comuns ao entendimento de toda gente. Neste *logion* parece terem sido juntados vários ditos com sentido algo diferente. Realmente, a dedicação a um trabalho de auto-aperfeiçoamento tem de ser integral, sem reservas ou restrições. Não há crimes pela metade em sua gravidade somente porque, de outro lado, a pessoa pratica determinadas devoções e recita umas tantas preces pré-fabricadas. Ou se empenha na prática do bem de todo seu coração, ou estará enganando-se a si próprio. Mesmo assim, estará sujeito a deslizes ocasionais ou até frequentes, mas não deliberados. É desastrosa a secreta intenção de contornar as leis; elas não se deixam envolver. É procedimento esse que não admite remendos, nem aproveitamentos espertos, como o do vinhateiro que deseja economizar os velhos odres, ou seja, seus velhos hábitos, porque ainda não tem suficiente força de vontade para renovar-se, adotando novas formas de comportamento. Ou insiste em usar roupas que não mais lhe ficam bem, pregando-lhes remendos. Se tentar essas espertezas com a Lei, verificará, mais cedo ou mais tarde, que os odres se rompem e se perde o vinho, tanto quanto as roupas se rasgam e o expõe em toda a nudez de seus equívocos.

48. Jesus disse: – Se dois fazem a paz entre si na mesma casa, eles dirão à montanha: "– Mova-se", e ela se moverá.

Um reflexo deste dito aparece no de número 106:

106. Disse Jesus: – Quando de dois fizerem um, vocês se tornarão filhos do Homem e quando disserem: "– Montanha, mova-se", ela se moverá.

Depreende-se, portanto, que, eliminados os conflitos entre matéria e espírito (paz entre os dois) reunificado consigo mesmo e reunido a Deus, a fonte da luz, então o ser se desobrigará da penosa rotina das repetidas existências na carne, deixando de ser filho de mulher, para tornar-se filho do homem. Em outras palavras: não precisará mais de corpos físicos, gerados a partir da matéria orgânica, doada pelas mães que o receba. Terá, então, adquirido conhecimento necessário até para mover montanhas, mesmo enquanto encarnado.

No texto canônico a expressão "mover montanhas" é mencionada em conexão com o exercício da fé, mas na realidade, como entendiam Orígenes, Gregório de Nissa e mais tarde Guillaume de St. Thierry, "a alma caminha da fé para o conhecimento", como se lê em Geddes MacGregor.[22] Tese com a qual estou de pleno acordo. Não é difícil identificar as coisas em que apenas *acreditamos,* separando-as daquelas que *conhecemos. Sei,* por exemplo, que a sobrevivência do espírito é um fato, tanto quanto a reencarnação ou a comunicabilidade. Quanto a Deus, fico com a fé, pois não tenho como submetê-lo a testes e verificações experimentais. A lógica me diz, contudo, que uma inteligência infinitamente complexa em todas as suas faculdades cria e sustenta o universo em que vivemos, tanto quanto a nós mesmos. Por isso tudo, dizia Paulo que a fé é a substância das realidades invisíveis ou desconhecidas.

Muito se teria a lamentar pelos séculos afora o fato de ter sido dramaticamente rejeitada a contribuição do gnosticismo no sentido de dotar o cristianismo de uma estrutura ideológica robusta que, certamente, teria resultado da introdução de uma metodologia comprometida com a tarefa de racionalizar a fé. Não se teria, com isso, herdado tão pesada carga de dogmas e conceitos fantasistas, que podem ter servido aos propósitos políticos da igreja nascente e da medieval, mas que acabaram por tornar-se inaceitáveis, no confronto com a severa crítica moderna. Inesperadamente, aliás, este reexame, gerado em grande parte por uma releitura mais inteligente dos textos evangélicos, em particular, e bíblicos, em geral, vai assumindo, cada vez mais, as caraterísticas de um auto-exame, na medida em que é promovido por eminentes teólogos católicos.

49. Jesus disse: – Felizes os solitários e os eleitos, porque encontrarão o Reino. Vocês, de fato, saíram dele e a ele retornarão.

Mais uma vez encontramos o termo *solitário* que, no dizer de Puech, pode ser tomado como aquele que foi "revertido a si mesmo e à unidade". Infere-se, por conseguinte, que o processo de *eleição* ou *escolha* divina – conceito aproximado ao de *salvação* na doutrina ortodoxa – consiste, em realidade, na reunificação com a divindade, após longo trabalho individual, em oposição à salvação coletiva pelo trabalho e sofrimento do Filho de Deus. É o tema do auto-aperfeiçoamento, visto nos textos gnósticos de vários ângulos diferentes. Outro conceito que neste se repete didaticamente é o de que de Deus partimos para a aventura da vida e a ele voltamos, ao cabo de um longuíssimo processo evolutivo.

50. Este logion foi comentado em conexão com o de número 18.

51. Comentamos também o logion 51 em conexão com o de número 18.

52. Disseram-lhe os discípulos: – Vinte e quatro profetas falaram em Israel e todos eles falaram de ti. Ele lhes disse: – Vocês desprezam aquele que está vivo junto de vocês e falam dos mortos.

Novamente refere-se o texto neste *logion* ao fato de que os discípulos não tinham noção exata de quem era Jesus e o que pretendia. Supõem-no o Messias anunciado previamente pelos profetas e, em duas outras passagens, esforçam-se em arrancar dele explícita declaração acerca de sua identidade, como se vê nos *logia* 43 e 91, já comentados. Em nenhuma dessas oportunidades, Jesus confirmou sua condição messiânica. Não se identificava, por conseguinte, com o messias político-religioso previsto nas profecias. Infelizmente foi esta a crença que se espalhou por toda parte logo que ele morreu na cruz, ou seja, a de que ele fora o messias bíblico e voltaria dentro em breve, investido do poder de julgar vivos e mortos. Não era esta a sua condição e sim a de um enviado divino para reformulação geral na maneira de proceder da comunidade humana. Este tipo de enviado está mais compatível com as profecias de Malaquias do que com as que anunciavam belicosos messias políticos libertadores.

Realmente, indignado com a corrupção que grassava no meio sacerdotal e com as distorções doutrinárias e ritualísticas que se introduziam nas práticas do povo judeu, Javé mostra-se de extrema severidade através de Malaquias. (Não há como contestar que este documento resulta de comunicação claramente mediúnica. As palavras iniciais são inequívocas: "*Oráculo:* Palavra de Javé a Israel *por intermédio* de Malaquias").

A desordem tanto desagrada ao espírito que se manifesta em nome de Javé, que ele anuncia um mensageiro que viria 'preparar o caminho' e, a seguir, "o Senhor que buscais o Anjo da Aliança, que desejais". O precursor é identificado como João Batista e o Senhor e Anjo, com Jesus. Embora a profecia diga que este enviado seria "como o fogo do fundidor e como a lixivia dos lavadeiros", ou seja, um ser incumbido de promover radical processo de purificação, não se trata, obviamente, de um guerreiro com ambições políticas e propósitos dominadores. Talvez por isso encontremos nos ditos de Jesus, tanto nos canônicos como no *Evangelho de Tomé*, a expressão de que ele veio trazer fogo à terra e o que mais deseja é que toda ela arda.

É certo, portanto, que Jesus percebe estar sendo erroneamente identificado com esse enviado. Ele veio credenciado para promover reformas e não guerras de conquista e dominação. E com isso, são muitos – inclusive discípulos – os que perdem a oportunidade de aprender com ele a decifrar mistérios e enigmas da vida, enquanto ele ali está diante de todos, pronto a responder perguntas e esclarecer dúvidas. Em lugar disso, desperdiçam tempo a rebuscar remotas profecias que não se referem a ele.

53. Seus discípulos lhe disseram: – A circuncisão é útil ou não? Ele lhes disse: – Se ela fosse útil, o pai deles (dos meninos recém-nascidos) os teriam gerado circuncidados em suas mães. Mas a verdadeira circuncisão em espírito é inteiramente útil.

A circuncisão é ritual correspondente ao batismo na religião cristã, embora a verdadeira admissão do jovem à comunidade judaica somente venha a promover-se quando ele atinge doze anos de idade. Neste *logion* Jesus não atribui mérito especial ao ritual, que considera apenas pelo seu valor simbólico, sem nenhum correspondente sentido espiritual. Se fosse tão importante assim, argumenta ele, o menino já nasceria circuncidado. O que importa é a iniciação espiritual, o aprendizado do espírito, não um mero sinal em seu corpo físico.

54. Jesus disse: – Felizes os pobres, pois deles é o Reino dos Céus.

Dito semelhante ocorre nos canônicos, especialmente em Lucas (6,20) onde a expressão "pobres de espírito" não figura como em Mateus. O *logion* 54 leva a crer que se refira aos pobres em haveres e não em condições espirituais, se atentarmos para o contexto gnóstico em que figura. Isso porque uma doutrina que insiste na metodologia do conhecimento para se chegar ao melhor entendimento dos mecanismos da vida e, afinal, a uma reaproximação com Deus não pode propor que a pobreza *de espírito* seja condição desejável para a conquista do estado de perfeição. Trata-se, portanto, de pobreza material mesmo, no sentido de que a pessoa aprendeu a não se deixar dominar pela ânsia da posse, pelo enriquecimento material, pelo apego às coisas do mundo. Por isso, diria o Cristo, em outra passagem célebre, que mais fácil seria passar um camelo pelo furo de uma agulha do que ao rico entrar no reino dos céus. A mesma compatibilidade doutrinária encontramos com os *logia* nos quais ele insiste com os discípulos em que somente alcançarão aquele estágio último de merecimento do reino quando se despojarem até de suas roupas e de seus falsos pudores, como vimos ainda há pouco.

56. Jesus disse: – Aquele que conheceu o mundo achou um cadáver, e aquele que encontrou um cadáver, o mundo não é digno dele.

Este *logion* encontra-se repetido no de número 80.

80. Jesus disse: – Aquele que conhece o mundo encontrou o corpo, e aquele que encontrou o corpo, o mundo não é digno dele.

Dentro do mesmo espírito parece ser o de número 87:

87. Jesus disse: – Miserável é o corpo que depende de um corpo, e miserável é a alma que depende de ambos.

Encontramos o mesmo tema ainda no *logion* 112:

112. Disse Jesus: – Miserável é a carne que depende da alma, miserável a alma que depende da carne.

Em todos eles, a mesma dicotomia matéria/espírito, o mesmo alertamento para a condição transitória da matéria em relação ao espírito permanente. O mundo é apenas matéria, como um corpo, e aquele que sabe disso e põe esse conhecimento em prática transcende a condição de prisioneiro da matéria (o mundo não é digno dele). É preciso ainda que a alma não fique na dependência da matéria (da carne); basta a sujeição do corpo físico a ela. Duplamente prisioneira é a alma que se condiciona e aceita passivamente a sujeição à matéria em geral e à matéria que compõe o corpo em que se instala ao renascer. A explicitação de dois tipos de matéria parece dever-se ao fato de que, além de subordinar-se servilmente às exigências do corpo físico e suas ânsias, muitos são os que se deixam ainda escravizar pelos outros aspectos da matéria: bens, riquezas, poder e posições de dominação.

Diante disso, feliz mesmo é o pobre, ou seja, aquele que já não se importa com aconchegos que o mundo material lhe proporciona, pois seu cuidado maior é com o processo evolutivo em que está empenhado seu espírito, a fim de alcançar o quanto antes o Reino de Deus na sua intimidade.

57. Jesus disse: – O Reino do Pai é semelhante a um homem que plantou uma boa semente. Seu inimigo veio durante a noite e semeou entre elas o joio. O homem não deixou (seus servidores) arrancarem o joio. Ele lhes disse: – Temo que vocês tenham vindo para arrancar o joio e arranquem o trigo com ele; com efeito, no dia da colheita, o joio aparecerá e será arrancado e queimado.

Esta mesma parábola, mais explicitada em Mateus (13,24-30), figura aqui de maneira resumida, mas o sentido é o mesmo. Deus – o dono da terra – semeou a boa semente por toda parte, mas o 'adversário', que representa as más tendências pessoais de cada um – espalhou sorrateiramente o mal no mesmo terreno onde o bem havia sido implantado. Perguntado sobre a conveniência de erradicar-se o joio, o dono do campo preferiu deixá-lo crescer juntamente com o trigo. Na época certa, na colheita, seriam separados e o joio atirado ao fogo.

A idéia por trás da imagem é a de que convivem bons e maus pelo mundo afora. Em muitos casos, os bons até conseguem influenciar positivamente os maus, mas, se até a colheita persistirem estes nos seus propósitos, serão afastados para que os bons possam prosseguir seu caminho sem maiores perturbações.

O problema é que a parábola serviu na justa medida para a formulação escatológica, segundo a qual no Juízo Final (colheita), os maus (o joio) que caíram sob o poder do demônio (o adversário) seriam recolhidos e atirados ao inferno (fogo), onde arderiam por toda a eternidade!

Eis como um ensinamento inteligente formulado em termos simbólicos se transforma em doutrina dogmática, segundo a qual aquele que errou, arrastado pelo mal que não conseguiu vencer, não tem mais remissão, quando insistentemente está ensinado que todos viemos de Deus e a ele voltamos e nada existe senão em Deus. O que quer dizer: todos serão *salvos*.

58. Jesus disse: – Feliz o homem que sofreu: ele encontrou a Vida.

O enigma da dor vem atormentando muitos dos que especulam sobre temas religiosos. Agostinho chegou a questionar-se: ou Deus não sabia que a sua criatura iria sofrer, e neste caso não era onisciente, ou não podia evitar o sofrimento, e neste caso era cruel sempre que criava uma pessoa com um programa de dores a cumprir.

Não parece, contudo, que o problema tenha preocupado os gnósticos, como igualmente não perturbou aqueles que entenderam bem a doutrina de Jesus: a dor é a resposta da lei divina aos que se atritam com seus postulados reguladores do universo ético. O Cristo foi bem claro ao associar inevitavelmente o erro (pecado) com a dor (sofrimento); "vai e não peques mais, para que não te suceda coisa pior..." – disse. O sofrimento jamais é gratuito, ou seja, não resulta de jogo cego de forças incompreensíveis; ao contrário, é uma relação estreita de causa e efeito. O perdão está implícito na Lei, mas esta não dispensa a reparação. Mais do que isso: põe à nossa disposição todos os recursos para recomposição do equilíbrio que os atos ilícitos perturbaram.

Por outro lado, a Lei jamais exige a reparação daquele que não errou, nada cobrando ao inocente ou ao redimido. Disso resulta o que está expresso de maneira clara e objetiva no *logion*, ou seja, que o sofrimento é a moeda com a qual resgatamos nossas faltas. Não que fosse necessário sofrer. Para isso, contudo, fora preciso que também não cometêssemos nenhum desacerto.

Para que a correção e a reparação ocorram, dispõe o ser humano de repetidas oportunidades em novas existências na carne, enquanto isso for necessário ao seu programa evolutivo, até que haja encontrado, através da dor que redime, a vida verdadeira, como diz o *logion*. O aprisionamento na carne é restrição à liberdade do espírito, ao qual proporciona inevitável aturdimento e obnubilação.

Paradoxalmente, portanto, é através do sofrimento que aquele que errou conquista a sua felicidade e compreende o verdadeiro sentido da vida que é aperfeiçoar-se, a fim de se re-unir a Deus. Puech,[23] sempre atento, adverte que *Vida* e *Reino de Deus* ou *dos Céus* são expressões sinônimas nos textos de Tomé.

59. Jesus disse: – Olhem para aquele que Vive, enquanto vocês viverem, para que não morram e procurem vê-lo sem o conseguir.

O *logion* insiste na excelente oportunidade que têm os discípulos em suas mãos, de estarem na presença de Jesus, vivo com eles, na carne, sendo, ele próprio, um *Vivo* já re-unificado com Deus. A ele podem perguntar o que desejarem para esclarecer suas dúvidas e dirimir conflitos íntimos. No entanto, parecem um tanto desatentos a essa oportunidade única. Jesus prevê que mais tarde, quando compreenderem isso, não o terão mais junto de si para o amplo debate dos inúmeros problemas humanos.

60. Viram um samaritano que, levando uma ovelha, entrava na Judéia. Ele disse a seus discípulos: – O que deseja aquele ali fazer com a ovelha? Disseram-lhe: – Matá-la e comê-la. Ele lhes disse: – Enquanto ela estiver viva, ele não a comerá, mas (somente) quando ele a mata, ela se torna um cadáver. Eles disseram: – Ele não poderá fazer de outra maneira. Ele disse: – Vocês também; procurem um lugar no repouso a fim de que não se tornem cadáveres e que não sejam comidos.

Encontramos novamente a misteriosa palavra *repouso*, cujo sentido parece ser mesmo o de *paz* em Deus. Puech[24] informa que o termo grego *anapausis* foi conservado no texto copta. Isso, aliás, poderia confirmar sua postura de que o texto copta é tradução do grego, ao passo que outros, como Gillabert, acham que o texto copta é anterior e que o grego é que é uma versão do copta. A ovelha somente é comida quando se deixa matar, ou seja, quando passa à condição de matéria inerte. O *logion* parece, por conseguinte, advertir os discípulos para que não se deixem envolver pelo domínio da matéria e das coisas que a ela se associam, pois estarão, assim, convertendo-se em cadáveres, em mortos– vivos, sonâmbulos ou, como se diz alhures, no *Evangelho de Tomé*, em ébrios, no sentido de alienados.

> 61. *Jesus disse: – Dois repousarão sobre uma cama: um morrerá, o outro viverá. Salomé disse: – Quem és tu, homem? E filho de quem? Subiste ao meu leito e comeste em minha mesa. Jesus lhe disse: – Venho daquele que é igual. A mim me foram dadas as coisas de meu Pai. (Salomé disse): – Sou tua discípula. (Jesus disse:) – Eis porque digo: Quando ele for igual, estará pleno de luz, mas quando estiver dividido, estará cheio de trevas.*

Os tradutores confessam suas dificuldades com este *logion*, um tanto mutilado e de sentido mais hermético do que o usual. A frase inicial figura em Lucas (17,34) ao ser anunciada a volta do Messias em todo o seu poder glória. Em Tomé o contexto é outro, de vez que não tem a conotação messiânica, explícita ou implícita. Parece mesmo solto do restante do *logion*. Seja como for, evidencia o fato de que Jesus tinha também discípulas e não apenas homens. Salomé, aqui citada, seria provavelmente a mãe de João e Tiago. Nota-se ainda que, com ditos inesperados e impactantes, Jesus parece surpreender seus ouvintes, mesmo aqueles habituados a ele pelo convívio. Salomé declara-se sua discípula e comenta que apesar de ter-lhe proporcionado frequentes oportunidades de acolhê-lo em sua casa, onde dormia e se alimentava, ainda não o conhece suficientemente. É como se pensasse alto: Quem é, afinal este jovem que diz coisas tão extraordinárias?

Jesus diz, desta vez, que procede de Deus (aquele que é *igual*) e que desta integração com o Pai – que repete alhures, de várias maneiras – vem lhe o poder de que dispõe. E volta a ensinar que o segredo e a finalidade última da vida resumem-se no retorno a Deus. Unidos ao Pai somos luz, separados dele somos trevas.

Puech[25] discorre, em nota de rodapé, sobre o termo *igual*, que pode ser tomado como *unido,* segundo determinada acentuação, ou como *vazio, deserto,* segundo outra. Hennecke[26] informa que, neste *logion*, "as respostas de Jesus são obscuras, e várias traduções têm sido propostas", sem muito êxito, ao que se depreende.

Evidentemente que a interpretação que aqui oferecemos está sujeita a esse condicionamento a um texto obscuro e com lacunas. É inegável, porém, que alguns textos continuam fechados, à espera de chaves que não sabemos se e quando virão, ou de onde.

> *62. Jesus disse: – Falo de meus mistérios àqueles (que são dignos de meus) mistérios. Não deixe tua mão direita saber o que faz a esquerda.*

O dito evidencia claramente, como se pode depreender também dos textos canônicos, que Jesus pregava sua doutrina em dois níveis distintos: um mais popular e de fácil entendimento, outro mais profundo, reservado àqueles em quem ele identificava condições suficientes à compreensão de verdades transcendentais. Essa foi sempre a metodologia dos grandes mestres do passado. Os processos de iniciação eram apenas testes para sondar nos candidatos suas possibilidades de aprendizado. Muitos – senão a maioria – eram rejeitados logo de início. Os que passavam pelas provas eram separados para estudo mais demorado de suas possibilidades. Alguns poucos eram selecionados e pouquíssimos chegavam aos degraus superiores do aprendizado.

Jesus adotou critérios semelhantes, ainda que dispensando as provas preliminares. Suas observações pessoais, nascidas da convivência diária, proporcionavam-lhe elementos suficientes para distinguir, dentre muitos, aqueles poucos aos quais ele podia, como declara, confiar seus mistérios.

A expressão "não saiba a tua mão direita o que faz a esquerda" é utilizada em Mateus (6,3) em conexão com a maneira correta de esmolar, mas em Tomé a conotação é outra, parecendo indicar que o conhecimento passado a uns poucos escolhidos não deveria ser transmitido aos demais, considerados despreparados para isso. Esse mesmo conceito está implícito na parábola do semeador, de vez que a semente caída em terreno inadequado é praticamente perdida, pois não tem condições de germinar e, mesmo que o faça, não produz bons frutos.

Não há dúvida, pois, de que Jesus ministrava seus ensinamentos em dois níveis bem distintos. Os ditos preservados no texto atribuído a Tomé filiam-se predominantemente à corrente mais reservada dos ensinos, como se lê, aliás, da introdução aos *logia*. A tradução da mensagem de Jesus em dogmas e ritos, apoiada numa teologia esdrúxula, foi lamentável.

63. Jesus disse: – Um homem rico tinha muito dinheiro. Ele disse: – Empregarei meu dinheiro para semear, colher e plantar, encher meus celeiros de frutos, para que nada me falte. Eis o que pensava em seu coração, e naquela mesma noite ele morreu. Quem tenha ouvidos, que ouça!

Novamente o tema é o da transitoriedade da vida ("Sejam transeuntes") acoplado a outro tema recorrente: o da necessidade do desapego aos bens materiais e às riquezas.

Lucas (12,16-21) utiliza-se do mesmo dito e o expande em comentários, o que nos leva a crer que desenvolveu seu texto a partir de um *logion* sucinto como está em Tomé.

64. Jesus disse: – Um homem preparou um banquete para seus hóspedes mandou um servo a convidá-los. Este foi ao primeiro deles e lhe disse: – Meu senhor te convida. (O outro) disse: – Tenho dinheiro a receber de alguns mercadores. Eles vêm me procurar à noite e eu tenho de transmitir-lhes minhas ordens. Não posso aceitar o convite para o banquete. Ele (o servo) foi a outro (conviva) e lhe disse: – Meu senhor te convida. Este lhe respondeu: – Comprei uma casa e me pediram um dia para isso. Não terei tempo. Ele foi a outro e disse: – Meu senhor te convida. Ele lhe disse: – Meu amigo vai se casar e eu lhe ofereço um jantar. Não poderei comparecer. Peço para ser desobrigado do banquete. Ele foi a outro e lhe disse: – Meu senhor te convida. Ele lhe disse: – Comprei uma fazenda. Vou receber o dinheiro do arrendamento. Não terei como ir. Rogo ser dispensado. O servo foi-se e disse ao seu senhor: – Aqueles que o senhor convidou para jantar, desculparam-se. O senhor disse ao seu servo: – Saia para as estradas. Traga aqueles que você encontrar, para que jantem. Os compradores e negociantes não entrarão nos lugares de meu Pai.

Parábola semelhante figura em Mateus (22,2-10) acrescida, porém, de aspectos um tanto estranhos, segundo os quais os convidados não apenas recusam o convite, mas ainda espancam e matam os servos que os foram convidar. Enfurecido com esse procedimento, o dono da festa, que figura como rei, no texto de Mateus, mandou matar os convivas relutantes e ainda lhes destruiu as cidades em que moravam. Em seguida, o rei mandou convidar quem quer que fosse encontrado pelas estradas, e eles vieram, bons e maus, mas ao entrar na sala do banquete, o rei observa que um dos convivas não estava adequadamente vestido com a roupa nupcial e manda prendê-lo e lançá-lo fora, nas "trevas exteriores", onde haveria choro e ranger de dentes.

Como se observa, a violência está excluída do texto de Tomé, onde a parábola é linear, no seu singelo simbolismo, não apenas de que muitos são chamados e poucos escolhidos, como se conclui em Mateus, mas que, em vez de participarem do fabuloso banquete da vida para ao qual estão sendo convidados pelo Pai, são muitos os que se deixam envolver pelos interesses materiais, presos à transitoriedade da existência terrena, esquecidos de compromissos espirituais e da verdadeira vida que é a do espírito. Mais uma vez, portanto, vemos o tema recorrente do apego à matéria em prejuízo do aperfeiçoamento do espírito.

O texto singelo e enxugado de Tomé, em confronto com os adornos acrescidos a Mateus, parece mais um pensamento original de Jesus, o que leva a crer que, ao contrário do que alguns pensam, Tomé antecede aos canônicos, que se apresentam mais elaborados e menos confiáveis. Isso porque as diversas camadas redacionais tendem a acrescentar adornos que não se encontram nos documentos primitivos. Estes são sempre rústicos e sucintos, deixando espaço às especulações e conclusões dos leitores. No caso específico dos *logia*, como vimos, os textos são meros lembretes, roteiros sumarizados sobre os quais se desenvolvia a pregação oral. Não deve ter faltado quem quisesse e tentasse explicitá-los, em adições e mutilações desastradas.

> *65. Ele disse: – Um homem de bem possuía uma vinha e a deu a seus trabalhadores para que a trabalhassem e para que pudesse receber deles o rendimento. E enviou seu servo para que os trabalhadores lhe entregassem o rendimento da vinha. Estes se apoderaram de seu servo e o espancaram, pouco faltando para que o matassem. O servo se foi e contou o que aconteceu ao seu senhor. Seu senhor lhe disse: – Talvez eles não o tenham reconhecido. Enviou outro servo: os trabalhadores bateram neste também. Então o senhor enviou seu filho. E disse: – Talvez eles tenham respeito pelo meu filho. Os trabalhadores, ao saberem que ele era o herdeiro da vinha, apoderaram-se dele e o mataram. Quem tenha ouvidos que ouça!*

Este *logion* apresenta a correta imagem de que a Terra e seus acessórios constituem empréstimos feitos aos seres que a vêm habitar por algum tempo, durante a existência na carne. A utilização dos bens não somente é permitida, mas estimulada, já que o senhor da vinha arrendou-a aos seus próprios trabalhadores para que a façam produzir. Quando, porém, envia um emissário para arrecadar a parte que lhe cabe das realizações feitas, este é agredido severamente. Novo emissário, portador de mensagem semelhante, é igualmente agredido. Finalmente vem o próprio filho do proprietário, na esperança de conseguir o que os outros não conseguiram. Este, contudo, com mais razão, é espancado e acaba por ser assassinado, de vez que, mais do que os outros, é o herdeiro. É evidente que os trabalhadores desavisados, movidos por desmedida ambição, desejam a posse integral da vinha para fazerem dela e de suas próprias vidas o que bem entenderem, sem normas ou leis restritivas e sem prestação de contas a ninguém.

É transparente a alusão à tarefa missionária de Jesus que se apresenta como Filho de Deus, condição hierarquicamente superior à de filho de homem. Este apenas se libertou do ciclo das vidas sucessivas na matéria, ao passo que o Filho de Deus já se integrou ao Pai, com o qual se fez um.

Observa-se, portanto, que sucessivos emissários divinos com mensagens e tarefas a empreender junto aos habitantes da Terra têm sido rejeitados e até torturados ou assassinados. Enquanto isso, os arrendatários da vinha, esquecidos da sua condição espiritual, continuam cegamente comprometidos com atividades puramente materiais e transitórias.

Devo confessar, contudo, que me parece um tanto carregado o colorido messiânico, o que denuncia uma forte influência por parte das conotações dogmáticas contidas nos canônicos.

Estes dois últimos *logia* (64 e 65) são os mais longos do *Evangelho de Tomé*.

66. Jesus disse: – Mostrem-me a pedra que os construtores rejeitaram: ela é a pedra angular.

As antigas construções de pedra exigiam extremo cuidado e especial competência no fechamento dos arcos e abóbadas. As pedras iam sendo assentadas umas sobre as outras, depois de devidamente reduzidas à forma desejada, até que o último espaço no ângulo superior era ocupado pela pedra-chave. Era esta a mais importante e crítica, porque suportava as demais, distribuindo com elas o peso e as resistências mútuas que sustentavam o arco ou o teto. A língua francesa chama-a de *pierre d'angle* – pedra angular, sendo idêntica a expressão inglesa *cornerstone*. É, portanto, peça indispensável ao equilíbrio e acabamento de toda a estrutura pacientemente montada. Sem ela o arco não se sustenta.

Fica, assim, transparente o sentido do *logion*: precisamente a pedra mais importante, o conhecimento mais necessário e superior, o toque final, a chave última de importantes aspectos da vida é rejeitado sistematicamente pelos que estão empenhados na construção das estruturas do conhecimento.

Esse interessantíssimo *logion* continua tão atualizado hoje quanto naqueles tempos. Antes eram os que especulavam em torno de temas filosóficos e teológicos, hoje são os que se dedicam à ciência. Continuamos a ver pensadores eminentes a rejeitar a pedra angular. Como pode alguém armar um conjunto de especulações inteligentes e racionais acerca dos problemas humanos em geral sem admitir conceitos fundamentais como o da realidade espiritual subjacente, sobre a qual tudo o mais se apóia? Como equacionar e entender o problema do mal, da dor, da aparente injustiça das leis cósmicas que, às vezes, parecem punir o inocente e premiar o celerado, se for ignorada a doutrina básica das vidas sucessivas? Como entender complexidades da psicologia humana sem admitir a preexistência do ser? De que maneira atribuir-se a cada um sua inalienável quota de responsabilidade pessoal pelos atos que pratica, sem uma sequência encadeada de existências reparadoras? De que maneira entender o fenômeno conhecido como ressurreição do Cristo sem aceitar a sobrevivência do ser e suas faculdades de manifestação e intercâmbio com os que ficaram na carne? Como explicar a visão corpórea de Jesus, dito ressuscitado, sem admitir, como Paulo, que somos dotados de um corpo material que se decompõe após a morte, e outro energético, que ele chamou de espiritual e que segue vivendo em outra dimensão?

Não há sombra de dúvida: está faltando a todos esses pensadores, filósofos e teólogos a pedra angular, o elegante fecho final da abóbada que, por isso, continua instável. A cada passo, vemos complicadas estruturas de pensamento ruírem fragorosamente, por lhes faltar a peça que iria sustentar toda a formação que, sem ela, é apenas um monte disforme de pedras que não se aguentam nas posições para as quais foram desenhadas.

O cristianismo ortodoxo foi particularmente infeliz neste aspecto, ao rejeitar em favor da formulação dogmática, conceitos indispensáveis às suas arquiteturas ideológicas. Este *logion,* e outros do mesmo teor, nos levam a convicção de que Jesus não apenas percebia que noções básicas acerca do que costumo chamar a realidade espiritual estavam sendo mal compreendidas ou não entendidas de todo, mas que, de futuro, poderiam ser sumariamente rejeitadas em favor de conceitos absolutamente inaceitáveis aos fins a que ele se propunha. Ele trazia um projeto inteligente de vida, modelo de comportamento que servisse de roteiro a todos os seres humanos empenhados na reunificação com Deus.

Em lugar disso, a teologia montou esquemas fantasiosos que serviram por muito tempo para assegurar o poder temporal sobre multidões, mas que conduziram a Igreja, como instituição de caráter essencialmente religioso, a becos sem saída perante a mentalidade moderna, que não mais admite a divindade do Cristo, a existência do inferno, a presença do demônio, o pecado original e coisas desse tipo.

O leitor interessado encontrará em meu livro *Cristianismo – A Mensagem Esquecida* discussão mais ampla em torno dessas questões vitais ao entendimento, não apenas da doutrina de Jesus, mas do próprio mecanismo da vida, que para isto veio ele para o nosso convívio: trazer pessoalmente a sua mensagem renovadora e, afinal de contas, tão singela!

Não há dúvida: na elaboração de toda a complexa estrutura teológica montada supostamente sobre os ensinamentos de Jesus, foi rejeitada a pedra angular – a da realidade espiritual e suas inevitáveis implicações.

67. Jesus disse: – Quem conhece o Todo, mas está privado de si mesmo, priva-se do Todo.

Neste, como em vários outros ditos sucintos, foi colocado um pensamento profundo e amplo nas suas implicações. Puech[27] contribui com esclarecimento adicional ao texto, dizendo que a expressão deve ser entendida como "privado (do conhecimento) de si mesmo".

O conteúdo do *logion* é dos mais significativos. Ainda que o objetivo dos gnósticos tenha sido o retorno a Deus através do conhecimento, há uma clara advertência neste dito, segundo a qual, mesmo aquele que tenha alcançado estágio de elevado conhecimento do Todo, estará fadado ao fracasso se não tiver conhecimento de si mesmo ou não souber usá-lo devidamente. É tão grave esta falha que a pessoa se verá impedida de participar da divindade.

68. Jesus disse: – Felizes vocês quando forem odiados, quando forem perseguidos e não se encontrar o lugar onde vocês foram perseguidos.

A terminologia gnóstica utilizada nos *logia*, ou, reversamente, deles derivada, é um tanto enigmática, às vezes quando não decididamente hermética . Examinando algumas dessas expressões e termos em busca de seu verdadeiro sentido, Puech[28] oferece sugestões a respeito de *repouso*, e também *lugar (local* ou *ambiente)* correspondente à palavra grega *topos*, ao francês *lieu*, ao inglês *place* ou ao latim *locus*. O termo parece ter significações diversas, segundo o contexto em que está empregado. Com base nos *logia* 24 e 60, Puech entende que a palavra *lugar* "constitui o objeto, o fim da busca espiritual e se identifica provavelmente com o próprio local onde Jesus *está*, onde ele pode ser encontrado" (o destaque é do original francês).

Aplicando tais informações ao texto do *logion* 68, depreendemos que o ódio e a perseguição que suscita constituem sinais evidentes de que a pessoa está entre as minorias que começam a acertar com o caminho que leva à sua reintegração na divindade. Por isso encontra considerável oposição da parte daqueles que ainda não despertaram para essa realidade. Paradoxalmente, portanto, o ódio e a perseguição àqueles que buscam é um bom sinal, de vez que indicam que a pessoa está no caminho certo.

Já quanto à frase final, a despeito das eruditas e competentes observações do Prof. Puech comentadas há pouco, continuo sem saber que interpretação propor.

69. Jesus disse: – Felizes em seus corações aqueles que forem perseguidos. Eles conheceram o Pai em verdade. Felizes os famintos, porque eles serão satisfeitos naquilo que desejarem.

Ainda o tema da incompreensão criada em torno daqueles que buscam honesta e obstinadamente a perfeição espiritual, mas com a consoladora ressalva de que estes, sim, conhecerão mais cedo a integração em Deus. A fome (espiritual) acabará por ser inteiramente satisfeita.

70. Analisado em conexão com o de número 41.

71. Disse Jesus: – Destruirei esta casa e ninguém será capaz de reconstruí-la.

Outro *logion* sucinto e expressivo.

Com ajuda dos canônicos, podemos perceber que Jesus fala de seu próprio corpo físico, que Paulo caracterizou como *templo do espírito*. É certo que ninguém teria como Jesus consciência tão nítida da transitoriedade da matéria em que se hospeda temporariamente o espírito, na sua jornada pela Terra. Os canônicos dizem que este dito teria sido interpretado pelos que o ouviram como ameaça que Jesus teria feito ao templo de Jerusalém e muito se admiraram de que ele pudesse falar daquela maneira. Nem os discípulos teriam entendido a alusão, que somente iria ser compreendida após a ressurreição, quando se lembraram da expressão e concluíram que Jesus falara de seu corpo físico ressuscitado.

Parece, no entanto, que se observa aqui mais uma passagem em que o dito teria sido utilizado para expressar coisa diferente da pretendida por Jesus. Tomé diz apenas que a casa (certamente o corpo físico) seria destruída sem que ninguém pudesse reconstruí-la. Os canônicos utilizam-se do dito para consolidar a crença na ressurreição física de Jesus, e acrescentam que "em três dias" ele faria essa reconstituição. Há de chegar a época, não obstante, em que a ressurreição deva ser entendida no seu contexto espiritual, não fisiológico. Em outras palavras: é uma demonstração da realidade do 'segundo corpo', o espiritual, não a *ressuscitação* do corpo material, que se decompõe ao ser confiado à terra.

Há, contudo, um aspecto singular acerca deste *logion*. As pesquisas realizadas com toda a sofisticação da tecnologia contemporânea sobre o Sudário de Turim demonstram a inesperada e impactante realidade de que o corpo de Jesus teria sido literalmente *desmaterializado,* o que somente pode ser resultado de ato deliberado de sua vontade pessoal. Em outros termos: ele *quis* mesmo desintegrar seu corpo físico, liberando os átomos que o compunham, provavelmente, a fim de que não ficasse resíduo que servisse a disputas e controvérsias inúteis, em prejuízo do conteúdo espiritual de sua mensagem.

O leitor interessado é convidado a ampliar suas pesquisas na abundante literatura surgida nos últimos anos a respeito deste fascinante assunto. Segundo dizem os cientistas, o corpo físico foi desmaterializado por um processo que a ciência moderna é capaz de *explicar,* mas não consegue (ainda) *reproduzir.* Se tudo isso é mesmo verdade, então Jesus teria manifestado no *logion* 71 o seu propósito antecipado de proceder conscientemente a essa operação desmaterializadora em relação ao seu corpo físico. Sendo assim, esse *logion* se reveste de autenticidade indiscutível, dado que ninguém teria condições de interpretá-lo corretamente até que a tecnologia moderna se pronunciasse sobre o Sudário. E para terminar: se a ciência não sabe como produzir o fenômeno da desintegração muito menos seria capaz de refazer o corpo assim desmaterializado. Exatamente como está no *logion!*

* * *

Ao escrevermos estas linhas, em 1991, o problema do Sudário está longe de ter sido satisfatoriamente resolvido. A despeito do pronunciamento aparentemente definitivo da ciência, com base na datação do material pela técnica do carbono 14, o debate prossegue. Entendem alguns cientistas, munidos de respeitáveis argumentos, que o incêndio a que foi exposta a peça de linho em 1532 teria provocado substanciais alterações na leitura dos índices, e, por conseguinte, deslocado drasticamente a data a ela atribuída.

Por outro lado, como assinalam esses contestadores, o eventual posicionamento do Sudário como obra de arte, na Idade Média, segundo propõem os responsáveis pelos testes de laboratório, somente contribui para acrescentar mais enigmas do que aqueles que se pretende resolver. Não haveria como explicar o fenômeno da gravação, no tecido, de uma imagem anatomicamente perfeita, sem uso de pigmentos coloridos, em negativo e ainda coerente com os relatos evangélicos sobre a sinistra rotina da crucificação de Jesus. Realmente, há evidência bem nítida da coroa de espinhos nos ferimentos da cabeça, bem como da ferida no tórax, provocada pela lança, tanto quanto a integridade dos ossos das pernas, que não foram quebrados, como de praxe nos demais condenados.

Cabe acrescentar que permanecem dignos de consideração outros aspectos relevantes da questão, como a meticulosa e competente pesquisa do Dr. Frei, cientista suíço, que encontrou no Sudário vestígios de fungos compatíveis com as regiões onde, segundo a tradição, a peça teria estado, no correr dos séculos.

Não faltam, ainda, comentários sobre o estranho e inexplicável açodamento com o qual a Igreja acolheu o parecer da ciência, concordando com o esvaziamento da questão da autenticidade do Sudário, que foi degradado da condição de a mais importante relíquia do cristianismo à de mero ícone com alguma tonalidade histórica, mas sem o relevo que lhe fora atribuído.

Chegou-se, mesmo, a questionar como algo suspeitos certos procedimentos não muito bem explicados, quando do processamento laboratorial dos fragmentos de linho submetidos a estudo.

Não tenho como entrar no mérito de tais aspectos, desejo apenas evidenciar que, a admitir-se como válidas ou pelo menos dignas de exame as contestações colocadas, o problema da autenticidade do Sudário de Turim permanece em aberto.

72. (Um homem lhe disse): – Fala com meus irmãos para que eles dividam comigo os bens de meu pai. Ele lhe disse: – Homem, quem fez de mim um partilhador? Ele voltou-se para seus discípulos e lhes disse: – Não sou um partilhador, sou?

Mais uma oportunidade em que as pessoas que o cercam demonstram não ter noção muito precisa de quem é ele e o que pretende. Obviamente Jesus não veio à Terra para cuidar de questões desse tipo.

Lucas (12,13-14) utiliza-se do dito – que não figura nos demais canônicos – para pregar contra a cupidez, o que não parece ter sido a intenção de Jesus, que demonstra não desejar envolver-se nos mesquinhos negócios do mundo.

73. Jesus disse: – A colheita é abundante, mas os trabalhadores são poucos. Orem ao Senhor para que envie mais trabalhadores para a colheita.

Dito semelhante figura nos canônicos com o mesmo sentido. Uma enorme quantidade de trabalho aí está a ser realizado entre os que sofrem e ignoram e, no entanto, poucos são os trabalhadores dispostos a realizá-lo. Mesmo os que vêm para isso programados, aqui chegando, esquecem-se dos compromissos assumidos no mundo espiritual e, mesmo conscientes deles ou advertidos a respeito do que lhes cabe fazer, optam pelo comodismo egoísta.

74. Ele disse: – Senhor, muitos estão ao redor do poço, mas ninguém está no poço.

Não se trata propriamente de um dito; pelo menos, não daqueles que se dirigem aos discípulos ou a outros ouvintes, mas uma espécie de observação que Jesus dirige ao Pai, lamentando que tanta gente viva em torno das fontes da verdade e nem sequer perceba que pode beber da água que ali está.

75. Jesus disse: – Muitos estão diante da porta, mas são os solitários que entrarão na câmara nupcial.

Mais uma vez Puech[29] lembra que o termo copta corresponde ao grego *monakhos* e quer dizer não apenas *isolado, solitário, unificado*, mas "aquele que se reintegra em si mesmo e com a unidade". São poucos os que alcançam esse elevado patamar evolutivo e ficam em condição, no dizer da mística oriental, de entrar na câmara nupcial. O *unificado*, portanto, é aquele que contrasta conceptualmente com o dividido ou separado de si mesmo e da divindade.

> 76. Jesus disse: – O Reino do Pai é semelhante a um mercador que possuía muita mercadoria e encontrou uma pérola. Esse mercador era sábio: vendeu toda a sua mercadoria e comprou para ele a pérola única. Vocês também: procurem o tesouro que não perece, mas dura, que se encontra onde a traça não entra para devorá-lo nem os vermes podem destruí-lo.

O mercador trocou toda a mercadoria de que dispunha para revenda com lucro, a fim de adquirir uma única pérola para si mesmo, para seu uso e não para revender. Novamente se insiste no tema da renúncia a umas tantas coisas, a fim de termos acesso a outras ou, mais especificamente, rejeição aos envolvimentos com a matéria que embrutece e retém o ser nos estágios inferiores da evolução, em contraste com a valorização dos interesses superiores do espírito – no caso uma pérola tão valiosa que ele não hesitou em trocar tudo o que tinha por ela, mesmo sabendo que não mais disporia de bens para revenda. A esse mercador o texto qualifica de *sábio*. Ao explicitar a moral da parábola, o dito esclarece que a prioridade da busca deverá ser sempre orientada para os tesouros que a traça e os vermes não consomem.

> 77. Jesus disse: – Sou a luz que está sobre todos. Eu sou o Todo: o Todo saiu de mim e o Todo retornou a mim. Rachem um pedaço de madeira: lá estou eu; levantem a pedra e me encontrarão ali.

Este *logion* tem características singulares e se distingue nitidamente dos demais, no sentido de que o ensinamento nele contido não parece provir de Jesus e sim da divindade acima de todos. Realmente, Jesus parece aqui falar em nome de Deus ou, em outras palavras, Deus fala por intermédio dele, declarando-se origem e destinação de tudo quanto existe, num fluxo e refluxo permanente e eterno. Tudo se contém nele e, por isso, ele está em toda a parte, mesmo dentro da madeira ou sob a simples pedra que se retira de onde estava.

Integrado em Deus, Jesus fala por ele ou Deus fala em Jesus. Belíssima síntese para expressar a onipotência e a onipresença de Deus, fora do qual ninguém vive e nada existe, uma divindade imanente e transcendente, tão difícil de conceber e ao mesmo tempo tão fácil de encontrar, pois está em toda parte.

Quanto à hipótese de Jesus falar aqui em nome de Deus, temos inúmeros precedentes na linguagem bíblica do Antigo Testamento, quando os profetas falam em nome de Javé. Esta hipótese parece coerente com o que está expresso no *logion* 79, que assim diz:

> 79. *Uma mulher na multidão disse a ele: – Feliz o ventre que te gerou e os seios que te nutriram. Ele lhe disse: – Felizes aqueles que ouviram a palavra do Pai e praticaram a verdade. Dias virão, com efeito, em que se dirá: – Feliz o ventre que não concebeu e os seios que não amamentaram.*

A palavra de Deus chega, pois à sua destinação final, na Terra, ou seja, aos ouvidos humanos, mas são poucos aqueles que prestam atenção e a põem em prática. Jesus é o mais qualificado porta-voz dos ensinamentos divinos. Tão unido está ao Pai que este transmite seu pensamento diretamente e por intermédio dele, como se vê no *logion* 77.

O *logion* 79 é gnosticismo puro no sentido de que feliz é aquele que não mais precisa deixar-se aprisionar na matéria densa, porque já se libertou do ciclo das reencarnações, deixou de ser filho de Mulher. Não há mais necessidade de ventres para gerar e seios para amamentar novos corpos físicos, porque todas as criaturas espiritualizaram-se, reintegraram-se em Deus.

O 77 é o *logion* sobre o qual mais longamente se demorou Puech em seus comentários, sendo que um bloco maciço de quinze páginas figura entre as de número 249 e 264 do segundo volume de sua obra.[30]

Certamente seria proveitoso acompanhar toda a exposição do eminente especialista, sempre apoiado em extensas e profundas pesquisas pessoais e na sua respeitável erudição, mas não dispomos de espaço para tanto, se é que pretendemos manter este livro dentro de proporções aceitáveis. É preciso, não obstante, dizer aquele mínimo indispensável para melhor entendimento das complexidades envolvidas neste dito.

Como observa o leitor, adoto a posição de que Jesus fala *por* Deus, ao passo que Puech parte do pressuposto de que ele fala *como* Deus. Não é minha intenção confrontar a minha opinião com a do ilustre professor francês, mas observar que a adoção da segunda opção cria mais dificuldades do que as que pretende resolver e mais questionamentos do que se propõe responder. Puech mesmo está bem consciente de tais dificuldades ao declarar, como o faz à página 241, que, interrogados a respeito de Jesus, os *logia* contidos no *Evangelho de Tomé* dariam respostas diferentes "mostrando uns, sem contestação, que Jesus distingue nitidamente entre si mesmo e seu Pai; outros (como o *logion* 61), parecendo estabelecer entre eles completa igualdade; outros, enfim, assimilando Jesus ao Todo ou à Luz, ao Princípio e ao Fim de todas as coisas (*logion* 77) e, nisto, confundindo-o ou parecendo confundi-lo com o próprio Deus".

Essas observações são fundamentais para melhor entendimento da questão. Não vejo no *logion* 61, por exemplo, a idéia de que Jesus seja *igual ao* Pai, e sim a de que ele *provém* "daquele que é igual". Ora, Puech mesmo admite que não se trata de 'igualdade e consubstancialidade' com o Pai, como propõe Ernst Haenchen.[31] Isso porque a expressão copta correspondente a "aquele que é igual", pode ser também "compreendida e traduzida", como "daquele que é igual (a si mesmo)", ou que "é o mesmo (um ou a Unidade)" tanto quanto "aquele que é igual a mim". Ante tais dificuldades para melhor definição da tradução, Puech afirma modestamente que Jesus limita-se a "certificar que provém de Deus, ou do mundo transcendente, do Um (sempre idêntico a si mesmo) ou da Esfera da Unidade, do Indivisível" (p. 249). *Igual,* nesse contexto, seria equivalente a *imutável.*

É escassa, portanto, a evidência textual para assegurar que ele se considera igual a Deus. Por outro lado, são explícitas as palavras, como no *logion* 100, ao estabelecerem perfeita distinção entre ele e Deus, o que também se encontra nos canônicos, quando declara sua condição de alguém que o Pai enviou à Terra para trabalho específico junto à humanidade.

Num texto como o de Tomé, no qual identificamos o traçado de uma coerência que, em diferentes oportunidades, temos ressaltado aqui, seria incongruente considerar Jesus ora distinguível do Pai, ora semelhante, ora apresentando-se ele próprio como Deus. Estou convencido de que tais discrepâncias localizam-se na maneira incorreta de interpretar os textos, em defeitos de tradução ainda não bem identificados e corrigidos. Há, ainda, casos de evidente enxertia e manipulação, como no *logion* 44, com a óbvia construção posterior para dar cobertura à teoria da Trindade.

Em suma: no meu entender, Jesus se posiciona como o Filho do Homem, ser redimido, o eleito, o Vivo, perfeitamente consciente de sua estatura espiritual e da sua integração em Deus, "lá, onde a luz nasce de si mesma", de onde saiu um dia e para onde já retornara, fechando o ciclo da sua peregrinação evolutiva. Definitivamente, ele não se põe como Deus, como lamentavelmente desejam fazer crer os redatores finais dos textos canônicos, ou melhor, dos criadores de dogmas. Estar unido ao Pai, ser um com ele, tendo condições de auscultar-lhe o pensamento e a vontade, está longe de significar também que ele é igual a Deus ou o próprio Deus. Estaríamos assim recaindo na funesta doutrina da coeternidade, criada para justificar a divindade de Jesus e sua participação na Trindade. Erigida à condição de dogma e, mais do que isso, de mistério impenetrável à análise crítica, a Trindade é um dos vários problemas insolúveis que se tornaram incômodos para a Igreja, porque só admitem o recuo.

78. Jesus disse: – Por que vocês saíram para o campo? Para verem um caniço agitado pelo vento e para verem um homem vestido de delicadas roupas? Eis que os reis e os grandes homens são os que se vestem de (roupas) delicadas e não poderão conhecer a verdade.

O ensinamento aqui é claro e reverte com insistência a um dos pontos básicos da temática preferida em Tomé: a de que as pessoas excessivamente preocupadas com os aspectos materiais da vida – com o que vestem e comem, por exemplo – ficam sem condições e espaço interior para cultivar o conhecimento da Verdade que, esta sim, leva aos patamares superiores da evolução espiritual.

80. Analisado em conexão com o de número 56.

81. Jesus disse: – Aquele que enriqueceu possa tornar-se rei, e aquele que está investido de poder, que renuncie a ele.

Neste *logion* a riqueza é tomada em seu sentido figurado, como bem espiritual, não material. Jesus recomenda que, alcançado esse estágio evolutivo, a pessoa possa tornar-se rei, ou seja, ser investida de autoridade e poder para ensinar, provavelmente, ou dirigir, mas conclui, em aparente paradoxo, que, atingida essa etapa, a pessoa renuncie ao poder.

Para entendimento desta passagem é útil a leitura da cena descrita nos canônicos, quando, após confirmar seu *status* de Mestre e Senhor, Jesus assume humildemente a condição de servo, preparando-se para lavar os pés de seus discípulos. Sua atitude causa impacto e marca a inesquecível postura, deixando muito clara a lição de que os líderes políticos, sociais ou religiosos são suscitados para servir e não para dominar e oprimir. Daí o roteiro evolutivo que ele recomenda: enriquecer-se de conhecimento, tornar-se um dirigente (rei), mas renunciar ao *exercício do poder* tal como é entendido entre os seres humanos, onde poderosa é pessoa para ser temida, reverenciada, servida e obedecida sem hesitações ou contestações.

Não é assim que Jesus entende o exercício do poder, mas renunciando às suas mordomias e aconchegos, para colocar-se como servidor maior, que dispõe de mais amplas condições e oportunidades precisamente para servir àqueles que dele dependem, que lhe estão subordinados ou que lhe forem confiados para alguma tarefa.

Não é sem razão que H. G. Wells[32] declara que esse Nazareno foi grande demais para nós. Ainda não se inventaram as medidas com as quais teremos, um dia, noção mais precisa do que ele vale como ser humano, situado nos cumes mais elevados da evolução espiritual.

O mesmo pensamento de renúncia após o enriquecimento do espírito figura no *logion* 110 assim expresso:

> *110. Jesus disse: – Aquele que encontrou o mundo e ficou rico, que renuncie ao mundo.*

Em proveito da clareza, somos tentados a tomar certas liberdades com os textos, traduzindo este, por exemplo, da seguinte maneira: "Aquele que encontrou o mundo e enriqueceu-se de conhecimento, que renuncie ao mundo". Entendo, porém, que tais escritos devam ser tratados com o maior respeito, a fim de que não sejam vitimados por irrecuperáveis deformações no sentido, como aconteceu com os canônicos, onde tais liberdades foram desastrosas para a singela doutrina de Jesus.

São muitas as palavras e expressões que não têm para nós, hoje, o mesmo sentido que tinham para leitores e ouvintes de dezesseis séculos atrás. Nem o vocabulário da época era tão rico que pudesse expressar matizes mais sutis de idéias, especialmente em documentos destinados a preservar ensinamentos destinados às classes populares e não aos eruditos. É da maior importância, por isso, conservar intactos os textos originais, para que sejam constantemente reestudados em busca de traduções que se aproximem, cada vez mais, do real sentido que se desejou preservar para a posteridade.

Reportando-se, a propósito, aos *logia* 3, 29, 67, 81 e 110, combinados com os de número 2 e 80 que, de uma forma ou de outra, apresentam a temática da dicotomia riqueza/pobreza, Puech[33] lembra, com insistência, em vários pontos de seu livro, que a palavra *riqueza* "está ligada à aquisição e posse do Conhecimento, (da *gnose*) e *pobreza*, sinônimo de *agnoia* ou *agnosia*, de 'perda', ou de "obnubilação da consciência de si mesmo", de *ignorância* ou de "desconhecimento de si" ou, para dizê-lo de outra maneira: de 'alienação', *anoia*, (anoia = inconsciência, despossessão de si mesmo.)

Acrescenta ainda o ilustre autor que não se trata aqui de "linguagem peculiar ao nosso evangelho, mas de terminologia convencional, e mais ou menos tradicional", no que tem toda razão.

82. Jesus disse: – Aquele que está perto de mim está perto do fogo, e aquele que está longe de mim está longe do Reino.

Neste *logion* vemos empregada mais uma vez a imagem do fogo purificador, que impõe sofrimentos àquele que o experimenta, mas também constrói na intimidade de cada um o Reino de Deus, ou seja, o império das leis divinas em seus pensamentos, palavras e atos.

83. Jesus disse: – As imagens são reveladas ao homem e a luz que elas contêm oculta-se na imagem da luz do Pai. Ele será revelado e sua imagem estará oculta pela luz.

Eis um *logion* de difícil interpretação. Puech refere-se em diferentes pontos de seu livro à dificuldade dos eruditos em atinarem com o verdadeiro sentido do termo *imagem*.

Arrisco-me à minha interpretação pessoal, puramente intuitiva. Entendo que todo o universo – os seres vivos inclusive – constitui um pensamento de Deus e se revela não em sua realidade íntima, mas em símbolos, arquétipos ou *imagens* da realidade que, em si mesma, é inatingível àqueles que ainda não alcançaram o estágio evolutivo próprio. Tal realidade refletida permanece oculta na luz que também é de difícil apreensão, porque ela também é imagem da verdadeira luz. De fato, os estágios finais da evolução do ser são sempre representados como manifestações visuais de intensa luz, como profusamente iluminados se apresentam às vidências mediúnicas os espíritos de mais elevada condição evolutiva. Essa luz refletida é, no seu conjunto, no seu Todo (expressão tipicamente gnóstica), manifestação do próprio Deus que também não se revela em sua essência mesma, mas naquilo que faz, ou seja, em imagens. Chegará um momento, contudo, como se lê no final do *logion*, que o próprio Deus se revelará na plenitude de sua realidade ao espírito que nele se reintegrou, como Jesus, a ponto de se tornar um com ele. Não obstante, a realidade que Deus projeta de si mesmo apresenta-se como luz também, sem forma, cor ou movimento, e como luz está oculta ou diluída na própria luz. Como iria destacar-se a luz no meio de uma luz de igual intensidade? Nesse sentido, portanto, é que o ser criado integra-se em Deus, consciente como individualidade, conhecedor profundo dos mistérios do universo e suas leis, mas, simultaneamente, partícula luminosa na luz divina. O que significa que ele não se perde em Deus e nem o vê, ele apenas o sente e o entende como a vibração da inteligência suprema, da vontade irresistível, mas branda, suave, bondade pura, amor integral.

De fato, somente se destacaria dentro desse foco luminoso o corpo ou objeto menos luminoso, denso ou mesmo escuro. Mas o ser em tais condições jamais teria como aproximar-se do foco. É preciso que, antes disso, a luz que traz em si, em estado potencial, se revele nele.

84. Jesus disse: – Quando vocês virem a própria semelhança, alegrem-se. Mas quando virem suas próprias imagens manifestadas diante de vocês, que não morrem nem se manifestam, muito grande será o que suportarão.

Este enigmático *logion* oferece não poucas dificuldades. A primeira delas está em que as traduções em línguas modernas se chocam. A edição (inglesa) de Brill, incluída no livro de Hennecke, apresenta o dito de forma interrogativa: *"será que aqueles a quem Jesus se dirige suportarão o impacto das imagens?"* Na sua versão em português, Rohden prefere esta fórmula, ao passo que Puech, na versão francesa, embora admitindo que o texto possa ser também interrogativo, optou pela forma afirmativo-exclamativa que, no meu entender, parece mais indicada. O leitor sabe que não afirmo isso porque disponha de autoridade, mas por mera opção pessoal apoiada na intuição. Não me parece racional que, atingido o estágio em que o indivíduo tem verdadeira revelação acerca de si mesmo e de enigmas de sua personalidade não esteja em condições de suportá-la.

Mais uma vez, contudo, Puech[34] enfrenta a dificuldade que certos termos oferecem como *semelhança (ressemblance)* e *imagem (image)* que, neste *logion*, aparece no singular e no plural.

Ao examinar o *logion* precedente, de número 83, entendemos o termo *imagem* como *representação* ou *manifestação* de uma realidade inexprimível de outra maneira, por se tratar da própria substância das coisas. Não vemos razão para modificar essa interpretação em face do *logion* 84. Ao que se depreende de atenta leitura deste *logion*, parece haver uma espécie de hierarquização de imagens: algumas são rotineiramente manifestadas e mais ou menos transitórias, ao passo que outras são permanentes (não morrem) e precisam ser entendidas de outra maneira, porque não se manifestam. Entendo que isso queira dizer que há realidades que não se traduzem em imagens e o sentido delas tem de ser buscado pelos mecanismos muito mais sutis da intuição, em lugar de percebidos por sentidos específicos como o da visão. Quem for capaz de perceber tais realidades sem recorrer a esses dispositivos mais elementares, então sim, estará em condições de 'suportar' fabulosa carga de conhecimentos superiores.

Admitida essa interpretação, resta-nos penetrar o sentido do termo *semelhança (ressemblance,* em francês, *likeness,* em inglês, e, segundo Puech, *eine,* em copta). A julgar-se pelo texto, a visão da semelhança é conquista digna de nota, não transcendental, mas mero motivo de alegria. Parece ser este o momento em que a pessoa se torna consciente da existência de um corpo energético além do físico, que lhe constitui realidade palpável. E o corpo espiritual de que Paulo fala em suas epístolas, especialmente Coríntios, capítulo 15, onde explica que o corpo físico de Jesus é restituído à terra, mas o segundo corpo, espiritual, se levanta (ressuscita).

Escreve Puech:[35]

> A 'semelhança', o *eine,* como já concluímos por nossa parte, deve corresponder aqui à figura, à forma exterior do homem.

Esta observação ficou um tanto ambígua, por não nos deixar perceber se o autor fala do corpo físico ou de um corpo energético ou espiritual. Ao retomar o assunto à pagina 201 de seu livro, Puech acrescenta outras reflexões nos seguintes termos:

> ... "o homem de luz" não seria outra coisa senão o que o *logion* 84 caracteriza, também ele, por contraste, com "a semelhança", a imagem expressamente definida, no caso, como "preexistente", "imperecível", "não manifestada" e que o *logion* 88 prefere chamar de "o anjo".

Com esta informação adicional podemos estar certos de que *semelhança,* no contexto gnóstico é, de fato, referência ao que Paulo considerava *corpo espiritual.* Realmente, este segundo corpo é preexistente à vida na carne, tanto quanto sobrevivente à morte corporal; é não-manifestado, porque invisível, a não ser às pessoas dotadas das sensibilidades apropriadas, e equivale, segundo o *logion* 88, à expressão "anjo". Este último termo oferece a chave final para a decifração do enigma. Encontramo-lo também no texto canônico dos Atos dos Apóstolos (capítulo 12). Assim que libertado da prisão, Pedro dirige-se à casa de Maria, mãe de João Marcos, e bate à porta. Atende-o uma jovem, por nome Rode, que o reconhece, com grande alegria. Voltando ao interior da casa para anunciar a presença do apóstolo, ninguém acredita na realidade da notícia. "Estás louca! *É o seu anjo!*" – lhe disseram.

Não era o anjo e sim Pedro, em carne e osso, mas a expressão é elucidativa, no sentido de que todos pensaram que Rode tinha tido uma visão do corpo espiritual de Pedro, que bem poderia, àquela altura, estar morto e, portanto, liberado da prisão corporal, além da policial. A *Bíblia de Jerusalém,* ao comentar este aspecto em nota de rodapé, deseja fazer crer que se trata de um *anjo da guarda* de Pedro, que, segundo o autor da nota, "eram considerados uma espécie de 'cópia' espiritual de seu protegido". A explicação é inaceitável, embora possa ter sido realmente uma 'crença popular' como se alega. Na realidade, o *anjo* ou a *semelhança,* segundo os gnósticos, ou *duplo* dos ocultistas, é o corpo espiritual dos seres vivos, na matéria, ou vivos fora dela, e, portanto, preexistente e sobrevivente. Numa abordagem alternativa, seria de considerar-se, no texto, a alusão ao curioso fenômeno da recapitulação da vida, a que me refiro em *A Memória e o Tempo,* ou ao da insistente reprodução das cenas de assassinatos ou suicídios cometidos, como se vê em. *Memórias de um Suicida,* de Camilo Cândido Botelho/Yvonne A. Pereira.

No primeiro exemplo citado, todo o panorama das vivências, como suas imagens e emoções, é exibido simultaneamente, não apenas ao espírito que abandonou o corpo físico pela morte, como àquele que apenas esteve em situação de morte iminente, não consumada. O dramático espetáculo ótico-sonoro-emocional é o que mais se parece como uma exposição ao vivo da consciência em autojulgamento. Quando tais imagens repassam uma existência útil e equilibrada, a sensação que produzem é a da serenidade, da plenitude, do dever cumprido, mas quando há crimes e desvios graves de comportamento, não há dúvida de que a carga emocional do remorso é difícil de ser suportada. Estaria, assim, compreendido por que as "próprias imagens manifestadas" "nem morrem" – porque sobrevivem na memória culpada – "nem se manifestam" como novas realidades, mas como reflexos de uma realidade já experimentada e vivida.

> 85. Jesus disse: – *Adão foi criado por um grande poder e uma grande riqueza e não foi digno de vocês; porque se ele houvesse sido digno (não teria) provado a morte.*

Mesmo sendo criatura muito especial, por considerá-lo a Bíblia o iniciador da raça humana na Terra – evidente alegoria – e apesar de ter vindo também da majestade divina, dotado de poder e sabedoria, Adão não conheceu os mistérios da vida e acabou provando a morte, ou seja, envolveu-se na alienação causada pelo mergulho na matéria densa. Relembramos aqui o logion inicial do Evangelho de Tomé, ao ensinar que quem atinasse com a interpretação deste logia não conheceria a morte, isto é, teria alcançado o sentido pleno da vida.

86. Jesus disse: – (As raposas têm suas tocas) e os pássaros têm (seus) ninhos, mas o Filho do Homem não tem um lugar onde repousar sua cabeça.

Não vemos nisto uma lamentação de Jesus por não dispor de lugar onde repousar a cabeça cansada, ao passo que até os bichos têm onde ficar nos momentos de repouso. Ratifica apenas a condição daquele que, tornando--se Filho do Homem, libertado do ciclo das existências na carne, não mais precisa nem mesmo de uma pedra para descansar a cabeça. E nem a deseja.

87. Já analisamos este logion em conexão com os de número 56.

88. Jesus disse: – Os anjos virão até vocês, como também os profetas, e lhes darão o que a vocês pertence. E vocês também, o que estiver em suas mãos dêem a eles e digam a si mesmos: quando eles virão e onde receberão o que lhes é devido?

Ora, o *logion* 88 somente pode ser entendido adequadamente no contexto dentro do qual havia um intercâmbio ativo entre vivos e mortos. O termo *anjo*, que vimos ainda há pouco usado para descrever o corpo espiritual do ser humano, também significa *mensageiro*. E é assim que Rohden traduz a palavra, corretamente, a meu ver. Realmente, os seres que se encontram no mundo invisível entre uma existência que terminou na carne e a seguinte, na qual voltarão a ligar-se a um corpo material, manifestam-se entre os chamados 'vivos', utilizando-se da instrumentação de seus corpos espirituais. Esse corpo (duplo ou corpo astral, como dizem alguns) preexiste ao nascimento e sobrevive à morte corporal física. É, portanto, autônomo, podendo agir com o corpo físico, ou seja, acoplado desatrelado deste, seja temporariamente enquanto o corpo repousa, seja definitivamente depois que o corpo morre.

A manifestação dos 'mortos', contudo, exige determinadas condições operacionais, a primeira das quais é a de que haja à disposição dos emissários invisíveis ou arautos, como traduz Rohden. uma pessoa viva, ou melhor, um espírito ligado a um corpo físico. Esta pessoa, que não passa de um intermediário dotado de faculdades especiais de sensibilidade, era conhecida no contexto bíblico e neotestamentário pelo nome de *profeta*. Ao traduzir os originais hebraicos do Antigo Testamento para o grego, foi infeliz a escolha do termo *prophetes*. Profetas eram os que faziam profecias, ou seja, previsões e predições em estado semelhante ao transe, hoje caracterizado como estado alterado de consciência. Na verdade, porém, o termo original não trazia consigo essa conotação futurológica; servia apenas para indicar a pessoa que, sob determinadas circunstâncias, entrava num estado de excitação, hoje conhecido como transe. Ao verter-se o termo para o grego *prophetes,* perdeu-se de vista o significado anterior, bem mais amplo e significativo. Disso resultou que muitos ficaram até hoje sem saber precisamente o que quer dizer profeta num contexto em que nenhum aspecto da profecia enquanto previsão, está sendo cogitado ou discutido.

Em suma: o profeta é, na realidade, um intermediário, entre o mundo ou dimensão invisível, onde vivem os seres desligados temporariamente da matéria, e aqueles que ainda estão aqui, na Terra, como todos nós, prisioneiros temporais do corpo físico. É neste sentido que o termo está empregado no *logion* 88, no qual se anuncia um tempo em que os anjos (mensageiros) virão confabular com os seres humanos através dos intermediários (profetas). O *logion* recomenda que sejam bem recebidos e que os seres da Terra recebam a mensagem que lhes for trazida e retribuam com o que for devido aos mensageiros, em termos de consideração, respeito e amor fraterno. O que não exclui, absolutamente, os cuidados e o senso crítico que devem nortear qualquer tipo de relacionamento entre grupamentos humanos, sejam quais forem.

89. Disse Jesus: – Por que vocês lavam o lado de fora da taça? Não compreendem que aquele que fez o interior também fez o exterior?

Está certo, pois, que se cuide da aparência externa das coisas e de si mesmo, mas é preciso lembrar-se que há também um interior em todos nós, uma parte oculta, ainda por revelar-se e que compete a cada um desenvolver pelo seu trabalho pessoal. A pessoa pacificada e sábia projeta no exterior os aspectos positivos de suas conquistas espirituais, de vez que, como nos assegura o *logion,* tanto as realidades visíveis e aparentes, como as invisíveis e não manifestas provêm de uma só fonte criadora.

90. Jesus disse: – Venham a mim, pois meu jugo é suave e meu domínio é doce e vocês encontrarão o repouso para si mesmos.

Novamente a expressão *repouso,* que entendemos como paz. O dito é conhecido e figura também nos canônicos. Jesus expressa seu desejo de ensinar, liderar e servir, mas não de dominar e oprimir.

91. Este logion foi comentado em conexão com o de número 43.

92. Jesus disse: – Busquem e encontrarão, mas as coisas que vocês me perguntaram naquele tempo e que ainda não lhes disse, agora que me apraz dizê-lo, vocês não me perguntam.

Este curioso dito nos leva a supor que Jesus esteja falando de uma condição póstuma, numa das suas inúmeras manifestações pessoais aos discípulos mais chegados após a chamada ressurreição. Temos a respeito o repetido testemunho de Paulo em suas epístolas, documentos que chegaram ao nosso tempo relativamente preservados de interferências e manipulações.
No *logion* 92, Jesus reitera o ensinamento básico da busca incessante, que já constara do *logion* número 2. Mas acrescenta a observação de que houve um tempo em que algumas perguntas colocadas pelos discípulos ele não respondeu. No momento novo em que lhes fala, está em condições de atender àquelas dúvidas, mas os discípulos parecem um tanto inibidos, ao que se supõe. Seria a emoção de um sagrado momento de intercâmbio póstumo? É o que parece.

93. Jesus disse: – Não dêem as coisas santas aos cães, para que eles não as arrastem para o monturo; não atirem pérolas aos porcos, para que não façam delas...

O dito se apresenta mutilado, mas assemelha-se ao que também consta nos canônicos. Há quem interprete a alusão como endereçada aos gentios, considerados indignos da mensagem, que estaria reservada aos judeus. Quanto a mim, não vejo essa conotação. Vejo no dito apenas a idéia básica de que é inútil e até inconveniente tentar transmitir conhecimento superior àqueles que não se encontram preparados para recebê-lo e pô-lo em prática. Foi essa, aliás, a metodologia adotada pelo próprio Jesus, que reservou a parte secreta de seu pensamento a uns poucos nos quais identificou recursos intelectuais e morais suficientes para receberem tais ensinamentos.

Lamentavelmente essa linha de raciocínio não prevaleceu na estruturação do cristianismo como doutrina e como movimento. A corrente que se dedicava aos ensinamentos mais avançados ou secretos foi extinta com a rejeição aos gnósticos e, mais tarde, aos maniqueus, ao passo que a outra corrente, majoritária e quantitativa, predominou, utilizando-se apenas da parte exotérica, sobrecarregada de inúmeras e irreparáveis deformações.

94. Jesus disse: – Quem procura, achará, (e quem bate), a porta lhe será aberta.

Nova reiteração acerca da necessidade da busca, da insistência na procura, porque os caminhos do conhecimento acabarão por revelar-se ao que assim faz.

95. Jesus disse: – Se vocês têm dinheiro não o emprestem a juros, dêem-no a quem não lhes possa restituí-lo.

Encontramos mais um dito no qual se insiste na idéia da renúncia aos bens materiais. Não há dúvida, porém, de que se trata de tarefa difícil convencer alguém que disponha de dinheiro a emprestá-lo sem juros a quem nem possa restituí-lo. Como dizia Paulo, o Cristo sacrificado era escândalo para os judeus e loucura para os gentios. Da mesma forma, pode parecer loucura e escândalo emprestar dinheiro àquele que não tem condições de restituí-lo, mas o que assim fizer estará demonstrando que atingiu um patamar evolutivo em que compreende que os bens da Terra são recursos transitórios que a ele próprio foram emprestados enquanto aqui estiver. É melhor usar o dinheiro para ajudar a quem tanto precisa dele que não pode pagá-lo de volta do que empregá-lo em oprimir e destruir vidas preciosas. É também evidente que o ensinamento prescreve que o bem deve ser praticado independentemente de qualquer expectativa de retribuição. O bem que se faz ao próximo deve ter as puras características de uma *doação*. Ele tem a recompensa na sua própria prática, dado que revela o estado evolutivo mais avançado daquele que o faz por amor ao próprio bem.

96. Jesus (disse): – O Reino do Pai assemelha-se a uma mulher que tomou um pouco de fermento e o escondeu na massa e fez grandes pães. Aquele que tenha ouvidos, que ouça.

Outra maneira de dizer que o Reino de Deus, ou seja, a realização da paz interior, resulta de um processo que se desenvolve sem estardalhaços na intimidade do ser, mas acaba produzindo resultados espantosos, a partir de tão modestas origens e singelos métodos. A mesma idéia básica ficou contida na imagem da semente de mostarda, despretensiosa e minúscula, que produz surpreendentes resultados. A conquista do Reino, portanto, não é acontecimento externo, coletivo, resultante de um impulso da vontade messiânica, mas trabalho silencioso e pessoal.

97. Jesus disse: – O Reino do (Pai) é semelhante a uma mulher que leva um vaso cheio de farinha. À medida que ela segue por um longo caminho, a alça do vaso se quebra e a farinha se espalha atrás dela pelo caminho. Ela não o percebe e não toma conhecimento da perda. Ao chegar em casa, ela pousa o vaso no chão e o encontra vazio.

O *logion* é de difícil interpretação. Pode-se ler nele a idéia de que a mulher foi desatenta e deixou perder toda a farinha pelos caminhos e ao chegar em casa não tem com que fazer o pão. Mas também que ao longo do caminho desapegou-se sem o perceber do interesse pela matéria, pois não parece nada preocupada ao verificar, ao chegar, que não tem farinha para fazer pão. E será que o esvaziamento do vaso não significa precisamente que é preciso abrir espaço íntimo para que a presença de Deus o ocupe?

A edição de Brill lembra que algumas expressões são ou podem ser traduzidas de maneira diferente, o que também informa Puech.

Puech[36] propõe para este *logion* uma brilhante interpretação. Após examinar a dicotomia *cheio/vazio* que figura em mais de uma passagem em Tomé, lembra que, ao partir para a vida terrena, deixando o Reino, aquele que não for "alertado e instruído pela *gnose*, afasta-se cada dia mais de suas origens". E conclui:

> Ele ignora, ao partir, que, em consequência de seu nascimento carnal, produz-se uma ruptura que ameaça a integridade do que ele era e possuía na origem, em perfeição e plenitude (...). Ele se deixa escapar, ele próprio, e escapa de si mesmo, como se espalha ao longo do caminho o conteúdo do vaso partido.

Dentro desse esquema, portanto, entende-se que, desatenta de sua própria realidade espiritual, a mulher do *logion* 88 nem se dá conta de que, tendo iniciado sua longa jornada com um vaso repleto de expectativas e de conhecimento imanente ainda que inconsciente, chega ao final vazia, sem realizações ou conquistas pessoais. Daí a importância do esforço em adquirir conhecimento enquanto ainda se está na carne ou vir para ela bem alertado para a possibilidade de ruptura de que nos fala Puech.

98. O Reino do Pai é semelhante a um homem que desejou matar importante personagem. Sacou a espada em casa e a enterrou na parede para verificar se sua mão era bastante forte. Só então ele matou a importante personagem.

É estranho ouvir um *logion* deste como originário do pensamento de Jesus, mas, se autêntico, sua linguagem é evidentemente simbólica. Provavelmente se refere aos cuidados e à força de que temos de dispor se é que desejamos eliminar aspectos indesejáveis de nosso caráter (a importante personagem). É preciso muita força, coragem e determinação para fazê-lo, porque trazemos todos, antigas paixões consolidadas no íntimo a manobrarem matrizes de comportamento inaceitáveis para aquele que se propõe alcançar o Reino de Deus: egoísmo, orgulho, vaidade, prepotência e outros.

99. Os discípulos lhe disseram: – Teus irmãos e tua mãe estão aí fora. Ele lhes disse: – Estes aqui, que fazem a vontade de meu Pai, são meus irmãos e minha mãe; são eles que entrarão no Reino de meu Pai.

A passagem é referida também nos canônicos, segundo os quais os parentes de Jesus vieram para uma tentativa de levá-lo de volta ao lar, pelos riscos que corria e pela estranheza das idéias que pregava. João observa mesmo que o tinham por um tanto alienado. Não sei se podemos endossar tais informes. É certo, porém, que Jesus fixa importante posição neste dito, ao deixar entendido que não se conquista o Reino dos Céus nem mesmo por estreitas ligações com os que já estejam em elevada posição espiritual, mas sim por intenso e extenso trabalho realizado na intimidade de cada um.

Após o *logion* número 100, que cuida do tributo a César, volta o *logion* 101 aos problemas do relacionamento familiar. Vejamo-lo:

101. Jesus disse: – Quem não odeia seu pai e sua mãe, como eu, não pode ser meu discípulo, e quem não quer amar seu pai e sua mãe, como eu, não pode ser meu discípulo. Porque minha mãe me (gerou?) mas minha (mãe) verdadeira me deu a Vida.

O texto deste *logion* está bastante mutilado. Os claros são preenchidos com as devidas ressalvas (entre parênteses), mas os tradutores não se arriscam a propor o verbo da penúltima sentença. Da maneira como se apresenta, há nele a implicação de que o amor que se dedica aos pais não deve conflitar com aquele que se deve a Deus. Ao contrário de eliminarem-se mutuamente, eles são complementares, colocando-se os sentimentos que compõem o relacionamento pais/filhos num contexto realista. E evidente que o verbo *odiar* deveria ter outro significado naquele tempo, o de mero contraste com o sentimento do amor sem conotações de rancor. Mensageiro de uma suprema doutrina de amor, o Cristo não poderia estar pregando o ódio aos pais, mas destacando a prioridade que se devia a Deus. Se por amor aos pais cometemos equívocos ou crimes mais sérios, não estaremos amando a Deus.

Quanto ao jogo de palavras em torno da mãe, a que gerou (?) e a que deu a Vida, há quem explique da seguinte maneira: a mãe que gerou, é a que produziu o corpo físico, necessário ao estágio do ser espiritual na Terra, ao passo que o espírito provém de Deus, que remotas tradições esotéricas conservaram como contendo também um princípio feminino.

Quanto à mãe – esclarece Puech –[37] ela corresponde ao Espírito Santo, ao Espírito, *ruah,* termo feminino em semítico, de assimilação frequente nos meios judaico-cristãos.

Seja como for, Jesus distingue a família universal da família consanguínea. Em tarefas transcendentes como foi a sua entre nós, a prioridade vai nitidamente para a família universal. Se ele se deixasse prender demais pelos vínculos de parentesco, não teria conseguido levar a bom termo a sua tarefa.

100. Eles mostraram a Jesus uma moeda de ouro e lhe disseram: – Os homens de César exigem de nós os tributos. Ele lhes disse: – Dêem a César o que é de César, dêem a Deus o que é de Deus, e a mim o que me pertence.

Dito semelhante figura nos sinóticos, onde não aparece, contudo, a enunciação final, segundo a qual Jesus exige também a sua parte.

Importante aspecto desta observação final é o de que, como assinala Puech,[38] Jesus se posiciona "muito expressamente" como personalidade distinta de Deus: uma parte é de Deus, a outra é dele, Jesus.

A resposta é um modelo de sabedoria, concisão e presença de espírito, como várias outras registradas nos evangelhos. Em diferentes oportunidades, escribas e fariseus tentaram envolvê-lo, com perguntas ardilosas, em situações embaraçosas. Esta é uma delas. Se Jesus respondesse simplesmente que o tributo deveria ser pago, sem reservas, suscitaria a cólera cívica de todos, de vez que o imposto era o testemunho vivo e doloroso da submissão a um poder estranho, ao gentio opressor que desrespeitava as tradições do povo judeu. Se Jesus desaconselhasse o pagamento, estaria pregando abertamente a desobediência civil, que as autoridades romanas não tolerariam de forma alguma.

Ele preferiu, na sua resposta, aproveitar o ensejo para uma clara definição de responsabilidades: havia uma obrigação material e civil a César, consequência da dominação, penosa, mas irrecusável, que não poderia ser impunemente ignorada, e uma obrigação perante Deus, de caráter espiritual, permanente e não menos importante do que a outra e que implicava graves responsabilidades.

Havia, finalmente, uma parte devida a ele, Jesus, certamente em atenção à sua mensagem, de tão amplas e profundas implicações.

Ressalte-se, ainda, que ele não considera conflitantes as obrigações e sim conciliáveis na sua autonomia e inevitável convivência.

102. Este logion foi estudado em conexão com o de número 39.

103. Jesus disse: – Feliz o homem que sabe a que horas da noite virão os ladrões, pois assim ele se levantará, reunirá suas (forças?) e cingirá sua cintura antes que eles entrem.

O *logion* reitera a postura de permanente vigilância em relação às surpresas do caminho evolutivo. A imagem do ladrão é usada em mais de uma passagem, mesmo nos canônicos, pela imprevisibilidade do momento em que podem cair sobre a vítima.

O texto aparece com algumas mutilações que puderam ser inferidas e outras não identificadas. Cingir os rins é colocar um cinturão, ao qual provavelmente ficava preso um punhal. O sentido é o mesmo do conhecido "orai e vigiai", que não apenas nos deixa em estado de alerta, mas também cria em torno da pessoa um sistema de proteção e ajuda.

104. Disseram-lhe: – Vem, vamos orar hoje e jejuar. Jesus disse: – Que pecado teria eu cometido ou em que teria eu sido ven-

cido? Mas quando o esposo sair da câmara nupcial, então que jejuem e orem!

Temos nos escritos canônicos várias passagens em que Jesus se põe a orar. Em outras, faz ele referência ao jejum; nesta, porém, ele recusa o convite para orar e jejuar, alegando não se encontrar em estado de pecado, falta ou derrota moral. Embora não figure no texto, é provável que a proposta tenha sido formulada nesse contexto, ou seja, orar e jejuar com a intenção de purificar-se de faltas cometidas. Não é o caso de Jesus. Em mais de uma oportunidade ele vincula o erro à expiação através da dor, tanto quanto cura, exaltando a fé da pessoa curada. Há, portanto, estreita vinculação nesses aspectos, mas ele tem plena consciência de que não traz faltas de comportamento a resgatar.

Mesmo depois que o esposo deixar a câmara nupcial, ele não se dispõe a juntar-se ao grupo de jejuadores, dizendo apenas que os outros "jejuem e orem". A expressão "câmara nupcial" ocorre com frequência nos textos gnósticos. É a imagem da união com Deus, ou melhor, da reintegração da divindade, pois a câmara nupcial é o local onde os dois se tornam um.

105. Jesus disse: – Aquele que conhece pai e mãe será chamado filho da prostituta?

O ponto de interrogação não consta em Puech, nem na edição de Brill, mas Hennecke[39] cita Quecke em abono dessa versão.

Realmente, a frase não faria sentido de outra maneira, ou seja, na sua expressão afirmativa. Entendo que signifique precisamente isso: que aquele que se mantém ligado às suas origens – pai e mãe – não está abandonado à sua sorte, nem é um réprobo.

A alusão à paternidade divina é transparente, a referência à mãe reporta-se ao espírito (feminino).

106. Examinado em conexão com o logion número 48.

107. Disse Jesus: – O Reino é semelhante a um pastor que tinha cem ovelhas. Uma delas, a maior, extraviou-se. Ele deixou as noventa e nove e a procurou até encontrá-la. Depois de todo esse trabalho, ele disse à ovelha: – Amo-te mais do que às noventa e nove.

Este *logion* parece vinculado ao 105, onde é dito que não é um bastardo aquele que conhece pai e mãe. O pastor não admite que nenhuma de suas ovelhas se extravie e é capaz de abandonar todo o grupo restante, para sair em busca de uma única que se perdeu.

A parábola difere um pouco da maneira como está exposta nos canônicos. Em Tomé, o rebanho constitui um todo, unidade que se quebra se apenas uma ovelha se perde. O pastor sai em campo e, com grandes sacrifícios – Puech usa o termo *peine* (pena, castigo, desgosto, aflição, trabalho, dificuldade) –, traz de volta a ovelha perdida e ainda lhe declara o quanto a ama. Realmente, precisa de mais amor aquele que se perdeu para que se sinta à vontade para a reintegração ao seu grupo, na unidade do rebanho. Sintomaticamente, a declaração de amor não é à vista do rebanho todo, mas, em particular, à ovelha perdida, talvez para que não haja ressentimentos e ciúmes da parte das outras noventa e nove. Não está abandonada a ovelha que tem seu pastor. Ela pode contar com ele e com o seu amor.

108. Jesus disse: – Quem beber de minha boca se tornará como eu e eu próprio me tornarei ele e as coisas ocultas lhe serão reveladas.

Jesus se apresenta aqui como o pioneiro que desbravou o caminho da perfeição e se mostra disposto a transmitir a todos as informações que o levaram a essa importante conquista. Mais ainda, ele assegura que todos se tornarão como ele, ou seja, atingirão o mesmo nível evolutivo, desde que sigam a orientação que lhes proporciona. Idéia semelhante consta dos canônicos, onde ele declara que qualquer um poderia fazer o que ele fazia e ainda mais. Ao cabo de longo processo evolutivo, todos se equivalerão, portanto, em conhecimento e grandeza moral, todos estarão reunidos em Deus, reintegrados na luz criadora de onde todos viemos.

Neste ponto, quase ilimitado será o conhecimento adquirido, que inclui a penetração dos segredos de tudo quanto permanecera oculto.

Este *logion* oferece motivação para um aprofundamento em suas implicações. Como se pode observar, ele contém um esquema de *salvação* que difere substancialmente daquele que se consolidou na teologia ortodoxa. De certa forma, Jesus é ainda o salvador, no sentido de que ele coloca à disposição de todas as criaturas o roteiro que leva às culminâncias dos estágios evolutivos, na integração com Deus, mas não é ele quem promove pessoalmente a salvação, como um Messias, assumindo por nós as nossas faltas. Não propõe nem sugere ou promete salvação coletiva àqueles que acreditarem nele por um impulso de fé. Ele se propõe a ensinar a cada um o caminho que leva às conquistas finais do processo evolutivo, mas fica bem claro que ele pessoalmente não levará ninguém lá. O trabalho, as lutas, as dificuldades e as conquistas são tarefas de cada um.

Ele é o Mestre que ensina o caminho, não o Messias que salva a todos por um passe de mágica cósmica. É também essa, a postura da Dra. Pagels, neste passo.

109. Jesus disse: – O Reino é semelhante a um homem que tinha no seu campo um tesouro (escondido) e que ele próprio ignorava e, após a sua morte, ele o deixou ao seu filho. O filho de nada sabia; tomou o campo e o vendeu. E aquele que o comprou, veio e, trabalhando, encontrou o tesouro. E começou a emprestar dinheiro a juros a quem ele queria.

Reitera-se neste *logion* o conceito de que a conquista do reino resulta de esforço pessoal, de trabalho duro e longo como se pressupõe naquele que somente encontrou o tesouro escondido ao lavrar o campo. Vemos, ainda, que tanto o proprietário originário, o pai, como o filho, ignorando a presença do tesouro oculto, na intimidade de cada um, não se esforçaram no trabalho e perderam a oportunidade de encontrá-lo. As potencialidades de realização existem para todos, mas são poucos os que se decidem a trabalhar para concretizá-las. É a tese constante da realização pessoal, em contraste com a da salvação coletiva com que se premiaria a todos aqueles que simplesmente cressem ou aceitassem o Cristo.

Este ponto é fundamental para entendimento da mensagem contida no *Evangelho de Tomé* e nos demais documentos gnósticos.

Uma nota curiosa: o empréstimo de dinheiro a juros não é condenado aqui, nem no *logion* número 95. Apenas se estabelece, neste último, que se atinge importante marco evolutivo quando o dinheiro passa a ter tão irrelevante significado que o seu dono é capaz de emprestá-lo, de preferência, àquele que *não pode* restituí-lo.

110. Examinado em conexão com o logion 81.

111. Jesus disse: – Céu e Terra se enrolarão diante de vocês e o Vivo saído do Vivo não conhecerá morte nem temor; porque Jesus disse: – Aquele que se encontrar a si mesmo no mundo, o mundo não lhe será digno.

Sugestivo é este *logion* que retrata a confiança daquele que já se reintegrou na divindade, consciente de ser o Vivo criado pelo Vivo, mesmo que céus e Terra sofram uma convulsão cósmica de grandes proporções. Nesse estágio de evolução o ser não temerá a morte, por estar perfeitamente consciente de que a vida é um fluxo eterno e constante, no plano da matéria densa ou alhures, em outras dimensões, onde quer que esteja a individualidade.

O anotador dos *logia* acrescenta uma espécie de comentário, lembrando que Jesus já dissera que, atingido o elevado patamar evolutivo em que o ser tem consciência de si mesmo, pouco lhe importa o mundo da matéria. Poderá este mundo servir a inúmeros seres que ainda precisam de instrumento de trabalho para as suas conquistas espirituais, mas aquele que se tornou Vivo (despertado para as realidades últimas) transcendeu o mundo, que se tornou supérfluo para ele ou, na linguagem do *logion,* indigno dele.

112. Já estudamos este logion ao analisar o de número 56.

113. Examinamos o tema deste logion ao comentar o de número 3.

114. Este foi comentado juntamente com o de número 22.

IV – O Documento

Eis as palavras secretas que Jesus, o Vivo, disse e que Dídimo Judas Tomé escreveu.
¹E ele disse: – Aquele que descobrir a interpretação destas palavras não experimentará a morte.
²Jesus disse: – Aquele que procura não cesse de procurar até quando encontrar; e quando encontrar, ficará perturbado; e ao perturbar-se, ficará maravilhado e reinará sobre o Todo.
³Jesus disse: – Se aqueles que os guiam lhes disserem: – Eis que o Reino está nos céus, então as aves do céu lhes precederam. Se lhes disserem que ele está no mar, então os peixes já lhes precederam. Mas o Reino está dentro de vocês e também fora de vocês. Quando vocês conhecerem a si mesmos, então serão conhecidos e saberão que são filhos do Pai Vivo. Mas, se vocês não conhecerem a si mesmos, então vocês estão na pobreza e são a pobreza.
⁴Jesus disse: – O homem envelhecido em seus dias não hesitará em questionar a uma criança de sete dias acerca do Lugar da Vida, e ele viverá, porque muitos dos primeiros serão os últimos, e se tornarão um só.
⁵Jesus disse: – Conhece o que está diante de tua face, e o que estiver oculto lhe será revelado; pois nada há oculto que não seja descoberto.
⁶Seus discípulos interrogaram-no, dizendo: – Queres que jejuemos? Como deveremos orar? Devemos dar esmolas? E que normas observaremos ao comer? Jesus disse: – Não mintam e não façam aquilo que é odioso, porque tudo será desvelado perante o Céu. Nada há, com efeito, oculto que não venha a tornar-se manifesto, e nada encoberto que permaneça sem ser descoberto.
⁷Jesus disse: – Bem-aventurado o leão que o homem comerá, e o leão se tornará homem; maldito seja o homem que o leão comerá e o leão se tornará homem.

⁸E ele disse: – O homem é como um sábio pescador, que lançou sua rede ao mar e a puxou para fora cheia de pequenos peixes. Entre eles encontrou um peixe grande e bom. Atirou todos os peixes pequenos ao mar e, sem dificuldade, escolheu o peixe grande. Aquele que tiver ouvidos de ouvir, que ouça.

⁹Jesus disse: – Eis que o semeador saiu, encheu suas mãos e atirou (as sementes). Algumas caíram no caminho; vieram os pássaros e as recolheram. Outras caíram sobre a rocha, e elas não soltaram raízes pela terra a dentro, nem fizeram brotos crescerem para o céu. E outras caíram entre os espinhos, que sufocaram as sementes, e os vermes as comeram. E outras caíram em terra boa e produziram bons frutos lá em cima: ela produziu sessenta por medida e cento e vinte por medida.

¹⁰Jesus disse: – Lancei o fogo sobre o mundo, e eis que o observo até que ele esteja em chamas.

¹¹Jesus disse: – Este céu passará e também aquele que está por cima deste. E os mortos não estão vivos e os vivos não morrerão. Ao tempo em que vocês comiam o que estava morto, tornavam-no vivo. Quando se encontrarem na luz, que farão? Quando eram um, vocês se tornaram dois, mas quando se tornarem dois que farão?

¹²Os discípulos disseram a Jesus: – Sabemos que tu nos deixarás. Quem será grande entre nós ? Jesus lhes disse: –Do lugar para onde vocês vão, procurarão Tiago, o Justo, por quem o céu e a terra foram criados.

¹³Jesus disse aos seus discípulos: – Comparem-me e digam-me com quem pareço? Disse-lhe Simão Pedro: – Tu pareces com um anjo justo. Disse-lhe Mateus: – Tu pareces com um sábio filósofo. Tomé lhe disse: – Mestre, minha boca não aceitará absolutamente que eu diga a quem te assemelhas. Jesus disse: – Não sou seu mestre, pois que você bebeu e se embebedou na fonte borbulhante que lhe proporcionei. E ele o tomou à parte e lhe disse três palavras. Ora, quando Tomé voltou à presença de seus companheiros, estes lhe perguntaram: – Que te disse Jesus? Tomé lhes disse: – Se lhes dissesse uma só das palavras que ele me disse, vocês tomariam pedras nas mãos e as lançariam contra mim e um fogo sairia das pedras e queimaria vocês.

¹⁴Disse-lhes Jesus: – Se vocês jejuarem, cometerão pecado; se orarem, serão condenados; se derem esmolas, causarão danos aos seus próprios espíritos. E se entrarem em qualquer região, em viagem pelos campos, e forem recebidos, comam do que for posto diante de vocês e cuidem dos que estiverem doentes entre eles. Na verdade, o que entrar pela boca não os tornará impuros, mas o que sair da boca, isso os tornará impuros.

¹⁵Jesus disse: – Se vocês virem alguém que não seja filho de mulher, prostrem o rosto em terra e adorem-no – ele é Pai de vocês.

¹⁶Jesus disse: – Talvez os homens pensem que vim para trazer a paz ao mundo, e não saibam que vim para trazer as separações sobre a terra, o fogo, a espada, a guerra. Haverá cinco numa casa; três estarão contra dois e dois contra três, o pai contra o filho e o filho contra o pai. E eles continuarão solitários.

¹⁷Jesus disse: – Eu lhes darei o que nenhum olho viu, o que nenhum ouvido tenha ouvido, o que a mão jamais tocou e o que não alcançou o coração do homem.

¹⁸Os discípulos disseram a Jesus: -Dize-nos como será o nosso fim. Jesus disse: – Já descobriram vocês o princípio para procurarem saber como é o fim? Pois onde está o princípio, aí estará o fim. Feliz aquele que se coloca no princípio; ele conhecerá o fim e não provará a morte.

¹⁹Jesus disse: – Feliz aquele que era antes de ter sido. Se vocês se tornarem meus discípulos e ouvirem minhas palavras, aquelas pedras lhes servirão. Há, em verdade, cinco árvores no Paraíso que não se movem no verão nem no inverno, e suas folhas não caem. Aquele que as conhecer não provará a morte.

²⁰Disseram os discípulos a Jesus: – Diga-nos a que se assemelha o reino dos céus. Ele lhes disse: – Assemelha-se a um grão de mostarda, a menor de todas as sementes; mas que, ao tombar sobre a terra cultivada, produz um grande galho e se torna abrigo para as aves do céu.

²¹Disse Maria a Jesus: – A que se assemelham teus discípulos ? Ele disse: – Assemelham-se a crianças que residem num campo que não lhes pertence. Quando chegar o dono do campo, ele dirá: – Saiam do meu campo. Eles se desnudam na presença do dono, e lhe entregam o campo. Por isso eu digo: Se o dono da casa sabe que o ladrão virá, ele velará enquanto este não vem e não deixará que ele penetre na casa de seu reino, a fim de carregar seus bens. Vocês, contudo, velem à face do mundo, cinjam a cintura com grande força para que os ladrões não encontrem meio de chegar até vocês. Porque, a vantagem com a qual vocês contam, eles a encontrarão. Que haja entre vocês um homem prevenido. Quando o fruto amadureceu, ele veio rápido, com a foice na mão e o colheu. Quem tenha ouvidos de ouvir que ouça.

²²Jesus viu umas crianças que mamavam. Ele disse aos seus discípulos: – Estas crianças assemelham-se aos que entram no Reino. Eles lhe disseram: – Então, tornando-nos crianças, entraremos no Reino? Jesus lhes

disse: – Quando vocês fizerem de dois um e fizerem o interior como o exterior, o exterior como o interior, e o que está em cima como o que está embaixo, e quando fizerem do masculino e do feminino uma só coisa, de sorte que o masculino não seja masculino e o feminino não seja feminino, quando fizerem dois olhos em lugar de um olho, e uma mão em lugar de uma mão e um pé em lugar de um pé, uma imagem em lugar de uma imagem, então entrarão (no Reino).

²³Jesus disse: – Eu os escolherei um em cada mil e dois em dez mil e eles serão um só.

²⁴Seus discípulos disseram: – Faz-nos conhecer o lugar onde tu estás, pois necessitamos procurá-lo. Ele lhes disse: – Aquele que tem ouvidos, que ouça! Há luz dentro de um ser de luz e ele ilumina o mundo todo. Se ele não iluminar, as trevas se fazem.

²⁵Jesus disse: – Ame seu irmão como à sua própria alma; vele por ele como pela menina dos seus olhos.

²⁶Jesus disse: – O cisco no olho do seu irmão você vê, mas a trave no seu olho você não vê. Quando retirar a trave dos seus olhos, então você verá como retirar o cisco do olho de seu irmão.

²⁷Jesus disse: – Se vocês não jejuarem em face do mundo, não encontrarão o Reino; se não guardarem o sábado como sábado, não verão o Pai.

²⁸Jesus disse: – Estive no meio do mundo e me manifestei a eles na carne. Encontrei-os a todos bêbados e nenhum deles com sede; e minha alma sofreu pelos filhos dos homens, pois eles são cegos em seus corações e não enxergam que vieram ao mundo vazios e vazios procuram sair do mundo. Agora estão bêbados e só se arrependerão quando abandonarem o vinho.

²⁹Jesus disse: – Se a carne foi feita para o espírito, é maravilhoso, mas, se o espírito (foi feito) por causa do corpo, isso é a maravilha das maravilhas. Quanto a mim, contudo, maravilho-me disto: de que tão grande riqueza tenha sido colocada nesta pobreza.

³⁰Jesus disse: – Onde há três deuses, eles são deuses; onde há dois ou um, eu estou com ele.

³¹Jesus disse: – Nenhum profeta é aceito em sua cidade. Um médico não cura aqueles que o conhecem.

³²Jesus disse: – Uma cidade construída sobre uma elevada montanha (e) fortificada não cairá, nem poderá permanecer oculta.

³³Jesus disse: – Aquilo que você ouve com um ouvido e com o outro, proclame-o de cima dos telhados. Com efeito, ninguém acende uma lâmpada para botá-la debaixo de um alqueire, nem pô-la em local escondido;

mas no lampadário, para que quem quer que entre e saia, veja a sua luz.

³⁴Jesus disse: – Se um cego conduz outro cego, caem ambos no poço.

³⁵Jesus disse: – Não é possível que qualquer um entre na casa de um homem forte e a tome à força, a menos que lhe amarre as mãos: dessa maneira ele poderá saquear-lhe a casa.

³⁶Jesus disse: –Não se preocupem de manhã à noite e da noite até o amanhecer sobre o que irão vestir.

³⁷Seus discípulos disseram: – Em que dia te revelarás a nós e em que dia te veremos? Jesus disse: – Quando vocês se despirem e não se sentirem envergonhados, tirarem suas roupas e as colocarem sob os pés, como as crianças, e pisarem nelas; então (vocês verão) o Filho do Deus Vivo e nada temerão.

³⁸Jesus disse: – Muitas vezes vocês desejaram ouvir estas palavras que ora lhes digo e não tinham vocês de quem ouvi-las. Dias virão em que me procurarão e não me encontrarão.

³⁹Jesus disse: – Os fariseus e os escribas receberam as chaves do conhecimento e as ocultaram. Nem entraram nem deixaram (entrar) aqueles que queriam fazê-lo. Vocês, porém, sejam prudentes como as serpentes e inocentes como as pombas.

⁴⁰Jesus disse: – Uma muda de videira foi plantada fora do Pai e, como não se fortalece, será arrancada pelas raízes e perecerá.

⁴¹Jesus disse: – Aquele que tem algo na mão, mais lhe será dado; aquele que nada tem, mesmo o pouco que tem lhe será tomado.

⁴²Jesus disse: – Sejam transeuntes.

⁴³Seus discípulos lhe disseram: – Quem és tu, que nos dizes tais coisas? (Jesus lhes disse:) – Pelo que lhes digo não sabem vocês quem sou? Mas vocês se tornaram como os judeus, que gostam da árvore, mas detestam seu fruto e gostam do fruto e detestam a árvore.

⁴⁴Disse Jesus: – Aquele que blasfemar contra o Pai será perdoado e, aquele que blasfemar contra o Filho será perdoado; mas, aquele que blasfemar contra o Espírito Santo não será perdoado, nem na terra nem no céu.

⁴⁵Jesus disse: – Não se colhem uvas nos espinheiros e não se colhem figos entre os cardos: eles não dão frutos. Um homem bom retira coisas boas de seu tesouro; um homem mau retira coisas más do tesouro de seu coração e diz coisas maldosas, pois da abundância de seu coração ele produz coisas más.

⁴⁶Jesus disse: – De Adão até João Batista, ninguém nascido de mulher é maior do que João Batista, de modo que seus olhos não serão destruídos.

Mas tenho dito: aquele dentre vocês que se tornar pequeno conhecerá o Reino e será maior que João.

⁴⁷Jesus disse: – Não é possível a um homem montar dois cavalos, ou atirar com dois arcos ao mesmo tempo, como não é possível a um servidor servir a dois senhores: ou honrará a um e ofenderá o outro. Quem bebe vinho velho não desejará beber imediatamente vinho novo. E não se derrama vinho novo em velhos odres, temendo que estes arrebentem e não se coloca vinho velho em odres novos com receio de que se estrague. Não se cose pano velho em roupa nova, pois se rasgará.

⁴⁸Jesus disse: – Se dois fazem a paz entre si na mesma casa, eles dirão à montanha: – "Mova-se", e ela se moverá.

⁴⁹Jesus disse: – Felizes os solitários e os eleitos, porque encontrarão o Reino. Vocês, de fato, saíram dele e a ele retornarão.

⁵⁰Jesus disse: – Se lhes disserem: – De onde vêm vocês? – Respondam: – Nascemos da luz, lá onde a luz nasce de si mesma; ela se ergue e se revela na sua imagem. Se lhes disserem: – Quem são vocês? Digam: – Somos seus filhos e eleitos do Pai Vivo. Se lhes perguntam: – Qual o sinal do Pai que está em vocês? Digam-lhes: – É um movimento e um repouso.

⁵¹Seus discípulos lhe disseram: – Quando chegará o repouso dos que estão mortos e quando virá o novo mundo? Ele lhes disse: – Aquilo que vocês esperam já veio, mas vocês não o conhecem.

⁵²Disseram-lhe os discípulos: – Vinte e quatro profetas falaram em Israel e todos eles falaram de ti. Ele lhes disse: – Vocês desprezam aquele que está vivo junto de vocês e falam dos mortos.

⁵³Seus discípulos lhe disseram: – A circuncisão é útil ou não? Ele lhes disse: – Se ela fosse útil, o pai deles (dos meninos recém-nascidos) os teriam gerado circuncidados em suas mães. Mas a verdadeira circuncisão em espírito é inteiramente útil.

⁵⁴Jesus disse: – Felizes os pobres, pois deles é o Reino dos Céus.

⁵⁵Jesus disse: – Aquele que não odiar seu pai e sua mãe não pode ser meu discípulo, e (aquele que não) odiar seus irmãos e suas irmãs e tomar sua cruz como eu, não será digno de mim.

⁵⁶Jesus disse: – Aquele que conheceu o mundo achou um cadáver, e aquele que encontrou um cadáver, o mundo não é digno dele.

⁵⁷Jesus disse: – O Reino do Pai é semelhante a um homem que plantou uma boa semente. Seu inimigo veio durante a noite e semeou entre elas o joio. O homem não deixou (seus servidores) arrancarem o joio. Ele lhes disse: – Temo que vocês tenham vindo para arrancar o joio e arranquem o

trigo com ele; com efeito, no dia da colheita, o joio aparecerá e será arrancado e queimado.

⁵⁸Jesus disse: – Feliz o homem que sofreu: ele encontrou a Vida.

⁵⁹Jesus disse: – Olhem para aquele que Vive, enquanto vocês viverem, para que não morram e procurem vê-lo sem o conseguir.

⁶⁰Viram um samaritano que, levando uma ovelha, entrava na Judéia. Ele disse a seus discípulos: – O que deseja aquele ali fazer com a ovelha? Disseram-lhe: – Matá-la e comê-la. Ele lhes disse: – Enquanto ela estiver viva, ele não a comerá, mas (somente) quando ele a mata, ela se torna um cadáver. Eles disseram: – Ele não poderá fazer de outra maneira. Ele disse: – Vocês também; procurem um lugar no repouso a fim de que não se tornem cadáveres e que não sejam comidos.

⁶¹Jesus disse: – Dois repousarão sobre uma cama: um morrerá, o outro viverá. Salomé disse: – Quem és tu, homem? E filho de quem? Subiste ao meu leito e comeste em minha mesa. Jesus lhe disse: – Venho daquele que é igual. A mim me foram dadas as coisas de meu Pai. (Salomé disse): – Sou tua discípula. (Jesus disse): – Eis porque digo: Quando ele for igual, estará pleno de luz, mas quando estiver dividido, estará cheio de trevas.

⁶²Jesus disse: –Falo de meus mistérios àqueles (que são dignos de meus) mistérios. Não deixe tua mão direita saber o que faz a esquerda.

⁶³Jesus disse: – Um homem rico tinha muito dinheiro. Ele disse: –Empregarei meu dinheiro para semear, colher e plantar, encher meus celeiros de frutos, para que nada me falte. Eis o que pensava em seu coração, e naquela mesma noite ele morreu. Quem tenha ouvidos, que ouça!

⁶⁴Jesus disse: – Um homem preparou um banquete para seus hóspedes mandou um servo a convidá-los. Este foi ao primeiro deles e lhe disse: – Meu senhor te convida. (O outro) disse: – Tenho dinheiro a receber de alguns mercadores. Ele vêm me procurar à noite e eu tenho de transmitir-lhes minhas ordens. Não posso aceitar o convite para o banquete. Ele (o servo) foi a outro (conviva) e lhe disse: –Meu senhor te convida. Este lhe respondeu: – Comprei uma casa e me pediram um dia para isso. Não terei tempo. Ele foi a outro e disse: – Meu senhor te convida. Ele lhe disse: – Meu amigo vai se casar e eu lhe ofereço um jantar. Não poderei comparecer. Peço para ser desobrigado do banquete. Ele foi a outro e lhe disse: – Meu senhor te convida. Ele lhe disse: Comprei uma fazenda. Vou receber o dinheiro do arrendamento. Não terei como ir. Rogo ser dispensado. O servo foi-se e disse ao seu senhor: – Aqueles que o senhor convidou para jantar, desculparam-se. O senhor disse ao seu servo: – Saia para as estra-

das. Traga aqueles que você encontrar, para que jantem. Os compradores e negociantes não entrarão nos lugares de meu Pai.

⁶⁵Ele disse: – Um homem de bem possuía um vinha e a deu a seus trabalhadores para que a trabalhassem e para que pudesse receber deles o rendimento. E enviou seu servo para que os trabalhadores lhe entregassem o rendimento da vinha. Estes se apoderaram de seu servo e o espancaram, pouco faltando para que o matassem. O servo se foi e contou o que aconteceu ao seu senhor. Seu senhor lhe disse: – Talvez eles não o tenham reconhecido. Enviou outro servo: os trabalhadores bateram neste também. Então o senhor enviou seu filho. E disse: – Talvez eles tenham respeito pelo meu filho. Os trabalhadores, ao saberem que ele era o herdeiro da vinha, apoderaram-se dele e o mataram. Quem tenha ouvidos que ouça!

⁶⁶Jesus disse: – Mostrem-me a pedra que os construtores rejeitaram: ela é a pedra angular.

⁶⁷Jesus disse: – Quem conhece o Todo, mas está privado de si mesmo, priva-se do Todo.

⁶⁸Jesus disse: – Felizes vocês quando forem odiados, quando forem perseguidos e não se encontrar o lugar onde vocês foram perseguidos.

⁶⁹Jesus disse: – Felizes em seus corações aqueles que forem perseguidos. Eles conheceram o Pai em verdade. Felizes os famintos, porque eles serão satisfeitos naquilo que desejarem.

⁷⁰Jesus disse: – Quando vocês revelarem o que está em cada um, o que possuírem os salvará. Se não o tiverem em si mesmos, o que não possuem os matará.

⁷¹Disse Jesus: – Destruirei esta casa e ninguém será capaz de reconstruí-la.

⁷²(Um homem lhe disse): – Fala com meus irmãos para que eles dividam comigo os bens de meu pai. Ele lhe disse: – Homem, quem fez de mim um partilhador? Ele voltou-se para seus discípulos e lhes disse: –Não sou um partilhador, sou?

⁷³Jesus disse: – A colheita é abundante, mas os trabalhadores são poucos: Orem ao Senhor para que envie mais trabalhadores para a colheita.

⁷⁴Ele disse: – Senhor, muitos estão ao redor do poço, mas ninguém está no poço.

⁷⁵Jesus disse: – Muitos estão diante da porta, mas são os solitários que entrarão na câmara nupcial.

⁷⁶Jesus disse: – O Reino do Pai é semelhante a um mercador que possuía muita mercadoria e encontrou uma pérola. Esse mercador era sábio: vendeu toda a sua mercadoria e comprou para ele a pérola única. Vocês

também: procurem o tesouro que não perece, mas dura, que se encontra onde a traça não entra para devorá-lo nem os vermes podem destruí-lo.

⁷⁷Jesus disse: – Sou a luz que está sobre todos. Eu sou o Todo: o Todo saiu de mim e o Todo retornou a mim. Rachem um pedaço de madeira: lá estou eu; levantem a pedra e me encontrarão ali.

⁷⁸Jesus disse: – Por que vocês saíram para o campo? Para verem um caniço agitado pelo vento e para verem um homem vestido de delicadas roupas? Eis que os reis e os grandes homens são os que se vestem de (roupas) delicadas e não poderão conhecer a verdade.

⁷⁹Uma mulher na multidão disse a ele: – Feliz o ventre que te gerou e os seios que te nutriram. Ele lhe disse: – Felizes aqueles que ouviram a palavra do Pai e praticaram a verdade. Dias virão, com efeito, em que se dirá: Feliz o ventre que não concebeu e os seios que não amamentaram.

⁸⁰Jesus disse: – Aquele que conhece o mundo encontrou o corpo, e aquele que encontrou o corpo, o mundo não é digno dele.

⁸¹Jesus disse: – Aquele que enriqueceu possa tornar-se rei, e aquele que está investido de poder, que renuncie a ele.

⁸²Jesus disse: – Aquele que está perto de mim está perto do fogo, e aquele que está longe de mim está longe do Reino.

⁸³Jesus disse: – As imagens são reveladas ao homem e a luz que elas contêm oculta-se na imagem da luz do Pai. Ele será revelado e sua imagem estará oculta pela luz.

⁸⁴Jesus disse: – Quando vocês virem a própria semelhança, alegrem-se. Mas quando virem suas próprias imagens manifestadas diante de vocês, que não morrem nem se manifestam, muito grande será o que suportarão.

⁸⁵Jesus disse: – Adão foi criado por um grande poder e uma grande riqueza e não foi digno de vocês; porque se houvesse sido digno (não teria) provado a morte.

⁸⁶Jesus disse: – (As raposas têm suas tocas) e os pássaros têm (seus) ninhos, mas o Filho do Homem não tem um lugar onde repousar sua cabeça.

⁸⁷Jesus disse: – Miserável é o corpo que depende de um corpo, e miserável é a alma que depende de ambos.

⁸⁸Jesus disse: – os anjos virão até vocês, como também os profetas, e lhes darão o que a vocês pertence. E vocês também, o que estiver em suas mãos dêem a eles e digam a si mesmos: quando eles virão e onde receberão o que lhes é devido?

⁸⁹Disse Jesus: – Por que vocês lavam o lado de fora da taça? Não compreendem que aquele que fez o interior também fez o exterior?

⁹⁰Jesus disse: – Venham a mim, porque meu jugo é suave e meu domínio é doce e vocês encontrarão o repouso para si mesmos.

⁹¹Eles lhe disseram: – Dize-nos quem és, para que possamos crer em ti. Ele lhes disse: – Vocês examinam a face do céu e a da terra e aquele que têm diante de seus olhos, vocês não o conhecem e neste momento não sabem avaliá-lo.

⁹²Jesus disse: – Busquem e encontrarão, mas as coisas que vocês me perguntaram naquele tempo e que ainda não lhes disse, agora que me apraz dizê-lo, vocês não me perguntam.

⁹³Jesus disse: – Não dêem as coisas santas aos cães, para que eles não as arrastem para o monturo; não atirem pérolas aos porcos, para que não façam delas...

⁹⁴Jesus disse: – Quem procura, achará, (e quem bate), a porta lhe será aberta.

⁹⁵Jesus disse: – Se vocês têm dinheiro não o emprestem a juros, dêem-no a quem não lhes possa restituí-lo.

⁹⁶Jesus (disse): – O Reino do Pai assemelha-se a uma mulher que tomou um pouco de fermento e o escondeu na massa e fez grandes pães. Aquele que tenha ouvidos, que ouça.

⁹⁷Jesus disse: – O reino do (Pai) é semelhante a uma mulher que leva um vaso cheio de farinha. À medida que ela segue por um longo caminho, a alça do vaso se quebra e a farinha espalha atrás dela pelo caminho. Ela não o percebe e não toma conhecimento da perda. Ao chegar em casa, ela pousa o vaso no chão e o encontra vazio.

⁹⁸O Reino do Pai é semelhante a um homem que desejou matar importante personagem. Sacou a espada em casa e a enterrou na parede para verificar se sua mão era bastante forte. Só então ele matou a importante personagem.

⁹⁹Os discípulos lhe disseram: – Teus irmãos e tua mãe estão aí fora. Ele lhes disse: – Estes aqui, que fazem a vontade de meu Pai, são meus irmãos e minha mãe; são eles que entrarão no Reino de meu Pai.

¹⁰⁰Eles mostraram a Jesus uma moeda de ouro e lhe disseram: – Os homens de César exigem de nós os tributos. Ele lhes disse: – Dêem a César o que é de César, dêem a Deus o que é de Deus, e a mim o que me pertence.

¹⁰¹Jesus disse: – Quem não odeia seu pai e sua mãe, como eu, não pode ser meu discípulo, e quem não quer amar seu pai e sua mãe, como eu, não pode ser meu discípulo. Porque minha mãe me (gerou?), mas minha (mãe) verdadeira me deu a Vida.

¹⁰²Jesus disse: – Ai dos fariseus! pois assemelham-se a um cão dormindo na manjedoura do gado, pois nem come nem deixa o gado comer.

¹⁰³Jesus disse: – Feliz o homem que sabe a que horas da noite virão os ladrões, pois assim ele se levantará, reunirá suas (forças ?) e cingirá sua cintura antes que eles entrem.

¹⁰⁴Disseram-lhe: – Vem, vamos orar hoje e jejuar. Jesus disse: – Que pecado teria eu cometido ou em que teria eu sido vencido? Mas quando o esposo sair da câmara nupcial, então que jejuem e orem!

¹⁰⁵Jesus disse: – Aquele que conhece pai e mãe será chamado filho da prostituta ?

¹⁰⁶Disse Jesus: – Quando de dois fizerem um, vocês se tornarão filhos do Homem e quando disserem: "Montanha, mova-se", ela se moverá.

¹⁰⁷Disse Jesus: – O Reino é semelhante a um pastor que tinha cem ovelhas. Uma delas, a maior, extraviou-se. Ele deixou as noventa e nove e a procurou até encontrá-la. Depois de todo esse trabalho, ele disse à ovelha: – Amo-te mais do que às noventa e nove.

¹⁰⁸Jesus disse: – Quem beber de minha boca se tornará como eu e eu próprio me tornarei ele e as coisas ocultas lhe serão reveladas.

¹⁰⁹Jesus disse: – O Reino é semelhante a um homem que tinha no seu campo um tesouro (escondido) e que ele próprio ignorava e, após a sua morte, ele o deixou ao seu filho. O filho de nada sabia; tomou o campo e o vendeu. E aquele que o comprou, veio e, trabalhando, encontrou o tesouro. E começou a emprestar dinheiro a juros a quem ele queria.

¹¹⁰Jesus disse: – Aquele que encontrou o mundo e ficou rico, que renuncie ao mundo.

¹¹¹Jesus disse: – Céu e Terra se enrolarão diante de vocês e o Vivo saído do Vivo não conhecerá morte nem temor, porque Jesus disse: – Aquele que se encontrar a si mesmo no mundo, o mundo lhe não será digno.

¹¹²Disse Jesus: – Miserável é a carne que depende da alma, miserável a alma que depende da carne.

¹¹³Seus discípulos lhe disseram: – Em que dia virá o Reino? Jesus disse: – Não será percebido quando vier. Não se dirá: Ei-lo aqui, ou ei-lo ali; mas o Reino do Pai está espalhado por toda a Terra e os homens não o vêem.

¹¹⁴Simão Pedro lhes disse: – Que Maria saia do nosso meio, pois as mulheres não são dignas da Vida. Jesus disse: – Eis que eu a guiarei para fazer dela homem, a fim de que ela também se torne um espírito vivo, semelhante a vocês, homens. Pois toda mulher que se fizer homem entrará no Reino dos Céus.

Notas

Parte I – O gnosticismo e a realidade espiritual

Introdução

1. DURANT, WILL. *Caesar and Christ*. Simon & Schuster, 1944, New York, p. 604, no módulo II, *The conflict of Creeds*.
2. CAPRA, FRITJOF. Ponto de mutação. Pensamento, São Paulo.
3. KUNG, HANS. *On being a Christian*. Doubleday, 1976, New York.
4. PAGELS, ELAINE. *The gnostic gospels*. Random House, 1979.

I – Descobertas sincrônicas

1. BURROWS, MILLAR. *The Dead Sea Scrolls*. Vicking Press, 1965, New York.
2. POTTER, CHARLES FRANCIS. The lost years of Jesus revealed. Fawcett, 1962, Greenwich, Conn.
3. PFEIFER, CHARLES F. *The Dead Sea Scrolls*. Baker Book House, 1957, New York.
4. PUECH, HENRI-CHARLES. *En quête de la Gnose – sur l'Evangile selon Thomas*. Gallimard, 1978, Paris.
5. MACGREGOR, GEDDES. *Gnosis – a renaissance in Christian Thougt*. Theosophical Publishing House, 1979, Wheaton, Illinois.
6. PAGELS, ELAINE. Obra citada.
7. POTTER, CHARLES FRANCIS. Obra citada.
8. GILLABERT, EMILE. *Jésus et la gnose*. Dervy-Livres, 1981, Paris, pp. 29 e seg.
9. PUECH, HENRI-CHARLES. Obra citada, pp. 52 e seg.
10. QUISPEL, GILLES et alii. *Evangelium Veritatis*. Zurich, Stuttgart, 1961, *apud* Elaine Pagels, obra citada, pp. 52 e seg.
11. KOESTER, HELMUT. *Introduction to the Gospel of Thomas*. NHL, 117, *apud* Elain Pagels.
12. Gillabert, Emile. Obra citada, pp. 32-35. "Herdamos uma civilização da palavra escrita", escreve Gillabert, à página 33. Simpatizo-me com o autor francês nessa postura. A palavra falada antecedeu de muito, mesmo a pictografia. O texto continua sendo uma conversa "em faz-de-conta". Gillabert propõe "reabilitar, no texto, a fase oral", com o que também concordo, de vez que os melhores escritores são aqueles que, no julgamento intuitivo do leitor, "escreve como se estivesse falando".

13. GILLABERT, EMILE. Obra citada, p. 20.
14. PAGELS, ELAINE. Obra citada, p. XXIV.

II – O problema da abordagem

1. DURANT, WILL. Obra citada, p. 553.
2. MACGREGOR, GEDDES. Obra citada.
3. DANIEL-ROPS. A igreja dos apóstolos e dos mártires. Tavares Martins, 1960, Porto, p. 314.
4. PAGELS, ELAINE. Obra citada.
5. GILLABERT, EMILE. Obra citada, p. 30.
6. ENCYCLOPAEDIA BRITANNICA, 1963, vol. 8, p. 109, verbete "Egyptian Language".
7. ARRAIS, AMADOR. *Diálogos*. Livraria Figueirinhas, 1944, Porto.
8. GILLABERT, EMILE. Obra citada, prefácio de Paule Salvan, pp. 12-13.
9. GILLABERT, EMILE. Obra citada, p. 217.
10. Idem, ibidem, prefácio de Paule Salvan, p. 11.
11. Idem, ibidem, p. 27.
12. MACGREGOR, GEDDES. Obra citada. À página 57 de seu livro, ensina esse autor que "as grandes verdades sobre o universo são encontradas nas suas realidades psíquicas". Aliás, *psichic* é o termo inglês que substitui com frequência a palavra *médium*, evitada pelos que não desejam envolvimento pessoal com o espiritismo. O assunto é discutido, ainda, nos capítulos seguintes (6 e 7). Neste último, por exemplo, declara MacGregor que "o Cristianismo surgiu em clima de percepção psíquica..." (p. 73). Mais adiante (p. 79), expressa a opinião de que certos fenômenos ocorridos no contexto cristão primitivo "pressupõem um clima no qual aquilo que hoje entendemos como fenômenos parapsicológicos fez parte da cena, um clima no qual se espera que as pessoas aceitem sem surpresas a clarividência". Em suma, ocorreram, naquele contexto, fatos que hoje seriam considerados 'paranormais', como está escrito à página 81 desse mesmo capítulo 7.
13. Gillabert, Emile. Obra citada, p. 32. Entende o autor francês que os ocidentais herdaram certa "miopia" ante a "compreensão metafísica, que se traduz em numerosas pessoas, "por uma inaptidão ao conhecimento metafísico". Creio poder atribuir a "miopia" identificada por Gillabert à visão predominantemente materialista do ocidental, em contraposição à postura do oriental, que pende sempre para o lado espiritual da vida. É a mesma e velha dicotomia de sempre: matéria e espírito.
14. MacGregor, Geddes. Obra citada, p. 83.
15. Idem, ibidem, p. 70.
16. Idem, ibidem, p. 81.
17. Gillabert, Emil. *Saint Paul ou le Colosse aux pieds d'argile*. Matanoia, 1974, Paris.
18. MacGregor, Geddes. Obra citada. Subtítulo do livro: "*A Renaissance in Christian Thought*".

19. Gillabert, Emile. Obra citada. "*Introduction*", p. 26.
20. Idem, ibidem, p. 36.

III – Gnose e Gnosticismo

1. Pagels, Elaine. Obra citada. "*Introduction*", p. XXIII. A autora identifica em Irineu, bispo de Lyon, nascido no ano de 130, um dos primeiros a proclamar que só havia espaço para uma única igreja verdadeira, fora da qual era impossível a salvação.
2. MacGregor, Geddes. Obra citada, p. 30.
3. Gillabert, Emille. Obra citada, p. 39.
4. MacGregor, Geddes. Obra citada, capítulo I – "*Gnosis and Gnosticism*", pp. 1-14.
5. Pagels, Elaine. Obra citada, p. 12, capítulo "*The Controversy over Christ's Ressurrection*".
6. Gillabert, Emile. Obra citada, p. 30.
7. MacGregor, Geddes. Obra citada, p. 31.
8. Puech, Henri-Charles. Obra citada. São numerosas as referências sobre o assunto, emPuech, tanto no primeiro volume como no segundo.
9. *Bíblia de Jerusalém*, edições Paulinas.
10. Pastorino, Carlos T. *Sabedoria do Evangelho*. Ed. Sabedoria. São várias as referências a esse ponto, no trabalho do Prof. Pastorino.
11. Daniel-Rops. *A igreja dos apóstolos e dos mártires*. Tavares Martins, 1960, Porto, p. 339. Lê-se, em nota de rodapé, à página 281, o seguinte: "A palavra *gnose* sugere geralmente a corrente herética, que será melhor chamar *gnosticismo*. Houve uma gnose cristã, legítima, como houve uma gnose judaica, antes que se desse o desvio."
12. Gillabert, Emille. Obra citada, p. 39.

IV – Interação gnosticismo/cristianismo

1. Wells. H. G. *Outline of History*. Ed. Garden City, 1949, Garden City, New York.
2. Durant, Will. Obra citada.

V – O diálogo com os 'mortos'

1. NHL, p. 50. Nota: Estamos atribuindo as iniciais NHL ao livro intitulado *The Nag-Hammadi Library*, que tem em James M. Robinson seu "*General Editor*" e foi publicado pela Harper & Row, 1981, San Francisco. Esta valiosa obra contém todos os textos coptas traduzidos em inglês por uma erudita e competente equipe de especialistas, da qual fez parte integrante, além do próprio Robinson, a Dra. Elaine Pagels e outros trinta colaboradores. Cada um dos 'livros' traduzidos é precedido de um pequeno texto explicativo escrito por um desses especialistas, aos quais também recorreremos, quando

necessário em nosso texto, segundo os créditos correspondentes, que mencionamos.

VI – Conhecimento e amor

1. NHL, p. 38.
2. NHL, p. 40.
3. NHL, p. 131.
4. NHL, pp. 43-44.
5. NHL, p. 151.
6. NHL, p. 188.
7. NHL, p. 189.
8. NHL, p. 279.
9. NHL, p. 280.
10. NHL, p. 74.
11. NHL, p. 55.
12. NHL, p. 84.
13. NHL, p. 88.
14. NHL, pp. 152-154.
15. NHL, p. 351

VII – Dicotomias conflitantes

1. Puech, Henri-Charles. Obra citada, p. 95. Conferência pronunciada no College de France, em 1960/1961, sob o título geral "*Doctrines ésotériques et themes gnostiques dans l'Evangile selon Thomas*".
2. Gillabert, Emile. Obra citada, p. 29.
3. NHL, p. 139.
4. NHL, p. 193.
5. NHL, p. 233.
6. NHL, p. 234.
7. NHL, p. 265, Introdução ao texto traduzido por D.M. Parrot e R. Mcl. Wilson.
8. NHL, p. 278, Introdução de George MacRae, tradutor.
9. NHL, p. 284.
10. NHL, p. 286.
11. NHL, p. 323.
12. NHL, p. 349.
13. NHL, p. 350.
14. NHL, p. 406.
15. NHL, p. 410.
16. NHL, p. 472.

VIII – Polaridade sexual

1. Pagels, Elain. Obra citada, p. 49.

2. Idem, ibidem, p. 61.
3. Puech, Henri-Charles. Obra citada, p. 279.
4. NHL, p. 237.
5. NHL, p. 141.
6. Puech, Henri-Charles. Obra citada, p. 280.
7. Idem, ibidem, p. 281.
8. Kardec, Allan. *O livro dos espíritos*. FEB, Rio de Janeiro, questão n°. 200.
9. Wambach, Helen. *Life before life*. Bantam Books, 1979, New York, p. 79. O universo estatístico explorado pela Dra. Wambach para esta conclusão foi de 750 pessoas.
10. MacGregor, Geddes. Obra citada, p. 84.

IX – Os três patamares da evolução

1. Guignebert, Charles. *Jesus*. University Books, 1966, New Hyde Pard, New York.
2. Miranda, Herminio C. *Cristianismo, a mensagem esquecida*. Clarim, 1988, Matão, SP.
3. Brown, Raymond. *The bird of the Messiah*. Image Books, 1979, New York.
4. Purch, Henri-Charles. Obra citada, índice remissivo (Notions, Thèmes, Matières), p. 294.
5. NHL, p. 336.
6. NHL, p. 329.
7. Puech, Henri-Charles. Obra citada, p. 94.
8. Idem, ibidem, p. 189.
9. MacGregor Geddes. Obra citada, p. 84.
10. NHL, p. 140.
11. Dossey, Larry. *Space, time and medicina*. Shambhala, distribuição da Random House, 1982, New York.
12. NHL, p. 185.
13. NHL, p. 380.
14. NHL, p. 431.
15. NHL, pp. 113-114.
16. NHL, p. 138.
17. NHL, p. 143.
18. Gillabert, Emile. Obra citada, p. 15.
19. *Bíblia de Jerusalém*. Ed. Paulinas, comentário de rodapé a Mateus 3,11.
20. MacGregor, Geddes. Obra citada, p. 82, e, ainda, todo o capítulo "IX – *Faith is inductive of gnosis*", pp. 109-125.
21. Paulo, apóstolo. *Epístola aos hebreus*, capítulo 11.

X – Quem inventou o mal?

1. NHL, p. 329.
2. NHL, p. 92.

3. NHL, p. 196.
4. NHL, p. 294.
5. NHL, p. 414.
6. NHL, p. 468.
7. NHL, pp. 346-361.
8. MacGregor, Geddes. Obra citada, p. 55.
9. NHL, p. 353.
10. NHL, p. 355.
11. NHL, p. 360.
12. NHL, p. 471.
13. NHL, pp. 471-472.
14. NHL, pp. 475-477.
15. Miranda, Herminio C. *Diversidade dos carismas – teoria e prática da mediunida*. Lachâtre, 1994, Niterói, RJ.
16. NHL, p. 397.
17. NHL, p. 393.
18. Durant, Will. *Caesar and Christ*. Simon & Schuster, 1944, New York, p. 595.
19. NHL, p. 143.

XI – Docetismo, antigo e inútil debate

1. NHL, p. 170.
2. MacGregor, Geddes. Obra citada, p. 59.
3. NHL, p. 344.
4. NHL, p. 357.
5. NHL, p. 399.
6. NHL, p. 400.
7. NHL, p. 87.
8. NHL, p. 87.
9. NHL, p. 88.
10. NHL, p. 409.
11. NHL, p. 468.
12. NHL, p. 468.

Parte II – O Evangelho de Tomé

I – Quem é Tomé?

1. Eusebius. *The history of the Church*. Penguin Books, 1963, Harmondsworth, Mid. England, pp. 123-124.
2. Hanneche, E. *New Testament Apocrypha*. 2. vols. SCM Press, 1963, England.
3. Eusebius. Obra citada, pp. 64-73
4. Henneche. Obra citada. Limitamo-nos, nestas citações, ao essencial. Para mais amplos informes, é necessário ler todo o módulo "*The relatives of Jesus*" (Os

parentes de Jesus), pp. 418-432, do primeiro volume da obra de Hennecke.
5. Loisy, Alfred. *L'Evangile e l'Eglise*, ed. Emile Nourry, 1921, Paris.
6. Eusebius. Obra citada, pp. 64 72.
7. Idem, ibidem, pp. 99-102.
8. Hennecke, E. Obra citada, p. 286.
9. Loisy, Alfred. Obra citada, p. 509.
10. Hennecke, E. Obra citada, vol. I, p. 286.
11. Idem, ibidem, p. 424.

II – O difícil acesso ao texto

1. Gillabert, Emile. Obra citada, p. 20.
2. Hennecke, E. Obra citada, vol. I, p. 286.
3. Idem, ibidem, p. 293.
4. Idem, ibidem, p. 305.
5. NHL, p. 117 na Introdução escrita por Helmut Koester.

III – Uma releitura dos *logia*

1. NHL, p. 84.
2. Wilhelm, Richard. *I Ching, o livro das mutações*. Pensamento, 1989, São Paulo.
3. Puech, Henri-Charles. Obra citada, p. 12.
4. Idem, ibidem, p. 264.
5. Idem, ibidem, p. 284.
6. Idem, ibidem, p. 13.
7. Hennecke, E. Obra citada, vol. II, pp. 511-522.
8. Puech, Henri-Charles. Obra citada, pp. 202-203.
9. Rohden, Huberto. *O quinto evangelho*. 3ª edição, Alvorada, sem data, São Paulo.
10. Idem, ibidem, p. 47.
11. Pagels, Elaine. Obra citada, p. 49.
12. Idem, ibidem, ibidem.
13. Puech, Henri-Charles. Obra citada, p. 13, rodapé.
14. Pagels, Elaine. Obra citada, p. 13.
15. Puech, Henri-Charles. Obra citada, p. 113.
16. Idem, ibidem, p. 251.
17. Idem, ibidem, p. 260.
18. Idem, ibidem, p.282.
19. Idem, ibidem, p.243.
20. Idem, ibidem, p. 133.
21. Idem, ibidem, p.137.
22. MacGregor, Geddes. Obra citada, p. 5.
23. Puech, Henri-Charles. Obra citada, p. 264.

24. Idem, ibidem, p. 20.
25. Idem, ibidem, p. 20.
26. Hennecke, E. Obra citada, p. 21.
28. Idem, ibidem, p. 165.
29. Idem, ibidem, p. 22.
30. Idem, ibidem, pp. 249-264.
31. Haenchen, Ernst. *Die Botschaft des Thomas – Evangelium*. Berlin, 1961, p. 64. Não disponho desta obra, que é citada por Puech, no segundo volume de *En quête de la Gnose – Sur l'Evangile selon Thomas*, à página 248.
32. Wells, H. G. Obra citada.
33. Puech, Henri-Charles. Obra citada, p. 95.
34. Idem, ibidem, p. 23.
35. Idem, ibidem, p. 112.
36. Idem, ibidem, pp. 144-145
37. Idem, ibidem, p. 247
38. Idem, ibidem, p. 249.
39. Hennecke, E. Obra citada, vol II, p. 521.

Bibliografia

Arrais, Amador (Frei). *Diálogos*. Livraria Figueirinhas, 1944, Porto.
Bornkamm, Gunther. *Paul*. Harper & Row, 1971, New York.
Borst, Arno. *Les cathares*. Trad. Ch. Roy, de *Die Katharer*, Payot, 1974, Paris.
Brown, Raymond E. *The bird of the Messiah*. Doubleday, 1979, New York.
Burrows, Millar. *Os documentos do mar Morto*. Trad. Irondino Teixeira de Aguilar de *The Dead Sea scrools*. Porto Editora, s/data, Porto.
Daniel-Rops. *A igreja dos apóstolos e dos mártires*. Trad. Prof. Eduardo Pinheiro, de *L'église des apôtres et des martyrs*. Tavares Martins, 1960. Porto.
Durant, Will. *Caesar and Christ*. Simon $ Schuster, 1944, New York.
Encyclopaedia Britannica. William Benton, 1963.
Eusebius. *The history of the Church*. Trad. G. A. Williamson, Penguim Books, 1965, Harmonsdsworth, Middlesex.
Gillabert, Emile. *Jésus et la gnose*. Dervy-Livres, 1981, Paris.
Guignebert, Charles. *Jésus*. Trad. francês/inglês de S. H. Hooke, University Books, 1966, New Hyde Park, New York.
_____. *Les christianisme antique*. Flammarion, 1922, Paris.
Guirdham, Arthur. *We are one another*. Spearman, 1974, Jersey, Channel Islands.
Head, Joseph et Cranston, S. L. *Reincarnation in world thought*. Julian Press, 1967, New York.
James, Montague Rhodes. *The Apocryphal New Testament*. Oxford Press, 1975, London.
Kershner, Frederik. *Pioneers of christian thought*. Bobbs-Merril, 1930, Indianapolis, United States.
Kung, Hans. *Eternal life?* Trad. Edward Quinn, de *Ewiges Leben*, München, 1982, Collins, 1984, London e Doubleday, 1984, New York.
MacGreggor, Geddes. *Gnosis – a renaissance in christian thought*. The Theosophical Publishing House, 1979, Wheaton, Illinois.
Pagels, Elaine. *The gnostic gospels*. Randon House, 1979, New York.
Pfeiffer, Charles F. *The Dead Sea scrolls*. Baker book House, 1957, New York.

Potter, Charles Francis. *The last years of Jesus revealed*. fawcett, 1962, New York.

Puech, Henri-Charles. *En quête de la gnose*. Vol. II *Sur l'Evangile selon Thomas*, Gallimard, 1978, Paris.

Renan, Ernest. *Os apóstolos*. Trad. Eduardo Augusto Salgado, Lello & Irmão, Porto.

Esta edição foi impressa em fevereiro de 2022 pela Asshi Gráfica e Editora Ltda., São Bernardo do Campo, SP, para o Instituto Lachâtre, sendo tiradas duas mil cópias, todas em formato fechado 160x230mm e com mancha de 125x195mm. Os papéis utilizados foram o Off-set 75g/m2 para o miolo e o Cartão Supremo 250g/m2 para a capa. O texto principal foi composto em Times 11/13,2, os títulos foram compostos em Times 18/21,6. A programação visual da capa foi elaborada por Andrei Polessi e a diagramação do miolo por Fernando Luiz Fabris.